EVROPA

Auf der Agenda der Kulturkritik nimmt der »Konsum« wieder einen Spitzenplatz ein: Ich konsumiere, also bin ich. Was für ein Bild vom Menschen, diesem wunschlos unglücklichen Wesen!? Manchmal hat man tatsächlich den Eindruck, zum Konsum sei alles gesagt: »Lieber reich und gesund, als arm und krank«.

Auch der Ansatz von Alexander Meschnig und Mathias Stuhr ist konsumkritisch. Aber die Autoren machen gleichzeitig deutlich, wie paradox diese Haltung ist, angesichts der Tatsache, in welcher tiefen Dimension Konsum unser Leben bestimmt. Deshalb beschreiben sie grundsätzliche »Felder« des Konsums: Politik, Produktion, Religion, Identitäten, Marken, Unternehmen, Räume, Kultur, Werbemedien. So wird das Buch zu einer Dechiffrierhilfe: Wie wird Konsumverhalten »gesteuert«? Wie werde ich als Kunde angesprochen? *Wunschlos unglücklich* ist ein Handbuch, das »alles über Konsum« weiß.

Alexander Meschnig, geb. 1965 in Dornbirn (Österreich), Studium der Psychologie und Pädagogik in Innsbruck. Freier Autor und Publizist mit den Arbeitsschwerpunkten: Schnittpunkt Ökonomie/Kultur, Militärgeschichte, Nationalsozialismus. Bei der Europäischen Verlagsanstalt veröffentlichte er 2002 »Markenmacht« (wissen 3000) und war Herausgeber des »Roten Kalenders 2004 – Konsumterror«.

Mathias Stuhr, geboren 1970, Studium der Soziologie in Hamburg. Zu Zeiten der New Economy arbeitete er als Online-Redakteur und seither als freier Autor. Seit 1998 lebt er in Berlin und promoviert zum Thema Zukunft der Arbeit.

Gemeinsam veröffentlichten sie: »www.revolution.de. Die Kultur der New Economy« (Rotbuch, 2001).

ALEXANDER MESCHNIG | MATHIAS STUHR

Wunschlos unglücklich

ALLES ÜBER KONSUM

Europäische Verlagsanstalt

Bibliografische Information Der Deutschen Bibliothek

Die Deutsche Bibliothek verzeichnet diese Publikation in der Deutschen Nationalbibliografie; detaillierte bibliografische Daten sind im Internet über http://dnb.ddb.de abrufbar.

Umschlaggestaltung: projekt ® | Cathrin Günther, Walter Hellmann, Hamburg
Umschlagfoto: Richard Kolker / Photonica
Signet: Dorothee Wallner nach Caspar Neher »Europa« (1945)
Herstellung: Das Herstellungsbüro, Hamburg
Druck und Bindung: Fuldaer Verlagsanstalt

Printed in Germany
ISBN 3-434-50580-6

Informationen zu unseren Verlagsprogrammen finden Sie im Internet unter www.europaeische-verlagsanstalt.de

INHALT

Vorbemerkung: »Willkommen am Mehr«

Marktwirtschaft und Konsum verhalten sich zueinander wie Theorie und Praxis. Während der Kapitalismus immer abstrakt bleiben wird, ist die Stimme des Konsums überall zu vernehmen. Nachdem die Elektronikkette Saturn mit ihrem Slogan »Geiz ist geil« Deutschlands Konsumenten in Schnäppchenjäger und stolze Knauserer verwandelt hatte, zog Obi nach. Der Heimwerkerdiscounter begrüßte uns im Vorjahr mit »Willkommen am Mehr«. Kurze Zeit darauf erreichte eine auf südliche Urlaubsgefühle anspielende Werbekampagne auch die kalte Hauptstadt. Im Januar 2005 war auf den Lastwagen eines Berliner Speditionsunternehmens zu lesen: »Willkommen in Sparnien«.

Auch Bundeskanzler Gerhard Schröder warb in der Vorweihnachtszeit 2004 um die Gunst des Konsumenten. Denn bei aller frohen Stimmung in Erwartung des Heiligen Abends und der Ankunft des Erlösers konnte nur einer uns wahre Freude bereiten: der heilige Einkäufer. Schröders Appell an den Verbraucher verhallte nicht ungehört: Im Weihnachtsgeschäft verbuchte der Einzelhandel einen Umsatz von ca. 70 Milliarden Euro – immerhin eine Steigerung des Gesamtumsatzes im Vergleich zum Vorjahr um 1,3 Prozent. Da alle mit einem übellaunigen und sparsamen Konsumenten gerechnet hatten (Hartz IV stand vor der Tür), war die Erleichterung groß. Zumindest für Politik und Wirtschaft begann ein frohes neues Jahr. In seinem Zentrum steht als Heilsbringer der Konsum.

Konsum kann heute alles sein beziehungsweise er kann auch alles werden. Damit ist schon das Hauptproblem eines Buches, das sich mit Konsum auseinander setzt, angesprochen: Die Auswahl der Themen muss zwangsläufig begrenzt bleiben. Praktisch jeder Bereich der gesellschaftlichen oder sozialen Realität kann heute unter dem Konsumaspekt betrachtet werden: Politik, Ökologie, Ökonomie, Psyche, Körper – alle wichtigen Themen unserer Zeit sind mit dem Konsum auf jeweils spezifische Weise verbunden. Der Konsum selbst wiederum besitzt keine ausformulierte Ideologie, Werte oder Überzeugungen. Es gibt zwar eine Theorie der Konsumgesellschaft, aber keine stringente und durchgehende Theorie des Konsums. Je mehr man versucht sich ihm anzunähern, umso mehr zerfällt er in unzählige Einzelerscheinungen. Seine Wirklichkeit bleibt schwer greifbar, da seine Logik sich in allen möglichen Bereichen der Gesellschaft manifestiert beziehungsweise sich in den einzelnen Individuen, ihren Wünschen und Handlungen wiederfindet. Die »prinzipienlosen Prinzipien« des Konsums zeigen sich in alltäglichen und konkreten Praktiken, die uns inzwischen wie natürliche Sphären umgeben: in den Fantasiewelten der großen Kaufhäuser, der Dauerberieselung durch Werbung, den neuesten Marketingoffensiven, der Verwandlung von Politik in einen Kampf um Aufmerksamkeitsanteile, aber auch in den Rabattkämpfen am Ladentisch und der vielen bekannten Enttäuschung nach dem vollzogenen Kaufakt. Auch wenn in den Medien angeblich täglich ein Konsumstreik ausgerufen wird und Händler über mangelnden Absatz klagen, vollzieht sich das Jammern auf einem sehr hohen Niveau. 60 Prozent des deutschen Bruttoinlandproduktes werden vom privaten Konsum getragen. Die privaten Konsumausgaben allein für Einzelhandelsprodukte beliefen sich im Jahr 2003 auf 353,2 Milliarden Euro. Im Vergleich zur größten Volkswirtschaft der Welt, den USA, ist das noch eine relativ bescheidene Summe. Der amerikanische Verbraucher hat sich vom 11. September 2001, Rezessionen und sinkenden Börsenkursen nicht irritieren lassen. Für insgesamt 7,7 Billionen Dollar haben die Amerikaner 2003 eingekauft, häufig auf Pump.

Beobachter, die meinen, einen Konsumentenstreik feststellen zu können, gehen davon aus, dass der Verbraucher immer weiter Waren und Dienstleistungen anhäufen müsse, als wäre das eine natürliche menschliche Eigenschaft. Dass wir den ganzen »Schrott« unserer Konsumgesellschaft einfach satt haben und deswegen nicht mehr blind alles kaufen, ist für die Apologeten der Warenmärkte anscheinend undenkbar.

Man kann unser heutiges System in Abgrenzung zu einem älteren, das die Befriedigung von materiellen Bedürfnissen in den Mittelpunkt stellte, »Konsumismus« nennen. Der Konsumismus ist die in den westlichen Ländern gegenwärtig vorherrschende Lebensweise, bei der Waren nicht mehr der einfachen Bedürfnisbefriedigung dienen, sondern eine quasi-religiöse Dimension angenommen haben. Die Konsumprodukte stehen immer mehr für Erlebnisse, Werte, Sinnangebote und Ideen, die beim Käufer eine Veränderung hervorbringen sollen. Die Wirtschaft wird dabei zur Publizistik, der Produzent zum Geschichtenerzähler.

Zweifellos ist der Konsumismus zum vorherrschenden globalen System geworden. Wenngleich bis dato nur eine Minderheit der Weltbevölkerung in seinen »Genuss« kommt, als Wunschvorstellung und Vorbild ist die westliche Konsumgesellschaft in ihrer medialen Präsenz ohne Konkurrenz. Ihre Überzeugungskraft erscheint auf den ersten Blick unschlagbar. Jeder kann prinzipiell am Konsum teilnehmen, er ist im besten Sinne demokratisch, die Kaufkraft ist keine natürliche Barriere, wie sie noch Stand, Klasse, Ethnie oder Geschlecht darstellten. Sie kann variieren, lässt sich aber verändern. Die Konsumgesellschaft verspricht grenzenloses Glück für alle, indem sie alle an ihren Warenströmen teilhaben lassen will.

Indem der Konsum an den Überfluss der kapitalistischen Produktion anknüpft und den Mangel (vorerst) beseitigt, zeigt er seine Überlegenheit über alle anderen mit ihm konkurrierenden Systeme und Lebensentwürfe. Volle Schaufenster und eine Riesenauswahl an Waren sind unschlagbare Argumente. Niemand kann diese sichtbare Materialität leugnen, sie stellt sich täglich aus, steht unverrückbar vor unseren Augen. Sie garantiert uns, dass das, was uns heute fehlt, morgen schon wieder ersetzt sein wird. Der Konsum ist das Versprechen auf die Abschaffung von Mangel und Not.

Konsum bedeutet aber mehr als nur den Kauf bestimmter Produkte oder Marken als alltäglichen Ritus. Darüber hinaus steht er für ein bestimmtes Verhältnis zu uns selbst und zu unserer modernen Welt. Der Konsum ist inzwischen der Retter unserer Wirtschaft, unsere Religion, unser Identitätsstifter und unsere Moral geworden. Er verwandelt und ersetzt zunehmend Politik, Öffentlichkeit und soziale Beziehungen, indem er Kultur, Werbung, Identitätswünsche und Fürsorge verbindet, aber auch den Widerstand gegen das von ihm hervorgebrachte globale System mit einschließt. Mit einem Wort: Er macht sich unentbehrlich, wird zur Stütze unseres Lebens, zum täglichen Begleiter, der Trost und Aufmerksamkeit spendet. Auf ihn richten sich unser Begehren und unsere Wünsche.

Der Konsum und die ihn begleitenden Artefakte haben einen wichtigen Stellenwert bei der Selbstdefinition gewonnen, ohne jedoch Befriedigung gewährleisten zu können. Was früher von Religion oder politischer Ideologie gepredigt wurde, ist mittlerweile auf den Konsum übergegangen. Er verspricht Befriedigung auf direktem Wege, ohne große Anstrengung. Den trunkenen und häufig psychologisch begründeten Akt des Kaufens, um den herum ganze Universen, Marketingabteilungen und Millionenwerbebudgets errichtet werden, kann man als Kaufrausch bezeichnen. Zu ihm gehört auch der »Kater« nach vollzogener Handlung. Die Enttäuschung ist dem Konsum immanent. Wir können der derzeitigen Dominanz des konsumistischen Lebensstils keine eigenen Lebensentwürfe entgegensetzen und der Ernüchterung, die auf jeden Rausch folgt, nicht entgehen. Der moderne Mensch verbleibt in seinem »unglücklichen Bewusstsein«, was eine Intensivierung der Bemühungen um sein Glück durch Waren- und Dienstleistungsangebote zur Folge hat. Der Kaufrausch wird zum Dauerrausch.

Der Konsumismus hat es zu seinem Prinzip gemacht, den Mangel im Überfluss ständig neu zu erzeugen, denn glückliche Menschen konsumieren nicht. Dass wir dabei meistens falsch wählen, liegt in der Natur von Entscheidungsprozessen in Überflusssituationen begründet.

Niemals werden wir alle Angebote prüfen können, stets verbleiben wir in dem Gefühl, dass es noch eine bessere Wahl gegeben hätte. Der Konsum beruht genau auf dieser »Logik der Fülle«, die zugleich auf paradoxe Weise immer wieder den Mangel schafft. Die über den Konsum erlangte Bedürfnisbefriedigung vollzieht sich ausschließlich in der Vorfreude oder in actu. Wie in einer unendlichen Spirale folgt der Konsum dem Prinzip von Anziehung und Abstoßung, indem die ihn begleitende Werbung den Mangel im Überfluss erzeugt. Nie werden wir das haben können, was wir wirklich wünschen. So entsteht der dringliche Wunsch nach einem »wahren Begehren« oder zumindest nach jemandem, der uns sagt, was wir wünschen sollen. Der gesättigte Konsument ist nicht deswegen unglücklich, weil er sich seine Wünsche nicht erfüllen kann, er ist es, weil er keine eigenen Wünsche mehr hat.

Wunschlos unglücklich stellt die Welt des Konsums in ihren paradoxen, lächerlichen, aber auch zerstörerischen Formen dar. Ebenso zeigt das Buch die Übermacht des Konsums, die darin besteht, dass uns alle Argumente gegen ihn aus der Hand genommen und zum Teil einer ausgeklügelten Inszenierung gemacht werden. Denunzieren die meisten konsumkritischen Bücher die globale Ökonomie ganz simpel als Ausbeutungssystem, das sich in den großen Markenfirmen manifestiert, lenkt unsere Darstellung größeres Augenmerk auf die Reize, die vom Konsum ausgehen, und auf die Fallen, die er uns stellt.

Die integrative Wirkung und die Attraktivität des Konsums, sein »massenkulturelles Weltverhältnis«, um mit dem Soziologen Dominik Schrage zu sprechen, machen ihn zum entscheidenden Faktor bei der gesellschaftlichen Einbindung. Der überwältigende »Sieg« unserer westlichen Kultur, die mit dem Konsumismus eng verbunden ist, zeigt die verführerischen und begehrenswerten Dimensionen des Konsums in aller Deutlichkeit. Gerade weil die Konsumgesellschaft keine verbindlichen Überzeugungen oder Werte hervorbringt, kann jeder von uns sich mit unterschiedlichsten Angeboten trösten und identifizieren. Auch wenn die Individualisierung von Produkten und Dienstleistungen möglicherweise auf Grenzen stößt, die durch den Wunsch nach einer gemeinsamen Welt gesetzt werden, lässt sich der Aufstieg eines so genannten Individualmarketings mit singulären Angeboten beobachten. »Jedem das Seine«, so könnte die Siegesparole des Konsumismus lauten.

In einem solchen System wird der Konsument zur entscheidenden politischen Figur. Zwar darf man Bürgerrechte weiterhin mit Füßen treten, dem Konsumenten gegenüber herrschen jedoch Ergebenheit und guter Wille. Die Interessen des Verbrauchers haben absolute Priorität. Der Bürger und der Konsument gehören zweifellos unterschiedlichen Sphären an. Ist der Erste zumindest per Gesetz allen anderen gleichgestellt, ist Letzterer schwer zu bestimmen. Er definiert sich lediglich durch seine Kaufkraft, und die kann bekanntermaßen sehr variieren. Mit dem Aufstieg des Konsumenten zum neuen Superstar auf der politischen Bühne können wir eine bedeutende Verschiebung konstatieren: Gesellschaftliches Engagement und Widerstand sind nach dem Untergang der politischen Ideologien ausschließlich in Verbraucher- und Konsumkategorien denkbar.

Die Kritik daran ist so alt wie die Konsumgesellschaft selbst. Diese produziert auf paradoxe Weise mit wachsendem Wohlstand eine immer größere Enttäuschung, ein neues »Unbehagen in der Kultur«. Wir spüren den Mangel im Überfluss, der Wunsch richtet sich wieder auf die Knappheit, auf etwas, über das nur *wir* verfügen. In einer Welt des Komforts und der relativen Sicherheit wächst das Bedürfnis nach (folgenlosen) Ereignissen, die uns stimulieren, die Langeweile weckt den Wunsch nach einem Begehren. Der Konsumismus ist der wirksamste Versuch der »Wiederverzauberung« einer profanen Welt, in der es keine äußeren Bezugspunkte mehr gibt. Der Konsum ist heute das Medium einer Kultur des Selbst, die im »Self-Fashioning« endet. Konsequenterweise muss das Marketing Geschichten kreieren, die es dem Individuum ermöglichen, sich neu zu verorten.

Aber selbst das Unbehagen an bestimmten Erscheinungen des Konsums könnte im Zuge des »Outsourcing« zum Gegenstand einer Dienstleistung werden, die Teil eines wachsenden »Marktes der Sorge« ist. Damit sind nicht nur Dienstleistungen im Sozial- und Pflegebereich gemeint, sondern auch der ethisch korrekte Konsum, wie ihn etwa die Kosmetikkette The Body Shop propagiert und für den Organisationen wie Greenpeace oder amnesty international stehen, die sich professionell um unsere Sorgen bezüglich Umwelt oder Menschenrechte kümmern. Von diesen sich als politisch verstehenden Gruppierungen einmal abgesehen: Am Ende steht in einer Gesellschaft, die den Überfluss predigt und den Mangel verehrt, wieder der »Luxus des Notwendigen« (Hans Magnus Enzensberger).

Manche der folgenden Themen und Gedankenlinien werden dem Leser neu sein, andere werden ihm bekannt vorkommen. Wir hegen, trotz oder gerade wegen der Wiedererkennungseffekte, die Hoffnung, dass bei der Lektüre wie bei einem Kaleidoskop neue Perspektiven entstehen. Ob Disney eine Stadt zur reinen Dienstleistung macht, die Produktion der Autoindustrie sich theatralisiert, der eigene Körper zum Schaufenster des Ich wird – in allen Fällen handelt es sich um Visionen und Manifestationen einer von der Logik des Konsums bestimmten Welt, deren fortgeschrittenster Teil wir alle miteinander sind. Der Konsumismus kann als ein Weltverhältnis angesehen werden, das seinen Siegeszug im Namen der Globalisierung fortsetzt, ohne dabei auf unser Einverständnis verzichten zu können. Moderne Systeme setzen mehr auf Integration und Partizipation als auf Ausschluss.

Dennoch darf der Ausschlusscharakter einer rein auf Kaufkraft basierenden Gesellschaft nicht vergessen werden. Es gilt die Devise: »Ich gebe Geld aus, also bin ich.« (Frederic Beigbeder) Auch die moderne Konsumgesellschaft fordert permanent ihre Opfer. Sie macht diejenigen überflüssig, die im Prozess der Modernisierung und Monetarisierung aller Lebensbereiche nicht mithalten können oder die sich dieser Logik nicht unterordnen wollen.

Es bleibt schließlich die Frage, ob es zum Konsumismus überhaupt eine gesellschaftliche Alternative gibt. Viele sehen im religiösen, insbesondere im islamischen Fundamentalismus die einzige bedeutende Gegenbewegung des 21. Jahrhunderts. Der Islamismus greift den westlichen Wertekanon aus Demokratie, Individualismus und Freiheit zwar immer direkter an, im Alltagsleben der islamischen Staaten ist der westliche Lifestyle jedoch mittlerweile fest verankert. Wer es sich leisten kann, hört Popmusik, sieht Hollywoodfilme, fährt deutsche Autos, nutzt finnische Mobilkommunikation und ist Fan von Real Madrid oder der amerikanischen Basketballliga NBA. So haben wir es letztlich nicht mit einer Konfrontation von »McWorld« und »Dschihad« zu tun, sondern wir müssen uns die Frage stellen, welche Autonomie Politik und Kultur innerhalb von »McWorld« noch haben können. Denn es steht auf jeden Fall zu vermuten, dass die bunte Warenwelt und die Kräfte von »McWorld« auf lange Sicht stärker sein werden als die Bomben des Dschihad.

Berlin, im Januar 2005

Alexander Meschnig *Mathias Stuhr*

Politik

Konsument: »Otto Normalverbraucher Superstar«

Der Bürger ist tot, es lebe der Konsument. Er hat den Bürger, den Inbegriff der Zivilgesellschaft, als Rollenmodell des späten 20. und frühen 21. Jahrhunderts abgelöst. Der Bürger, eine Figur, die seit ihrem Auftauchen im 18. und 19. Jahrhundert vor allem als Träger politischer und ziviler Rechte (und Pflichten) wahrgenommen wurde, ist heute zum Konsumenten geworden. Und so definieren sich gesellschaftliche Teilhabe und gesellschaftlicher Stand nicht mehr über Fragen politischen, kulturellen und sozialen Engagements, sondern über Umfang und Formen des Konsums. War der »gute« Bürger derjenige, der sich um das Gemeinwohl sorgte, sich gesellschaftlich engagierte oder politisch betätigte, so ist es jetzt der Konsument, der mit seinen Kaufentscheidungen das (ökonomische) Wohl der Gesellschaft bestimmt und für sein eigenes (emotionales) Wohl sorgt. Während der Arbeiter, der Arbeitnehmer in einer Gesellschaft, der die Erwerbsarbeit auszugehen droht, zum verunsicherten Wesen wird, ist der Konsument auf dem Vormarsch. Für eine Volkswirtschaft ist es weitaus verheerender, wenn ihre Bürger nicht konsumieren, als wenn sie nicht arbeiten. Es ist zwar unmöglich, den Zusammenhang zwischen Arbeitseinkommen und Konsum zu leugnen, aber für eine funktionierende Volkswirtschaft braucht es vor allem Konsumenten um jeden Preis. Nicht die Massenarbeitslosigkeit ist das größte Problem unserer Konsumgesellschaft, nicht der Verlust der Arbeitskraft und der menschlichen Würde, sondern der Verlust der Kaufkraft.

Es ist kein Zufall, dass Modelle zur staatlichen Förderung von sozialem und kulturellem Engagement, wie sie etwa unter dem Stichwort »Bürgergeld« diskutiert werden, gerade aus wirtschaftsliberalen Kreisen kommen. Der Konsument, der nicht arbeitet, ist vielleicht unglücklich, der Arbeitnehmer, der nicht konsumiert, ist ein gesamtwirtschaftliches Unglück. Seit drei, vier Jahren lähmt nicht nur die Arbeitslosigkeit und die damit verbundene finanzielle Not den Einzelhandel, sondern vor allem die »Konsumzurückhaltung« aller. Der Konsument will einfach nicht seiner ureigensten Aufgabe nachkommen, er ist verunsichert und ziert sich. Selbst gut situierte Bundesbürger, und das sind immer noch sehr viele, sparen, wo es geht, der Boom von günstigen Lebensmittel- und Elektronikdiscountern hält an. Alles Bitten und Betteln der Unternehmen, der Werbung und der Politik helfen nicht. Der Konsument streikt.

Was waren das für Zeiten, als der Kunde noch nicht der gefürchtete König war. Die Männer und Frauen der noch jungen Bundesrepublik standen vor den Schaufenstern und freuten sich über jedes neue Produkt. Die erste Coca-Cola-Flasche wurde bestaunt, der erste Schwarzweißfernseher im Wohnzimmer auf einem weißen Deckchen und die Anschaffung eines Autos sorgten bei Freunden, Nachbarn und Verwandten monatelang für Gesprächsstoff. Der Konsument informierte sich über die Waren und kaufte das, was gut war. Der »Otto Normalverbraucher«[1] der entbehrungsreichen Nachkriegsjahre ging nicht »shoppen«, er machte »Anschaffungen«.

Der Konsument von heute ist nicht mehr der bescheidene Otto Normalverbraucher, sondern eine echte Diva. Seine Launen sind gnadenlos, und niemand möchte es sich mit ihm verscherzen – die Wirtschaft nicht und die Politik auch nicht. Letztere möchte niemanden am »Standort Deutschland« vergraulen, schon gar nicht den Konsumenten, das scheue Wesen. Dabei ist er es, der den wirtschaftlichen Aufschwung, auf den die Deutschen nun schon seit mehreren Jahren sehnsüchtig warten, verhindert. Die bislang ungebrochene Produktivität des »Exportweltmeisters«[2] Deutschland steht im krassen Gegensatz zur Zurückhaltung der hiesigen Konsumenten. In den USA, immer noch das Maß in ökonomischen Fragen, sieht es fast umgekehrt aus: Unter der Regierung von George W. Bush stieg das Außenhandelsdefizit, also das Verhältnis von Einfuhren und Ausfuhren, 2003 auf den Rekordwert von fünf Prozent des Bruttoinlandproduktes. 2002 hatte es noch 3,5 Prozent betragen. Den privaten Konsum heimischer und ausländischer Produkte tangierte das nicht, er ist weiter ungebrochen hoch.

Ein Rückstand Deutschlands gegenüber den USA wird nicht nur im Zusammenhang mit der angeblich fehlenden Liberalisierung des hiesigen Arbeitsmarktes konstatiert, sondern auch im Kontext der Ladenöffnungszeiten. Im gelobten Land des Konsums hätten alle Läden 24 Stunden am Tag geöffnet, und das sieben Tage die Woche, außerdem sei das Servicepersonal sooo freundlich, hört man nicht nur an den Stammtischen. Die »Servicewüste Deutschland« scheint sich schneller auszubreiten als die Sahara. Obwohl in den Diskussionen schon einmal auf das rückständigere Sozialsystem, die geringeren Löhne und die häufig »falsche«, da aufgesetzte Freundlichkeit der Amerikaner verwiesen wird, hält sich das Vorurteil hartnäckig: Wir leben in einem Land voller unglücklicher Bürger, denn wir können abends und am Wochenende nicht so hemmungslos shoppen, wie wir wollen. Da kann die Politik natürlich nicht tatenlos zusehen. Als ginge es um ein elementares Menschenrecht, und vielleicht ist es das mittlerweile tatsächlich, überbieten sich die Parteien und Unternehmervertreter gegenseitig mit Vorschlägen zur Liberalisierung, also Ausweitung der Ladenöffnungszeiten.[3] Zwar zeigen alle seriösen Untersuchungen, dass dies weder für mehr Konsum noch für mehr Beschäftigung sorgt, sondern fast nur den großen Einzelhandelsketten nutzt, der Protest der Gewerkschaften wird jedoch abgebügelt. Frei sein heißt frei einkaufen zu können, auch wenn immer weniger Geld zum Einkaufen da ist. Niemand will mehr in einer Konsumwüste leben, die jahrelange Lobbyarbeit von Unternehmerverbänden und wirtschaftsliberalen Politikern hat Früchte getragen. Wenn der Bürger einkaufen will, so soll er auch einkaufen können. Seine Forderung nach umfassenden Konsummöglichkeiten sollte jedoch nicht belächelt werden. Der Massenkonsum unserer Zeit definiert sich gerade darüber, dass er dem Bürger das Gefühl gibt, in irgendeiner Form an der Gesellschaft zu partizipieren. Für viele Menschen, besonders aus sozial und ökonomisch schlechter gestellten Schichten, ist der Konsum zur einzigen Form gesellschaftlicher Teilhabe geworden.[4]

Der Konsument unserer Tage ist nicht der Käufer oder Kunde, der überlegt und abwägt, der vergleicht und dann eine bewusste und kluge Kaufentscheidung trifft. Er ist vielmehr ein höchst irrationales, emotional handelndes Wesen. Ein als typisch weiblich geltendes Kaufverhalten, z. B. beim Kauf von Modeartikeln wie Schuhen oder Parfüm, ist zum allgemeinen Verhaltensmuster geworden. Der »feminine« Kaufakt dient nicht der Bedarfsdeckung, wie die meisten Einkäufe im Supermarkt, sondern er soll Spaß und im Idealfall sogar glücklich machen. Das Anprobieren, Rumstöbern, Anfassen ist der wichtigere Teil des Einkaufsvergnügens, der profane Zahlungsakt rundet das Erlebnis nur noch ab. »Shoppen gehen« beschreibt genau diese Tätigkeit, von der behauptet wird, dass Frauen sie lieben und Männer sie hassen. Dass das für Männer glatt gelogen ist, beweist jeder Besuch im Autohaus oder Baumarkt, wo zwar auch Frauen immer häufiger anzutreffen sind, aber gerade Männer sich viel Zeit lassen und es genießen, zu sichten, zu testen und zu fachsimpeln.

Wie sehr die westlichen Volkswirtschaften auf den privaten Konsum fixiert sind, wird schon dadurch belegt, dass dem deutschen Verbraucher seit Januar 2001 ein eigenes Ministerium gewidmet ist. Die Grünen-Politikerin Renate Künast ist momentan für Landwirtschaft und Verbraucherschutz zuständig. Der letztgenannte Begriff spricht für sich: Der »Schutz« des Konsumenten gilt als oberstes Gebot der Behörde. Ausgelöst wurde diese institutionelle Innovation aber nicht durch die Diskussionen um den mangelnden Schutz des Verbrauchers, sondern durch den so genannten BSE-Skandal, der im Sommer und Herbst 2000 die Deutschen noch mehr in Atem hielt als die damals gerade boomende New Economy. Mit dem Rindfleisch war etwas nicht in Ordnung, die Käufer streikten und die Politik musste handeln. Diese kollektive Kaufenthaltung demonstrierte sehr deutlich, dass es noch eine Supermacht gibt: die Macht der Konsumenten. Der Boykott von Shell-Tankstellen im Zusammenhang mit dem Brent-Spar-Skandal und von französischen Produkten als Reaktion auf Atombombentests der Franzosen im südostpazifischen Mururoa-Atoll spielte 1995 fast nur in den Medien eine große Rolle. Die finanziellen Verluste für Shell und französische Unternehmen hielten sich damals in Grenzen. Der massenhafte Rindfleischverzicht dagegen kostete nicht nur die deutsche Landwirtschaft richtig viel Geld. Verweigert der Konsument sich, will er also nicht kaufen, so hat das sofort und unmittelbar Folgen. Der Einzelhandel verfällt in Panik und die Wirtschaft zittert.

Verbraucher: »Der dicke Ami rettet die Welt«

Es ist kein Zufall, dass sich der 2004 wieder gewählte amerikanische Präsident George W. Bush in einer seiner ersten Reden nach den Terroranschlägen am 11. September 2001 an den kaufenden Bürger wandte und betonte, wie wichtig dessen Beitrag zum Wohle des Landes sei. Nicht der politische Bürger wurde angesprochen, sondern der patriotische Konsument, der mit seinen Dollars die heimische Wirtschaft stützen sollte. Der amerikanische Präsident steht mit seinem Appell nicht allein da, er formulierte ihn nur pathetischer und patriotischer als andere Politiker. Der Konsument wird gefordert, gefördert und verhätschelt, ihm kann niemand wirklich böse sein – im Gegenteil. Im Frühjahr 2003 sorgte die deutsche Elektronikwarenhauskette Saturn für Aufruhr mit einer Werbekampagne, die sogar die extreme Sparsamkeit noch zum Erlebnis hochpushen wollte: »Geiz ist geil« wurde behauptet, und viele Kunden glaubten es. Obwohl den Einzelhändlern klar war, dass eine solche Werbestrategie, die die Kaufenthaltung, das Preisvergleichen und Pfennigfuchsen zur Tugend erhebt, gesamtwirtschaftlich gesehen eine Katastrophe ist, ging die Rechnung des Discounters auf. Mit »Geiz ist geil« ist eigentlich schon alles über das Verhältnis der Produzenten zum Konsumenten gesagt. Eine Kritik an der Kaufzurückhaltung, die nun schon seit 2001 auf Deutschlands Wirtschaft lastet, ist nicht nur absolut tabu, für diese »Konsumverstopfung« wird sogar noch Verständnis geheuchelt. So ist vor den Füßen des Konsumenten kaum noch Platz: Dort vor ihm im Staub liegen schon die Politik, die Werbung und auch die Unternehmen, die sich mit ihren Preisschlachten selbst in den Ruin treiben. Über ihnen thront der Käufer und überlegt immer länger, was er oder sie denn kaufen soll, wenn es wieder besser um die Wirtschaft bestellt ist.

Die Amerikaner dagegen sind uns in dieser Hinsicht um Längen voraus. Der Aufforderung ihres Präsidenten hätte es gar nicht bedurft. Die Stärke der US-amerikanischen Wirtschaft seit Anfang der neunziger Jahre beruht nicht nur auf den Erfolgen der Computer- und Medienindustrie, sondern in einem ganz entscheidenden Maße auch auf dem privaten Konsum. Der durchschnittliche US-Amerikaner konsumiert seit Jahrzehnten auf Spitzenniveau, und da er nicht nur heimische Produkte kauft, profitiert eine Vielzahl anderer Volkswirtschaften von seiner Einkaufslust, die im Jahr 2003 zwei Drittel des Sozialproduktes ausmachte. Das Problem ist, dass das Geld nicht erarbeitet, also erwirtschaftet wurde, sondern geborgt ist. Die Kreditverpflichtungen der Amerikaner belaufen sich auf neun Billionen Dollar.[5] Die traditionell sehr exportabhängigen deutschen Wirtschaftszweige, wie die Automobilindustrie, bekommen die Veränderungen des Privatkonsums in den USA ebenso zu spüren wie kolumbianische Kaffeebauern oder philippinische Näherinnen. Der sehr konsumfreudige (und als Ausdruck dessen oft auch übergewichtige) US-Amerikaner stützt mit seinem Einkauf nicht nur die heimische Ökonomie, sondern die halbe Weltwirtschaft.

Es gibt wohl kaum ein Bild, das Logik und Probleme der Abhängigkeit vom Privatkonsum so sehr verdeutlicht wie das vom »dicken Ami«, der zum Retter der Welt wird, indem er über seine Bedürfnisse lebt. Die Weltgesundheitsorganisation WHO hat 2003 die Problematik des Übergewichts zu einer ernsthaften Bedrohung für die Menschheit erklärt. Die dickste Bevölkerung der Welt ist nicht zufällig die

US-amerikanische, zwei Drittel der Bürger sind übergewichtig und ein Drittel gar fettleibig, »adipös«, wie es in der Medizin heißt. Der exzessive Konsum der US-Amerikaner von Produkten und Energieträgern führt zu vielen individuellen und gesellschaftlichen Problemen. Zwei der gravierendsten Ursachen sind der gesundheitsschädigende Verzehr von Fast-Food-Produkten und der gewaltige Energieverbrauch in den USA.

Das zunehmende Übergewicht ist mittlerweile in allen Industriestaaten zum Problem geworden, auch ein Drittel der Deutschen ist übergewichtig, und sogar in einigen Drittweltstaaten Afrikas und Asiens gibt es zu viele Dicke. Die Geldsummen, die der amerikanische Staat, das Gesundheitssystem und auch die Unternehmen für die vielen übergewichtigen Mitbürger aufbringen müssen, sind gewaltig. So gerät in den USA der Kampf gegen die Dicken immer stärker in das öffentliche Interesse. Nach dem Raucher wird neuerdings der Dicke zum Schreckgespenst, Talkshows, parlamentarische Anhörungen und Justiz haben nach der Tabak- nun die Lebensmittelindustrie im Visier.

Obwohl nicht zu bestreiten ist, dass der hemmungslose Fast-Food-Konsum[6] dem einzelnen Verbraucher und durch die gesundheitlichen Folgen auch massiv der Wirtschaft schadet, darf nicht übersehen werden, dass der Burger mampfende Amerikaner auch diejenigen mitfinanziert, die ihn von seinen Pfunden befreien wollen. Ganze Industriezweige leben von der Verfettung amerikanischer Bürger: Neben den Nahrungsmittelproduzenten sind auch Tausende von Ärzten und Therapeuten von ihnen abhängig. Würde der durchschnittliche Amerikaner sich auf bundesdeutsches Konsumniveau runterhungern, würde die US-Wirtschaft in eine tiefe Krise stürzen und mit ihr viele andere. Nicht allen nutzt es, den Einzelnen zu einem bewussten und gesunden Konsum anzuregen. Der Nahrungsmittelindustrie und ihren Marketing- und Werbehelfern, die dem Verbraucher in den vergangenen Jahrzehnten immer mehr unnütze und fettreiche Produkte aufschwatzten, ist der bewusst konsumierende Bürger ein Gräuel. Diese Tatsache sollte vor allem jene ernährungsbewussten Konsumenten stutzig machen, die immer davon ausgegangen waren, dass Gesundheitsaufklärung und gute Verbraucherschutzgesetze genügen würden, um die Bevölkerung auf den Pfad der Schlankheit zu führen.

Seit den neunziger Jahren ist auch in Deutschland ein entgegengesetzter Trend bemerkbar. Immer mehr Deutsche, vor allem Jugendliche, sind dick und immer weniger treiben Sport. Auch wenn Fast-Food-Ketten wie McDonald's zunehmend den gesundheitsbewussten Teenie und Twen im Visier haben und ihr Angebot an Salaten und vegetarischen Burgern ausbauen, hat das Angebot an fettreichen Riegeln und süßen Drinks enorm zugenommen.[7] Dank immenser Werbeausgaben wurden in den achtziger und neunziger Jahren auch europäische Kids dazu gebracht, ihr Taschengeld für Trendprodukte auszugeben – das Pausenbrot landete im Papierkorb. Die meisten westlichen Länder sind, ob gewollt oder nicht, dem amerikanischen Vorbild in dieser Hinsicht gefolgt, auch die Europäer werden immer dicker.

Der exzessive Konsum hat dramatische Auswirkungen auf die weltweiten Rohstoffvorräte und die Verschmutzung der Umwelt, denn die vielen ungesunden Speisen wollen auch erwärmt werden, und in den USA sind die Wege zur nächsten Shopping Mall meist weit. In ihrem Energieverbrauch sind die USA sicher kein Vorbild. Die Amerikaner, die nicht einmal fünf Prozent der Weltbevölkerung stellen, sorgen für ein Viertel des Weltenergieverbrauchs. Der durchschnittliche US-Konsument verbraucht etwa doppelt so viel Energie wie ein deutscher Bundesbürger.[8]

Bürger: »Wie Beate Uhse die DDR zerstörte«

Hat der Konsum eigentlich nennenswerte Auswirkungen auf die politischen und gesellschaftlichen Prozesse über das Thema Verbraucherschutz hinaus? Ein kleines Beispiel aus der jüngsten deutschen Vergangenheit soll die gewaltige Bedeutung des Konsums für die Veränderung von (deutscher) Geschichte und die Identitätssuche der (ostdeutschen)

Menschen belegen. Im Spätsommer 2003 wurde eine neue Sau durchs Fernsehdorf getrieben. Als Quiz- und Wissensshows out waren, Gerichtssendungen langweilig wurden und das Massencasting junger Aufstiegswilliger für »Deutschland sucht den Superstar«, »Popstars« und Ähnliches langsam an die Grenzen des Erträglichen geriet, kamen im August/September 2003 die »DDR-Shows« auf. Den Anfang machte das ZDF mit der »Ostalgie-Show«, danach folgten zeitgleich der Mitteldeutsche Rundfunk (MDR) mit »Ein Kessel DDR« und SAT.1 mit »Meyer & Schulz – die ultimative Ostalgieshow«. Ein paar Tage später reihte sich noch RTL mit der »DDR-Show« ein.

Die Quoten waren anfangs gigantisch und die Empörung unter Ex-DDR-Bürgern und westdeutschen Feuilletonisten groß. Obwohl der zum damaligen Zeitpunkt seit mehr als zehn Jahren bestehende MDR eine demonstrative Ostalgie pflegte, im Kino schon »Sonnenallee«, »Berlin is in Germany« und andere DDR-nostalgische Filme gelaufen waren, war erst 2003 die DDR plötzlich »hip«, keiner konnte so recht sagen, warum gerade jetzt. Die Konzepte der »DDR-Shows« waren recht simpel[9] und austauschbar, die Moderatoren hatten entweder eine Ostbiografie wie Oliver Geißen, Sandra Schenk oder Kai Pflaume oder waren Show- und Sportstars der DDR wie Katharina Witt, Axel Schulz oder Gunter Emmerlich.

Obwohl viele Menschen, die früher in der DDR gelebt hatten, sich entweder nicht angesprochen oder gar verhöhnt fühlten, war in öffentlichen wie in privaten Diskussionen leicht zu merken, dass hier echte Empfindungen im Spiel waren und zum Teil verletzt wurden.[10] Ein zweiter, diesmal postumer »Ausverkauf« der DDR wurde kritisiert, und es war viel vom »gelebten« Leben im Osten die Rede, das mehr gewesen sei als Stasi, SED und Stacheldraht. Die »DDR-Shows«, die gerade diese Fragen fast komplett aussparten, warfen allerdings eine ganz andere auf: Stand die DDR denn nicht für Trabi, Spreewaldgurken und Rotkäppchen-Sekt? Die »DDR-Shows« gerieten meist zu einer Produktgalerie, die bekannten DDR-Artikel kamen in jeder Show vor, und irgendwann war es egal, ob es ein Ostgast, wie die Puhdys, Nina Hagen oder Michael Ballack, oder ein Ostprodukt war – irgendwie wurden alle zu Ostmarken. Der westdeutsche TV-Zuschauer, für den aufgrund seiner Sozialisation in einem anderen (kapitalistischen) System das Produkt, die Marke immer schon dazugehört hatte, war verwundert. Die »DDR-Shows« konnten den Eindruck entstehen lassen, dass in der untergegangenen ostdeutschen Republik gerade die Produkte Auslöser eines besonderen Lebensgefühls waren.

Geschichte als Abfolge von Produkterfahrungen – der westdeutsche Autor Florian Illies, der schon in seinem Buch *Generation Golf* die Geschichte der West-BRD zur Markengalerie verstümmelte, dürfte seine Freude daran gehabt haben. So wurden die Ostalgie-Shows des Jahres 2003 zu einem eindrucksvollen Beleg für die kulturelle Bedeutung des Konsums. Die Geschichte der sozialistischen DDR wird postum zu einer des Materialismus gemacht, hier im Gewand der Marken. Da diese in der DDR tatsächlich kaum eine Bedeutung hatten, ist der Kult um Rotkäppchen-Sekt und Schlager Süßtafel nur im westdeutschen Kontext der so genannten Retrowelle, der Retraditionalisierung bekannter Symbole, zu erklären. Ihre »gelebte« Geschichte will man den »Ossis« offenbar nicht lassen, durch die westdeutsche Brille sind nur noch drollige Ostmarken zu sehen.

Bei der weit verbreiteten Kritik an den »DDR-Shows« steht fast nie die Reduktion auf die Ostprodukte im Mittelpunkt, sondern das Auslassen der ebenso wichtigen nicht ökonomischen Bereiche. Die Frage, warum die »DDR-Shows« auf diese Weise verfahren und nicht stärker andere Aspekte des DDR-Lebens beleuchten, erscheint im real existierenden Kapitalismus naiv. Die »DDR-Shows« sind waschechte Westprodukte, die Macher dieser Shows interessieren sich ebenso wenig für die »echte« DDR-Geschichte wie für den Zustand der deutschen Justiz, den Bildungsnotstand oder die Qualität der Popmusik. Der genannte Vorwurf greift also nicht. Fernsehen, zumal Privatfernsehen, hat nur die Quote, ergo Werbeeinnahmen, ergo Profit im Sinn. Diese Prinzipien werden für ein bisschen »echte« Gefühle nicht in Frage gestellt. Ostalgie »ging« 2003 eben gut, der sehr erfolgreiche Kinofilm »Goodbye Lenin« hatte diese Welle, gegen die Absicht des Regisseurs Wolfgang Becker, losgetreten und spätestens mit den Ostalgie-Shows wurde die DDR endgültig zum Pop. Dieser Prozess der Neu- und Umbestimmung bekannter Fakten und Symbole des sozialistischen Staates hatte schon mit dem Mauerfall begonnen. In den neunziger Jahren waren T-Shirts mit DDR-Emblem oder Ampelmännchen in jedem Secondhandladen zu finden, und es war nur eine Frage der Zeit, bis die DDR-Geschichte auch in ein Showformat verwandelt würde. Der Kapitalismus vermarktet den Sozialismus. Es ist kein Zufall, dass diese Sendungen kurz nach den sehr beliebten Sechziger-, Siebziger- und vor allem Achtziger-Jahre-Retroshows anliefen, die sich alle aus westdeutscher Popkultur speisten, also (Alt-)BRD-Shows waren. Nach der westdeutschen (Pop-)Geschichte wurden nun auch ostdeutsche Erfahrungen recycelt, und zwar gleich die gesamte Geschichte der DDR von den fünfziger bis zu den achtziger Jahren in einer Sendung.

Was ist am Zusammenhang von Erinnerungskultur und Konsumprodukten interessant? Über die kurzweiligen Shows hinaus verweist diese Verbindung auf den dramatischsten Einschnitt in der DDR-Geschichte. Die Sehnsucht nach Westprodukten und die Scham für jene Artikel, die nun postum gefeiert werden, waren mit verantwortlich für den Untergang des ostdeutschen Staates. Der Mauerfall vom November 1989 ist ein Beleg dafür, dass mangelnde Konsummöglichkeiten zum Sturz eines politischen Systems führen können – die Entwicklung der kapitalistischen BRD zeigt, dass auch der Umkehrschluss gilt. Eine funktionierende Konsumwirtschaft stabilisiert einen demokratischen Staat und macht ihn resistenter gegen totalitäre Anfeindungen.

In der sozialistischen DDR hatte der private Konsum nicht die Bedeutung und Ausformung wie in den westlichen Industrieländern entwickelt und diente mehr der Bedarfsdeckung mit Grundnahrungsmitteln und Konsumgütern. Das Synonym für die systembedingte Zurückgebliebenheit der DDR war aus westlicher Sicht nicht nur die Mauer als Symbol fehlender persönlicher Freiheiten, sondern auch der Trabi als Symbol technologischer Rückständigkeit sowie leere Regale und lange Warteschlangen als Zeichen ökonomischer Zurückgebliebenheit. Die Vorstellung, für mangelhafte Produkte stundenlang anstehen zu müssen, oder die Tatsache, dass es viele Waren überhaupt nicht gab, war jungen Westdeutschen völlig fremd. Reiseverbot und Zensur waren vielen noch eher vorstellbar als leere Regale.

Die DDR ging aufgrund der fehlenden Konsummöglichkeiten zugrunde, nicht wegen fehlender politischer Freiheiten. Diese Betonung der ökonomischen Ursachen, vor allem des individuellen Konsums, erscheint heutzutage vielen als Diskreditierung des politischen Engagements von Bürgerrechtlern und Menschen, die 1989 auf die Straße gingen. In einer Zeit, in der die gesellschaftliche Teilhabe der Bevölkerungsmehrheit der westlichen Staaten sich über Formen des Konsums vollzieht, ist es jedoch wichtig, darauf hinzuweisen, dass diese Möglichkeit der Partizipation die eigentliche Anziehungskraft des Westens ausmachte. In vielen Interviews ostdeutscher Bürger kommt das immer wieder zum Ausdruck. Sicher wollten fast alle reisen und fühlten sich persönlicher Rechte beraubt. Für die Masse der Menschen war es aber wichtiger, endlich auf dem materiellen Niveau der Westdeutschen leben zu können, denn viele fühlten sich in der DDR als Menschen zweiter Klasse. Der indirekte Kontakt zum Westen über die Medien oder der direkte über westdeutsche Verwandte führte ihnen ihre Rückständigkeit auf dem Gebiet des Konsums immer wieder vor Augen. Diese kam wiederum in der schlechten Schokolade, den Autos minderer Qualität und im Mangel an vielen Dingen, die es nur im Westen gab, zum Ausdruck. Vielleicht besteht auch ein Reiz der DDR-Shows gerade darin, vormals minderwertig erscheinende Ostprodukte wie Schlager Süßtafel oder Knusperflocken nun zu feiern und sie auf der Ebene der Popularität mit den ehemals ersehnten Westprodukten gleichziehen zu sehen. Das sozialistische Motto »Überholen ohne einzuholen« wird so wenigstens für einige Ostprodukte wie Rotkäppchen-Sekt, Radeberger Bier und Spee-Waschmittel zur kapitalistischen Realität. Auf dem Gebiet des Konsums spielte die DDR im Gegensatz zum Sport nicht einmal in der zweiten Liga, von Weltniveau ganz zu schweigen. Die nur halb ernst gemeinte These, dass der Ostblock letztendlich durch die Beatles besiegt wurde, also durch die westliche Popkultur, ist zwar eine Vereinfachung, beinhaltet aber einen richtigen Aspekt.

Die Bilder von feiernden DDR-Bürgern nach dem Mauerfall zeigen glückliche Menschen, die vor allem eines taten: kaufen und konsumieren. Nicht wenige westdeutsche Unternehmen wurden sofort in den Osten Deutschlands verlagert und legten Sonderschichten ein, um den neuen Bedarf zu decken. Die mit westlichem Konsum unerfahrenen DDR-Bürger investierten das Begrüßungsgeld von 100 DM meist gleich in lang entbehrte Konsumartikel. Produkte, die viele nur aus dem Fernsehen oder von Westverwandten kannten, Unterhaltungselektronik von hoher Qualität oder Sexspielzeug und Pornokassetten von Beate Uhse, wurden tausendfach gekauft – und das von den ehemaligen Bürgern eines Landes, das für sein liberales Sexleben bekannt war. Diese Bilder hemmungslosen Konsums lösten bei einigen Westdeutschen zwiespältige Gefühle aus. In die Freude über neue Freiheiten mischte sich Enttäuschung über die profane Gier nach Spaß und Konsum. Einige schämten sich regelrecht für ihre ostdeutschen Landsleute. Es war wohl doch nicht die Aussicht auf nationale Einheit, Reise- und Meinungsfreiheit gewesen, die die Menschen in Leipzig und Ostberlin auf die Straße getrieben hatte, sondern die Sehnsucht nach Westprodukten und westlichem Lebensstil, auch wenn viele das nicht wahrhaben möchten. Die Scham für dieses materialistische Verhalten liegt darin begründet, dass sich fast jede und jeder darin wiedererkennt und ein selbst gelebtes Verhaltensmuster dadurch besonders deutlich wird. Die Wiedervereinigung Deutschlands, durch die Siege der Ost-CDU bei der DDR-Volkskammerwahl im März 1990 endgültig besiegelt, war sicher auch durch die Vorstellung der oft zitierten »blühenden Landschaften«, eines Ausspruchs des damaligen Bundeskanzlers Helmut Kohl, beschleunigt worden. Viele Ostdeutsche dachten bei diesem Bild bestimmt weniger an eine hervorragend entwickelte Fauna oder an Reisefreiheit als an prall gefüllte Regale, Westautos und Videorekorder. Auch wir Westdeutschen brauchen uns nichts vorzumachen, denn es ist vor allem der materielle Wohlstand, der uns ein positives Verhältnis zur parlamentarischen Demokratie aufbauen ließ. Nicht die politischen und persönlichen Freiheiten machten die BRD zu einem Erfolgsmodell bei ihren Bürgern, sondern der Wohlstand, der mit dem

»Wirtschaftswunder« in den fünfziger und sechziger Jahren begonnen hatte. In anderen westlichen Ländern ist Ähnliches zu beobachten. Solange die Mehrheit der Menschen konsumieren kann, werden auch im »freien« Westen Einschnitte bei den Persönlichkeitsrechten akzeptiert, wie dies etwa nach dem 11. September 2001 in den USA der Fall war.

Die jüngste deutsche Geschichte ist ein besonders eindrucksvolles Beispiel dafür, dass Revolutionen durch die Sehnsüchte der Bürger ausgelöst werden. In einer Epoche des Materialismus, in der Konsum weitaus mehr bedeutet als die Deckung von Grundbedürfnissen, sondern identitätsbildend, integrativ und Sinn stiftend wirkt, ist es aber nicht nur die Sehnsucht nach Freiheit und politischen Veränderungen. Der Glanz des westlichen Konsums und Lebensstils, der durch das Westfernsehen und die Besuche westdeutscher Verwandter in die DDR getragen wurde, ließ diesen Staat nach 40 Jahren untergehen.

Produktion

Theatralisierung: »Every Business will be like Show Business«

Für die zur Zeit ihrer Realisierung teuerste Produktion der Kinogeschichte, das Untergangsspektakel »Titanic« von Regisseur James Cameron, in den Hauptrollen Leonardo DiCaprio und Kate Winslet, musste das zum Zeitpunkt der Katastrophe modernste Schiff, die 1912 fertig gestellte »R.M.S. Titanic«, noch einmal untergehen. Eigens für den Film wurde in Mexiko ein neues, 28000 Quadratmeter großes Studio errichtet. Während der Dreharbeiten lag ein Nachbau der »Titanic« im größten Wasserbecken der Welt, das 64 Millionen Liter fasst, vor Anker. Das Modell war mit 236 Metern nur 34 Meter kürzer als das Original. Kostenpunkt allein dafür: 40 Millionen Dollar. 120 Millionen US-Dollar war einigen Hollywoodinvestoren die gesamte Produktion des Filmes wert, Regisseur Cameron überzog sein Budget jedoch – zum Entsetzen seiner Studiobosse – locker um 80 Millionen Dollar, verzichtete dafür aber auf seine Gage. Untergangsstimmung herrschte deshalb zeitweilig auch auf dem Set, denn die aufwändigen Dreharbeiten drohten zum finanziellen Super-GAU zu werden. Allen Ängsten zum Trotz sollte der Film »Titanic« über 1,8 Milliarden Dollar an den Kinokassen weltweit einspielen und elf Oscars erhalten. Die »Titanic«-Erfolgsgeschichte setzte sich auch in anderen Bereichen fort: So haben etwa bei einer Versteigerung die letzten telegrafischen Funksprüche der »Titanic« für insgesamt 100000 Euro die Besitzer gewechselt – am meisten wurde selbstverständlich für das wichtigste Telegramm bezahlt: »Wir haben einen Eisberg gerammt.«

Die Traumfabrik Hollywood mit ihren weltweit erfolgreichen Produkten ist nicht nur zum Synonym für die Ware Unterhaltung und deren Ausdehnung auf alle möglichen Verkaufsfelder und Merchandisingprodukte geworden, sie steht auch exemplarisch für eine Wirtschaftsform, die die Produktion nur noch als lästiges Anhängsel ihrer eigentlichen Aufgabe betrachtet: der Vermarktung menschlichen Erlebens und des Verkaufs von Geschichten. Die großen Studios wie Walt Disney, Warner Brothers oder Twentieth Century Fox haben vermehrt damit begonnen, Dienstleistungen in allen Teilen der Welt einzukaufen. Sie produzieren kaum noch im eigenen Haus, stellen dafür aber Kapital zur Verfügung. Der Kassenschlager »Titanic« ist ein eindrucksvolles Produkt der globalen Netzwerkökonomie.

Für jeden gegenwärtig produzierten Film wird für eine bestimmte Dauer ein Team mit internationalen Spezialisten aufgestellt. Drehbuchschreiber, Castingfirmen, Fachleute für den Szenenaufbau, Kostümproduzenten, Firmen für Spezialeffekte, Experten für das Mischen von Ton und Geräuschen, Filmentwickler – sie alle bilden ein Netz von unabhängigen Fachleuten mit begrenzten Aufträgen und (idealerweise) begrenzten Kosten.

Das war nicht immer so: In den zwanziger Jahren funktionierte die entstehende Filmbranche noch wie das Fließband für die Autoproduktion bei Henry Ford. Die Massenfertigung von Filmen mit standardisierten Drehbüchern und eine hierarchische Überwachung von den Dreharbeiten bis zum Vertrieb kennzeichneten die Praxis der großen Studios. Ihre Prinzipien (Routine, hierarchische Aufgabenteilung) waren nach dem Vorbild der industriellen Massenproduktion ausgerichtet. 1946 erreichte die fordistisch organisierte Filmindustrie in den USA mit mehr als 90 Millionen Kinobesuchern pro Woche ihren Höhepunkt. Wegen der Kartellbildung verbot der US-amerikanische Supreme Court zwei Jahre später den Filmstudios, als Kinobetreiber aufzutreten. Zudem war zu Anfang der fünfziger Jahre die Konkurrenz durch das Fernsehen erdrückend – die Gewinne der großen Filmstudios sanken um 50 Prozent. Die Lösung für ökonomisch vertretbare Produktionen lag in der zeitlich begrenzten Zusammenarbeit von

Unternehmen, die für einzigartige Kinoerlebnisse sorgten. Seitdem wetteifern Blockbuster-Filme um die Zuschauergunst. Die Massenproduktion von Filmen wurde durch individuelle Produkte abgelöst.

Die Vernetzung der Filmindustrie erlaubte den großen Studios zunehmend, auf kostspielige Betriebsanlagen, technische Ausrüstung und feste Mitarbeiter zu verzichten. In den meisten unabhängigen Produktionsfirmen arbeiten – neben einem Heer von Freiberuflern – gerade einmal zehn Festangestellte. Dennoch beherrschen noch immer einige große Firmen über die Finanzierung von Projekten und deren Vermarktung das Feld: 70 Prozent der erwirtschafteten Gewinne teilten sich in den neunziger Jahren in den USA gerade einmal auf etwa fünf Unternehmen auf.

Nicht umsonst sehen manche Prognosen im Organisationsmodell Hollywood, also in der Logik des Showgeschäfts, die zukünftige Struktur auch für andere Unternehmen. Dauerhaft Beschäftigte werden durch so genannte Just-in-Time-Worker abgelöst – früher nannte man sie Tagelöhner. Diese werden nur so lange beschäftigt, bis das Projekt seinen Abschluss findet oder ihre spezielle Aufgabe erledigt ist. Eine solche Flexibilisierung wird uns heute im Zusammenhang mit Unternehmerforderungen als Ideal präsentiert. Die amerikanischen Autoren Joel Kotlin und David Friedman schreiben in Bezug auf die Vorreiterrolle der Arbeitsorganisation in Hollywood: »Von einer Industrie mit klassischen, riesigen und vertikal organisierten Konzernen zum weltweit besten Beispiel einer vernetzten Ökonomie … Schließlich wird jede wissensintensive Industrie denselben hierarchielosen, in viele Einheiten gespaltenen Zustand erreichen. Hollywood ist nur zuerst dort angekommen.«[1]

Der Ursprung der heute vielfach imitierten Netzwerk- oder Projektökonomie kann also – zumindest auf den ersten Blick – in Hollywood verortet werden. Sicherlich war die Filmindustrie nicht die Pionierin bei einer Verlagerung von ehemals hierarchischen Arbeitsprozessen zu organisatorischer Vernetzung und Projektmanagement. Die Vorläufer dafür sind – wie so häufig – im militärischen Bereich zu finden: Das Manhattan-Projekt, also der Bau der Atombombe, im Jahr 1941 war das erste Vorhaben, für das Spezialisten aus aller Welt für einen begrenzten Zeitraum zusammenkamen. Später hat insbesondere die NASA die dabei angewandten Methoden weiterverfolgt – etwa beim Apollo-Programm.

Was die Vorreiterrolle betrifft, haben wir es heute mit einer Umkehrung des Verhältnisses von Militär und Hollywood zu tun. Hat Hollywoods vernetzte Ökonomie in der Projektkultur großer militärischer Vorhaben ihr Vorbild, ist heute das Militär an den Drehbüchern Hollywoods interessiert. Als der US-Präsident George W. Bush nach dem offiziellen Ende des Irakkrieges am 1. Mai 2003 im Pilotenkampfanzug auf einem Flugzeugträger landete, um seine Siegesrede zu halten, war das eine genaue Kopie des Filmpräsidenten aus »Independence Day«, einem Film des deutschen Regisseurs Roland Emmerich. Das ist sicher kein Zufall, denn Präsident Bush folgte mit seinem Auftritt der Logik des spezifischen Produkts der Unterhaltungsindustrie, das in der Debatte um Vernetzung und schwerelose Ökonomie häufig aus dem Blickfeld gerät: Erlebnisse in Geschichten zu verpacken. Heute muss jedes Vorhaben (auch etwa ein Feldzug gegen »das Böse«) und jedes Produkt sich tendenziell dieser Logik anpassen: »Die Filmindustrie war Vorreiterin auf dem Weg in ein neues Zeitalter, in dem Leben und Erleben jedes Verbrauchers vermarktet und in eine endlose Folge theatralischer Augenblicke, dramatischer Veranstaltungen und individueller Transformationen verwandelt wird.«[2]

Mit dieser Verschiebung sind wir mitten im Herzen unserer Konsumgesellschaft angekommen: Produkte sollen uns unterhalten. Und vor allem sollen sie nichts mehr über ihre reale Entstehung mitteilen: Schweiß, Nachtarbeit, Kinderarbeit, schlechte Bezahlung – die Produktion für sich bleibt außerhalb unseres Horizonts. Mit der Praktik des Outsourcing, also der Verlagerung von Produktionsvorgängen insbesondere in Billiglohnländer, verschwindet in unserer Gesellschaft ein in den fünfziger Jahren noch äußerst wichtiger Arbeitsbereich. Dafür werden Industriestätten heute in Museumsparks oder Erlebnisräume verwandelt. Die Produktion von Dingen kann offensichtlich nur noch historisch oder theatralisch gedacht werden. Es wird also nicht nur der

Konsum von Dingen in ein Erlebnis verwandelt, sondern auch ihre Herstellung wird zum Gegenstand von Inszenierungen. Die Fabriken der Zukunft werden Erlebnisorte sein, in denen Touristenströme (also potenzielle Kunden) dem Spektakel der Produktion folgen. Das Ballett der Kräne auf der Großbaustelle am Potsdamer Platz in Berlin war nur ein Vorgriff auf eine viel wichtigere Veränderung: die »Eventisierung« der Produktion. Die gläserne Fabrik des Chemiekonzerns Bayer in Bitterfeld oder das Volkswagenwerk des Architekten Henn in Dresden sind Pioniertaten auf dem Weg der Theatralisierung von Konsumgütern und ihrer Produktion. In der Ende der neunziger Jahre euphorisch gefeierten New Economy war schließlich gleich der ganze Arbeitsplatz »on stage«, die Arbeit selbst wurde zum täglichen Event. Und es ist symptomatisch, »dass heute die Kultur so gern in die alten Fabriken einzieht, dass die coole Clubkultur am liebsten in einer alten Maschinen-Fabrik haust und dass Galerien und Künstler das Loftambiente ebenso lieben wie die Werbe- und IT-Branche, die für manche nichts anderes darstellt als eine Sonderform von Müßiggang und Arbeitslosigkeit, getarnt hinter BWL-Englisch und Sonnenbrillen von Ray Ban«.[3]

Kann der Besucher beim Chemiekonzern Bayer in Bitterfeld die Produktion von Aspirin verfolgen, so will der Volkswagenkonzern mit seiner transparenten Fabrik nicht nur den Autokauf zum Erlebnis machen, sondern vor allem die Herstellung von Autos als Kunstwerk inszenieren. Seit dem 11. Dezember 2001 findet die Produktion des Luxuswagens Phaeton (Stückpreis: ca. 80 000 Euro) in der für 186 Millionen Euro erbauten gläsernen Manufaktur in Dresden statt.[4] In der Freizeitanlage der Autofabrik geben Kunstausstellungen, virtuelle Testfahrten und ein Restaurant den besonderen Rahmen ab. Zudem organisiert Volkswagen auf Wunsch Opernabende, Besuche in der Porzellanmanufaktur Meißen oder Schifffahrten auf der Elbe. Die gläserne Manufaktur gibt den Blick auf die Arbeitsgänge im Inneren der Fabrik frei. Im ebenfalls gläsernen Turm werden die fertigen Fahrzeuge auf sechs Ebenen weithin sichtbar zwischengeparkt. Hier wird dem Fetisch Auto gehuldigt, jeder – zumeist männliche – Voyeur kommt auf seine Kosten. Zum Gebäude gehören ebenfalls die unvermeidliche Einkaufsstraße sowie Gangways, Brücken, 350 eigens gepflanzte Bäume und unzählige Wasserflächen.

Auf der Webseite www.glaesernemanufaktur.de erfährt der potenzielle Besucher mehr über die Philosophie des Konzerns: »Was anderswo im Verborgenen bleibt, gestalten wir als einen Ort der Kommunikation und des Austauschs.« Das klingt nach Offenheit und Transparenz – beliebte Schlagwörter der Wirtschaft von heute. Der Besuch der gläsernen Manufaktur wird uns als ein exklusives Erlebnis vorgeführt: »Nur durch eine Glaswand getrennt erhält der Besucher Einblicke in eine ungekannte Fertigungswelt, deren Böden mit Parkett ausgelegt sind und in der die Fahrzeuge von Mitarbeitern in weißen Anzügen montiert werden.« So sauber wie die Mitarbeiter ist auch das Grundprinzip der Fertigung: »Alles geht den direkten Weg, ist offen, rein und übersichtlich.« Es hat den Anschein, als müsse die Produktion als Bühnenstück reinszeniert werden, gerade weil sie immer mehr aus unserer Welt verschwindet. Aber vielleicht darf auch nur das »Schmutzige« und »Hässliche« an ihr nicht mehr gezeigt werden. Trugen die Arbeiter früher Blaumänner, laufen sie nun in weißen Anzügen umher, mehr Künstler als Arbeiter, zeigen sie dem Publikum ihre Kunststücke aus einer »unbekannten Welt«. Dass hier auch noch gearbeitet wird – daran wird der Besucher kaum erinnert. Ein Auto wie der Phaeton ist nicht mehr bloß schnöde Ware, es steht für eine ganze Lebensphilosophie, die über eine ihr entsprechende Ausstattung vermittelt wird.

Volkswagen hat bereits Nachahmer gefunden. So lässt sich das Riesaer Teigwarenwerk seit Sommer 2003 bei der »Arbeit« zuschauen: Herzstück des neuen Nudelcenters ist ebenfalls eine gläserne Fabrik, in der wir die »Geburt« von Spaghetti, Hörnchen, Farfalle, Tagliatelle und Spiralnudeln beobachten können. Wie bei Volkswagen in Dresden oder Bayer in Bitterfeld können Besucher hier den Prozess der Produktion als Inszenierung erleben.

Sicher wird, wie heute schon in Ansätzen feststellbar, die industrielle Form der Arbeit in Zukunft bis auf einige wenige Teilbereiche verschwinden. Das Medium der neuen Arbeitswirklichkeit, ihrer Orte sowie der von ihr hergestellten Waren ist die Ästhetisierung. »Unsere Arbeit soll schön sein«, so lautete schon eine Parole der Deutschen Arbeitsfront nach 1933. Das Modell Hollywood bedeutet nicht primär eine vernetzte Ökonomie mit zeitlich begrenzten Beschäftigungsverhältnissen und stets neu zusammengesetzten Teams. Mehr noch zeigt sich darin das Prinzip Unterhaltung, das inzwischen nicht nur für Dienstleistungen aller Art gilt, sondern in einen früher so weit entfernten Bereich wie die industrielle Fertigung von Waren vorgedrungen ist. Mit einer großen Einschränkung: Diese Theatralisierung gilt zunächst nur für unsere westliche Konsumgesellschaft. In den Schwellenländern, in die die Produktion zunehmend verlagert wird, sind publikumswirksame Inszenierungen weitgehend unbekannt. Hier gilt noch immer das am Eingang von Fabriken angebrachte Verbot: »Unberechtigten ist der Zutritt verboten.« Was wir hier zu sehen bekommen, entspricht sicher nicht den Philosophien unserer noblen Markenfirmen. Klassische Industrieproduktion ist nur im Kontext einer reichen Gesellschaft kein schmutziges Geschäft.

Die Theatralisierung der Produktion reagiert auf die Forderungen einer Konsum- und Erlebnisgesellschaft, die alles zum Event umgestalten will. Die Langeweile eines folgenlosen Lebens muss wenigstens ab und zu unterbrochen werden. Erlebnisse sind Einzelereignisse, die über eine emotionale Komponente verfügen und nach einer Einordnung verlangen. Das Event ist Teil einer Geschichte. Es genügt heute eben nicht mehr, Autos zu produzieren, vielmehr muss ein Gesamtkonzept, eine Aussage, ein Erlebnis damit verbunden sein. Modernes und erfolgreiches Business ist heutzutage Showbusiness und sonst nichts – andernfalls ist Hollywood noch nicht ganz verstanden worden.

Der Prosument: »Ikea, Erdbeerland und Linux«

Besonders mutige Konsumenten, die von Ikea genug haben und über einen Internetzugang verfügen, entwerfen auf der Homepage der Tischlerei Holzmann & Stoll ihre Möbel selbst und geben sie anschließend direkt in Auftrag. Möglich wird das durch ein System mit dem Namen InMODe. Die Abkürzung steht für »Integrated Manufacturing on Demand« und bedeutet in etwa: »Integrierte Fertigung nach Wunsch des Kunden«. Die vom Kunden per Programmvorgaben entworfenen Möbel werden in fotorealistischer Drei-D-Qualität dargestellt, zusätzlich wird auch der Endpreis gleich mit berechnet. Natürlich sind die Wunschtische, -bänke und -stühle nicht gänzlich frei zu gestalten. Die Tischlerei bietet verschiedene Designvorschläge an, die nach Bedarf verändert werden können – sei es in der Holzart, in der Breite oder Höhe. So kann der Kunde vorher sehen, was er kauft – was er natürlich auch in einem Möbelhaus könnte. Nur müsste er dafür seine Wohnung verlassen und dürfte sich selbst nicht als Gestalter mit »individuellem Geschmack« betrachten.

Der klassische Konsument verwandelt sich bei Holzmann & Stoll in beispielhafter Weise in den modernen »Prosumenten«. Der Begriff Prosument wurde vom amerikanischen Zukunftsforscher Alvin Toffler bereits 1980 in seinem Buch »Die dritte Welle« geprägt und bedeutet zunächst nichts anderes, als dass wir zunehmend von »intelligenten Produkten« umgeben sind, die es möglich machen, dass wir als Konsumenten auf ihre automatischen Qualitäten zurückgreifen können. Lange vor der Verbreitung des PCs und des Internets sieht Toffler in seiner Zukunftsvision die privaten Haushalte vermehrt mit Computern und Robotern ausgestattet. Die räumliche und zeitliche Trennung von Arbeiten, Wohnen und Konsumieren wird tendenziell aufgehoben. Viele Leistungen, die im Zuge der industriellen Arbeitsteilung und Professionalisierung aus den häuslichen Gemeinschaften ausgelagert worden sind, werden reintegriert oder von zu Hause aus durch Selbstbedienung wieder verfügbar.

Neben den von Toffler visionär vorausgesehenen technologischen Möglichkeiten gibt es aber auch agrarische und handwerkliche Tätigkeiten, die wir zunehmend wieder selbst verrichten. Technischer Fortschritt und archaische Praktiken verbinden sich im Prosumenten. Der Geldautomat in der Bank, Selbstpflückfelder wie »Erdbeerland«, der schweißtreibende Zusammenbau von Ikea-Möbeln, das Softwareprogramm zur Steuererklärung oder der selbst vorgenommene Schwangerschaftstest – sie alle sind Beispiele für unsere Verwandlung vom Konsumenten zum Prosumenten.

Der Begriff »Prosument« ist von den Wörtern »Produzent« und »Konsument« abgeleitet. Waren diese beiden seit der industriellen Revolution getrennt, so werden sie heute wieder eins – eine Art Wiedervereinigung auf der Ebene alltäglicher Praktiken. Die zeitlich früheste Form der Fusion von Produzent und Kunde fand im Einzelhandel statt. Das Selbstbedienungskonzept ist die Mutter des Prosumententums. Auswahl, Einpacken in den Einkaufswagen und Transport übernimmt der Kunde, der Anbieter stellt lediglich die Ware bereit und kassiert. Das bedeutet zunächst nichts anderes, als dass ein Teil der Aufgaben vom Produzenten zum Kunden verlagert wird.[5]

Ein Musterbeispiel für diese Entwicklung ist das schwedische Möbelhaus Ikea. Nicht nur in Deutschland verbringen täglich Tausende ihre Freizeit in den gelb-blauen Lagern, die längst auch schon zu sozialen Treffpunkten geworden sind. »Samstags bei Ikea« hat für viele den Stammtisch ersetzt. Die familienfreundliche Atmosphäre und das liberale Image haben Ikea zu einer der erfolgreichsten Marken weltweit gemacht. Das Do-it-yourself-Prinzip wird bei Ikea zur natürlichsten Sache der Welt. Zuerst macht die Firma ihre Hausaufgaben, dann, so die Ansprache an den Prosumenten, »machen Sie Ihren Teil: Sie schauen den Ikea-Katalog durch und besuchen eines unserer Einrichtungshäuser. Dort wählen Sie den gewünschten Artikel aus, transportieren ihn selbst nach Hause und montieren ihn dort. Deshalb zahlen Sie für nichts, was Sie nicht selber machen können. So sparen Sie Geld für einen besseren Alltag!«

Der jedes Jahr im August erscheinende Ikea-Katalog, hausintern die

»Bibel der Ikea-Lebensart« genannt, hat mit einer Auflage von 145 Millionen Exemplaren sein christliches Pendant längst überholt. Allein in Deutschland erscheint der in 25 Sprachen übersetzte Katalog 30 Millionen Mal. Diese Bibel wendet sich an den Verbraucher, den »Ikeaner«, ein Wesen, über das nicht allzu viel gesagt werden kann, außer dass es erkennbar ist an »sein(em) Spaß am Einrichten, seine(r) Kreativität, seine(r) Liebe auch zu kleinen, alltäglichen Dingen. Denn bei Ikea einzukaufen, ist keine Sache des Alters oder des Berufes. Es ist mehr eine Einstellung der Art zu leben, zu denken und zu fühlen. Bei Ikea kaufen junge Leute jeden Alters.« So die Presseabteilung der Ikea-Deutschland-Zentrale in Hofheim/Wallau bei Frankfurt.

In den (fast) verkäuferfreien Hallen von Ikea kommt das Do-it-yourself-Prinzip am deutlichsten zum Ausdruck. Unzählige andere Unternehmen, Heimwerkerläden, Baumärkte oder Elektronikgroßmärkte bieten ihren Kunden ebenfalls Halbfertigprodukte an. So kann sich bei Letzteren jeder seinen eigenen Rechner zusammenbauen und wird somit zum »User« im eigentlichen Wortsinn. Individualität ist gefragt, im Zeitalter des Prosumenten haben Massenprodukte von der Stange ausgedient oder müssen zumindest mit eigener Arbeit angereichert werden.

Ikea ist – wie die Filmindustrie in Hollywood – ein Beispiel für ein Unternehmen, das seine Produktionsanlagen nur zeitlich mieten bzw. so billig wie möglich produzieren will. Früher ließ der Konzern viel in der DDR herstellen, heute ist China das Land, in dem unsere Wohnungseinrichtungen in Baukästen verpackt und anschließend verschickt werden. Nach dem Kauf sitzen wir dann mit der Gebrauchsanweisung zu Hause und feiern die aus unserer Welt verschwundene Produktion als heroischen Akt. Wahrscheinlich wird nirgends so viel gearbeitet wie Samstagnachmittag in deutschen Privathaushalten – die obligatorische Autowäsche mit inbegriffen. Helmut Höge, Autor der Tageszeitung taz, sieht folgerichtig mit Ikea das drängende Problem der Arbeitsbeschaffung als gelöst an: »Ikea ist eine privatwirtschaftliche AB-Maßnahme von fast schon globalem Ausmaß.«

Sicher spiegelt sich im Erfolg des Do-it-yourself-Prinzips der

Wunsch nach eigener Arbeit, die an einem Objekt sichtbar wird. Das Gefühl, dass man selbst noch etwas schaffen kann, knüpft psychologisch an Zeiten an, die noch vor der industriellen Revolution angesiedelt sind. Dafür nimmt man auch den Ärger und die Frustration über fehlende Schrauben und Zwischenbretter in Kauf. Ähnliches findet auch im Erdbeerland oder an vergleichbaren Orten statt: Der schmerzende Rücken ist geradezu ein Muss. Der prähistorische Sammler und vorindustrielle Bauer findet hier ein Betätigungsfeld, das der Bürojob nicht mehr bietet. Sich bei der Arbeit zu spüren ist für viele ein überraschendes Erlebnis.

Auf Seiten der Unternehmen geht es selbstverständlich um Kostenersparnis, insbesondere dann, wenn der Konsument gezwungenermaßen auf die Produzentenseite wechseln muss, wie bei der Selbstbedienung oder den Geldautomaten. Von den vier in unserer Wohngegend vorhandenen Bankfilialen haben drei im vergangenen Jahr ihren Betrieb eingestellt. Einzelberatung bekommen nur noch Kunden der Investmentabteilung, die über 100 000 Euro anlegen möchten. Der einzige »Service« für die übrigen Kunden besteht – neben Kreditzinsen von 17,5 Prozent – in Kontoauszugsdruckern und Geldautomaten. Aufstellung und Wartung der elektronischen Konkurrenz kosten dabei lediglich einen Bruchteil des Arbeitslohnes von regulären Angestellten. So trägt der Prosument unbeabsichtigt dazu bei, Arbeitsplätze zu vernichten. Denn die Verwandlung des Konsumenten über moderne Technologien in den Prosumenten bedeutet auch den Abbau und den rasanten Verlust von Arbeitsplätzen, insbesondere bei Banken, Versicherungen, Bibliotheken, Handwerken und im Einzelhandel. Zahlreiche Dienstleister könnten in Zukunft verschwinden: Archivare und Bibliothekare, Redakteure von Anzeigenblättern, Einzelhandelsverkäufer, Reisebürokaufleute sowie diverse Handwerker. Wenn sich die Mehrzahl der Haushalte vernetzt hat, wird der Kunde in Minutenschnelle aus einem globalen Angebot auswählen können, ohne noch Spezialisten zu brauchen – oder einst professionelle Tätigkeiten wieder selbst erledigen.[6] In zunehmendem Maße werden wir zu Co-Designern der uns umgebenden Produkte und Dienstleistungen. Häufig kaufen wir nicht mehr nur ein, sondern liefern gleichzeitig Informationen für die Verbesserung der Produkte. Insbesondere die Werbeindustrie lässt inzwischen die Käufer, vor allem Jugendliche, ihre Vorlieben benennen. Das Internet und die globale Vernetzung der Welt lassen das interaktive Marketing immer bedeutsamer werden. Kein anderes Medium eignet sich so hervorragend wie das Internet, um die Vorlieben vor allem junger und gut gebildeter Kunden, die zur bevorzugten Klientel vieler Markenfirmen gehören, zu ermitteln. So »dürfen« etwa bei Kellogg's junge Leute zwischen zwölf und 15 Jahren an der Neugestaltung der Verpackung mitarbeiten. »Seid kreativ und gestaltet von Anfang an die neuen Kellogg's Pops«, so die Aufforderung auf der Kellogg's-Website. Mehrere tausend junge Leute haben sich darum beworben, die Verpackung für die Kellogg's Pops mitzugestalten. »Interaktives Marketing« nennt Kellogg's-Managerin Bettina Kühnel die für den Konzern ungewöhnliche Idee.

Immer weniger Unternehmen verzichten auf die kostenlose Zuarbeit ihres Zielpublikums an der Markengestaltung. Schon heute bezahlen wir also für unsere eigenen »Werbeeinfälle« selbst – das alles geschieht selbstverständlich im Namen verbesserter, kundenfreundlicherer Produkte.

Wer ein Produkt kauft, hat meistens auch eine Meinung dazu – und will sie in vielen Fällen auch kundtun: »BMW unterhält just zu diesem Zweck bereits seit zwei Jahren eine eigene Community. Der so genannte Driver's Circle steht ausschließlich Fahrern der 7er-Reihe offen. Als Passwort dient die Fahrgestellnummer. Neben einem gepflegten Online-Plausch bietet der Konzern seinen Premiumkunden dort Neuigkeiten rund um ihr Auto; im Gegenzug erhofft er sich konstruktives Feedback. Ein Ingenieur aus der BMW-Entwicklungsabteilung moderiert in dem virtuellen Club regelmäßig Diskussionen über technische Innovationen. Die Anregungen der Fahrer leitet er an seine Kollegen weiter.«[7] So werden lukrative Kunden in die Entwicklung neuer Produkte eingebunden.

Aber hat die Verwandlung des Konsumenten in den buchstäblichen User nicht auch einen emanzipatorischen Effekt? Im Bereich der Wissensindustrie werden die Begriffe Konsument und Hersteller bekanntermaßen vollständig zusammengeführt. Paradebeispiel dafür ist die so genannte Open-Source-Bewegung, die sich um das Betriebssystem Linux schart. Linux ist an erster Stelle eine kostenlose Alternative zu herkömmlichen Betriebssystemen, die auf dem Prinzip des Open Source basiert, d.h., der Quellcode der Programme ist allen Nutzern öffentlich zugänglich. Das Nebenziel ist, die Dominanz des Marktgiganten Microsoft – über 90 Prozent der Endnutzer arbeiten weltweit mit Windows – zu brechen. Linux, für seine »Jünger« eine Art digitaler Robin Hood, ist das Ergebnis einer Zusammenarbeit von unzähligen miteinander vernetzten Nutzern, die gemeinsam »Produkte« erstellen. Der User greift hier auf die Module verschiedener Produzenten zurück und schließt sich mit anderen zu einer User-Community zusammen. Kunde und Produzent werden ununterscheidbar. Toffler zufolge hat diese Verschmelzung auch eine immanente Emanzipation von Kontrolle zur Folge. Prosuming bedeutet eine »technische Ablösung« von Vorgängen, die bislang im industriellen Raum stattfanden und durch technologische Weiterentwicklungen wie das Internet in den »privaten Bereich« verlagert werden. Hier treffen sich die Intentionen der Wirtschaft (Rationalisierung und Verlagerung der Produktion in die Konsumentensphäre) mit den Interessen eines selbstbewussteren Verbrauchers.

Aber könnte beispielsweise Linux den Giganten Microsoft und seine Quasi-Monopolstellung wirklich bedrohen? Über die reale Gefahr, die von Linux für Microsoft ausgeht, schreibt Ernst Lohoff in seinem Beitrag »Die Ware im Zeitalter ihrer arbeitslosen Reproduzierbarkeit«: »Viel bedrohlicher für die einzelkapitalistische Profitperspektive und die Verkaufsziffern als die Open-Source-Bewegung mit ihren recht verwaschenen gesellschaftskritischen Ansprüchen ist zunächst einmal die allgegenwärtige Raubkopiepraxis und mangelnde Akzeptanz von Bezahlangeboten im Internet, aber auch bei anderen Medien. Selbst Microsoft, das einzige Unternehmen, das unter der Ausbreitung von Linux leidet und hoffentlich noch verstärkt leiden wird, hat im Augenblick weit mehr Probleme mit der Flut von Raubkopien seiner eigenen Programme als mit dem preislosen alternativen Betriebssystem.«[8] Es ist der klassische Dieb und nicht der Prosument, der die kommerziell arbeitende Wissensökonomie in ihren Grundfesten bedroht.

Was für die Softwareentwicklung in besonderem Maße gilt, wird als Trend in viele Bereiche unserer Wirtschaft vordringen: So wird der Konsument künftig auch bei Bekleidung, Autos, Einrichtungsgegenständen, Unterhaltung oder bei Dienstleistungen aller Art eine Rolle als mitgestaltender Prosument spielen. Wir alle – zumindest diejenigen, deren Kaufkraft eine Ansprache lohnt – werden folglich zu wertvollen Fachleuten, die kostenlose Expertisen abgeben. Die Rechnung für diese Gratisarbeit dürfen wir dann später selbst bezahlen. Vom Prosumer, der sein Produkt selbst gestaltet und herstellt, ist es nur noch ein kleiner Schritt zum Kunden, der selbst das Produkt seiner Sehnsüchte und der von Marketingexperten wird.

Stufen des Konsums: »Befriedigen, verführen, verändern«

Der Medienwissenschaftler Norbert Bolz hat in seinem Buch *Das konsumistische Manifest*[9] ein Dreistufenmodell des Konsums vorgeschlagen, das wir – etwas vereinfacht – in folgende Reihenfolge bringen können: Am Anfang sucht der Kunde das Produkt. Es herrscht also Mangel. Dann sucht das Produkt den Kunden. Es herrscht also Überfluss. Schließlich wird der Kunde selbst zum Produkt. Es herrscht also Langeweile.

Auf einer frühen Entwicklungsstufe der Konsumgesellschaft, als Waschmaschine, Fernseher und Kühlschrank noch kaum verbreitet waren, diente jedes Produkt der entstehenden Warenindustrie noch der unmittelbaren Befriedigung von Bedürfnissen. Der rasante Aufstieg der Konsumgüterindustrie und ihr millionenfacher Ausstoß an billigen Waren brachte dieses einfache Verhältnis bald an seine Grenzen. Das dritte Auto, die zweite Stereoanlage oder der fünfte Fernseher wurden irgendwann für die meisten Menschen überflüssig. In dem Moment, in dem alle grundlegenden Bedürfnisse befriedigt waren, verwandelte sich der Markt in einen Ort der Verführung. Jetzt wollen die Konsumenten, satt und angefüllt mit allem Notwendigen, wissen, was sie wünschen sollen. Der Konsument muss nun zum Kauf überflüssiger Produkte verführt werden, indem ihm seine »wahren« Wünsche per Werbung vorgeführt werden. Der Zweck dieser Übung ist für uns alle inzwischen klar nachvollziehbar: Man braucht etwas nicht, solange man es nicht hat. Hat man es aber, kann man nicht mehr ohne es leben. Der Anrufbeantworter, das Handy oder der Tischstaubsauger sind einige Beispiele dafür.

Aber auch auf der Stufe der Verführung geht es noch um Waren und Dienstleistungen im eigentlichen Sinn. Die voll entwickelte Konsumwelt geht einen Schritt weiter: Der Konsum selbst wird zu einem einzigartigen Erlebnis, der einen als Person verändern soll. Die fortschrittlichsten Marken sind diejenigen, die helfen, sich selbst über vorformulierte Geschichten zu verorten. Auf der Internetseite www.getabstract.com heißt es zur Kunst der Markenbildung im Internetzeitalter: »Viele Werbebotschaften sind darum heute stärker auf den Menschen und weniger auf das jeweilige Produkt ausgerichtet … Auf sich allein gestellt kann ein Unternehmen erfolgreich sein, wenn es ihm gelingt, eine ›Corporate Religion‹ auszubilden, eine Unternehmens-Vision und Marken-Religion aus einem Guss, die den Kunden mit ins Boot holt und ihn auf das Unternehmen einschwört. Vorzugsweise über emotionale und immaterielle Werte der Marke, weniger über harte Produktfacts.«

Aus diesem Grund thematisieren zum Beispiel Autowerbungen heutzutage – im Gegensatz zu früher – technische Daten praktisch überhaupt nicht mehr. Der »Spirit«, der »Soul«, »Pleasure« oder »Comfort« sind dic Vokabeln, mit denen Auto und Fahrerlebnis heutzutage angepriesen werden, und nicht PS-Zahl oder Hubraumgröße. Ich fahre nicht nur ein Auto, suggeriert uns die Werbung, ich werde dabei auch ein anderer: *Ich* bin der »Soul« von Audi oder der »Spirit« von Mercedes. Das Auto-Ich ist dabei nur eine von vielen möglichen Rollen, die die Konsumwelt uns zur Verfügung stellt. Ich kaufe den Nike-Schuh also nicht nur, um Sport zu betreiben, sondern in Erwartung einer Verwandlung: Ich werde zur Verkörperung des Sports schlechthin. Das Parfüm von Biagotti Uomo macht mich zum Latinlover, das neueste Geschirrspülmittel zum strahlenden Hausmann, Body Shop zum besseren Menschen, die sowjetische Fliegeruhr zum MiG-Kampfpiloten. Man könnte den Wunsch nach Verwandlung als lächerliche Wunschvorstellung kleinbürgerlicher Existenzen abtun, doch das wäre zu einfach. Die Werbung erzählt uns Geschichten, die in uns den Wunsch nach einem Wunsch erfüllen: Wenn ich nicht mehr weiß, was ich mir überhaupt wünschen soll, bin ich dankbar für jedes Angebot. Ich kann mich zwar nicht wirklich ändern, aber mich stets mit Hilfe der neuesten Identifikations(an)gebote, also vorformulierten Geschichten – und nichts anderes sind Marken –, neu »erzählen«. Ich erlebe mich als jemand Neues, der ich vorher nicht war. Enttäuschungen sind dabei natürlich nicht ausgeschlossen. Der »Spirit« von Mercedes muss nicht zwingend von mir Besitz ergreifen, trotz der moralisch korrekten Body-Shop-Hautcreme hasse ich meine Kollegen möglicherweise weiterhin usw.

Wünsche sind im Gegensatz zu Bedürfnissen grenzenlos. In einem Cartoon, in dem die gute Fee die drei berühmten Wünsche freistellt, wünscht sich der Beglückte jeweils zwei belanglose Dinge und anschließend wieder eine gute Fee mit drei Wünschen und wieder zwei belanglose Dinge und eine gute Fee mit drei Wünschen und endlos so fort … Im Schlussbild stehen Hunderte von Feen um den Wünschenden herum. Besser kann der Wunsch nach einem Wunsch – beziehungsweise die Angst, etwas Falsches zu wünschen – nicht dargestellt werden.

Diese letztgenannte Angst kann man in dem 2002 in der Ulmer Innenstadt eröffneten Wünsche-Shop loswerden. Hier kauft man keine Wünsche, sondern deponiert sie. »Da sind nette Menschen und ein Terminal, eine Art Wünsche-Automat, der sich über jeden eingegebenen Wunsch mit einer Quittung und einer Nummer freut, mit

Hilfe der Nummer lässt sich der Wunsch immer wieder aufrufen.«[10] Wer will, kann das auch auf der Internetseite www.fort-wishes.de tun. Was wünschen sich die Leute im Wünsche-Shop? »Die Wünsche sind bunt zusammengewürfelt. Da ist der Game Boy Color, ein Haus, ein Auto, da ist Stefan, der endlich anrufen soll, oder Tine, die hoffentlich bald zurückkommt, da soll Frieden herrschen. Insgesamt finde ich die Wünsche zu stark eingeschränkt, ich habe das Gefühl, dass die meisten Leute sich gar nicht trauen, ihre Wünsche frei zu äußern. Ich möchte, dass die Menschen begreifen, dass sie es wert sind, alles zu wünschen«[11], so Claudia Widmaier, Grafikdesignerin und Mitbegründerin des Wünsche-Shops.

Ähnlich, wie der Wünsche-Shop erkennbar werden lässt, erfüllt auch der Konsum nicht den eigentlichen Wunsch, sondern etwas, das an seine Stelle tritt: Waren und Dienstleistungen, die man zwar nicht braucht, die einem aber den Wunsch nach einem Wunsch erfüllen. Der größte Wunsch ist selbstverständlich, jemand zu sein oder zu werden, der man nicht ist, wenn auch nur für eine kurze Zeit. Der Begriff »Erlebnisökonomie« müsste folglich noch durch die »Verwandlungsökonomie« ergänzt werden. Denn Erlebnisse allein stellen nicht den absoluten Höhepunkt bei der Expansion wirtschaftlicher Angebote dar. Auch sie mutieren leicht zur Massenware, die jeder in Anspruch nehmen kann. Zudem gilt: Wenn man etwas zum zweiten Mal erlebt, macht es meistens weniger Spaß als beim ersten Mal. Beim vierten oder fünften Mal wird das Vergnügen noch geringer sein, und schließlich wird man aufhören, dieses eine Erlebnis konsumieren zu wollen. Der nächste Schritt besteht darin, ein Erlebnis, eine Marke zu kreieren, die einen selbst verwandelt, eine Veränderung der eigenen Person bewirkt. Die Verwandlung ist ein eigenständiges Angebot, das letzte in der Progression des wirtschaftlichen Wertes. Im Zeitalter der entwickelten Konsumgesellschaft wird der Kunde somit selbst zum Produkt. Dies vollzieht sich über die Inszenierung von Erlebnissen, die ihn nachhaltig verändern. Moderne Marken und Dienstleistungen sind quasi-therapeutische Angebote, die im Konsumakt Erlösung und Veränderung versprechen. (Selbst-)Verwandlungen haben in allen

Religionen schon immer eine große Rolle gespielt. Aus Saulus konnte Paulus werden.

Ein weiteres Indiz für die Verschiebung der Bedeutung des Produkts auf den Kunden wird darin sichtbar, dass die heutigen Marketingbemühungen sich auf Kundenanteile und weniger auf Marktanteile konzentrieren. Es geht darum, langfristige Kundenbindungen aufzubauen. Niemand macht der Werbe- und Marketingbranche mehr Kummer als der treulose, promiske Kunde, der ständig seine Marken wechselt. Um einen tendenziell untreuen Partner / Kunden lebenslang zu binden, muss eine enge Beziehung zu ihm hergestellt werden. So gerät das komplette Potenzial eines Käufers in den Mittelpunkt der Bindungsstrategie. Die Werbebranche spricht in diesem Zusammenhang vom »Life Time Value«, also dem »Lebenswert« eines Menschen, der am besten zum (finanziellen) Ausdruck kommt, wenn bereits in jungen Jahren Bindungen an Unternehmen und Marken geschaffen werden. Ein schönes Beispiel dafür geben die Marketinggurus Don Peppers und Martha Rogers in ihrem Buch *Die 1:1 Zukunft*: »Nehmen wir an, ein Windeldienst liefert gegen eine Abonnementgebühr alle Einwegwindeln für ein Baby. Statt jede Windel mittels einer diskreten Transaktion im Geschäft zu kaufen, bekommt der Kunde unbegrenzten Zugriff auf Windeln, solange das Baby welche braucht. Derartige Unternehmen gibt es in den USA bereits. Doch das Beziehungsmarketing ist damit nicht zu Ende. Dasselbe Unternehmen, das einen Vertrag über die Lieferung der Einwegwindeln geschlossen hat, kann seinen Kunden mit entsprechenden Verträgen auch Spielzeug, Babynahrung, Pflegeprodukte und Babykleidung liefern. Und warum sollte die Geschäftsbeziehung damit enden? Wenn erst einmal ein umfassendes Dienstleistungsverhältnis aufgebaut wurde, warum sollte es nicht die Kindheit hindurch bis ins Jugendalter fortgeführt werden – mit anderen Worten, warum sollte der Life Time Value nicht maximiert werden?«[12]

Eine berechtigte Frage. Der Life Time Value wäre dann maximal, wenn ein Greis wieder dieselben Windeln wie als Baby tragen würde. Von der Wiege bis zur Bahre – nie werden wir allein sein müssen, auf Schritt und Tritt begleitet, auf unsere Wünsche hin befragt, von Finanzdienstleistungen für Kinder bis zur Bestattungsberatung für angehende Sterbende. Über Meinungsbefragungen, Kundenanalysen und elektronische Datenauswertungen werden zukünftige Wünsche ermittelt und prognostiziert. Der unsägliche Druck, eigene Wünsche entwickeln zu müssen, fällt endlich weg. Konsumgüter werden so zu »Agenten«, die mir Dienste erfüllen, von denen ich morgen erfahren werde, dass ich sie heute schon brauche.

Dass der Kunde das wichtigste Produkt sein wird, hat schon Peter Drucker, der Urvater aller Managementmethoden, in den fünfziger Jahren vorausgesehen: »Der Konsument ist die Grundlage eines Unternehmens und sichert seine Existenz. Er allein schafft Beschäftigung. (…) Weil es der Zweck ist, einen Konsumenten zu schaffen, hat jedes Unternehmen zwei – und nur diese beiden – grundlegende Funktionen: Marketing und Innovation.«[13] Heute stellen schlaue Anbieter also nicht mehr Massenartikel her und suchen dann wie beim Blinde-Kuh-Spiel im Dunkeln nach Kunden. Vielmehr beginnt der Prozess mit der »Position« des Konsumenten und wird dann über das Marketing an die Fabrikation vermittelt. Mit der Inthronisierung des Konsumenten erreicht der Kapitalismus eine neue Stufe: Er wird zur Marketingökonomie, bei der die Produkte nur noch lästige materielle Anhängsel von Geschichten sind. So sind wir wieder in Hollywood angekommen.

Religion

Die Herrschaft des Kults: »Jeder Tag ein Feiertag«

In den siebziger Jahren warb die Firma Jesus Jeans mit dem Slogan: »Du sollst keine anderen Jeans neben mir haben.« Das war vielleicht der erste direkte Versuch, Werbung und Produkte an religiöse Symbole und biblische Texte zu koppeln. Der italienische Filmemacher Pier Paolo Pasolini meinte damals ironisch, wenn die Kirche die Medien zensieren wolle, müsse sie zuerst die Fernsehwerbung verbieten. Das konnte sie natürlich nicht.

Heute ist die Anzahl religiöser Motive in der Werbung unüberschaubar geworden. Auf der Internetseite www.glauben-und-kaufen.de haben zwei junge Theologen, Hagen Horoba und Andreas Fuchs, über 400 Werbeanzeigen und -plakate mit deutlich religiösen Bezügen veröffentlicht. Die Website offenbart, wie Konsum und Religion harmonisch miteinander in Einklang stehen können. Viele der dort aufgelisteten Werbeslogans beziehen sich auf biblische Sätze, die sie entweder direkt zitieren oder auf die sie deutlich anspielen: »Nichts ist unmöglich« (Toyota), »Wer Ohren hat zu hören, der höre« (World of Music), »Mein Blut für dich« (Deutsches Rotes Kreuz), »Ihr guter Stern auf allen Straßen« (Mercedes Benz) oder »Auf diese Steine können Sie bauen« (Schwäbisch Hall). Andere Slogans wie »Ich will« von Audi erinnern an kirchliche Zeremonien, in diesem Fall an den Hochzeitsritus mit seiner Vorstellung von der einzigartigen Wahl. Ein Werbeprospekt mit unzähligen Nikoläusen und blonden Engeln, der schon im September im Briefkasten steckt, nimmt explizit Bezug auf die Weihnachtsgeschichte: »Statt eilige Nacht … schon jetzt an Weihnachten denken.« Gott sei Dank, das hätte man in diesem Jahr sonst glatt vergessen …

Die bekannteste Werbung mit religiösen Motiven ist ein Plakat der »Skandaldesigner« von Benetton, das eine Nonne und einen Priester beim Küssen zeigt. Die Zigarettenfirma West wirbt mit halb nackten Frauen im roten Nikolauskostüm, und VW lässt einen übergewichtigen Hippie über der Frage grübeln: »Woher komme ich? Wohin gehe ich? Und warum weiß mein Golf die Antwort?« (Dummkopf, natürlich weil er ein satellitengestütztes Navigationssystem hat!) Als Imperativ kommt schließlich die Werbung von Opel daher: »Betet sie an!« Dieser Befehl steht auf einem Werbeplakat, das im Kleingedruckten verlangt, dass wir die Sonne anbeten. Laut Unternehmen geht das am besten, wenn wir ein Cabriolet von Opel kaufen. Der Renault Clio wird mit Adam, Eva und der Schlange im Paradies beworben, und auf einer Anzeige von Ford sieht man im Hintergrund die Schöpfungsszene aus Michelangelos Fresko in der Sixtinischen Kapelle.

Ob Auto, Pizza, Schokoriegel oder Versicherungspolice, religiöse Motive und Anspielungen tauchen in unserer Werbelandschaft an vielen Orten auf. Das erscheint paradox in einer Gesellschaft, in der Religion eigentlich keinen Platz mehr hat. Aber offensichtlich ist das von ihr zur Verfügung gestellte Sinnangebot nach wie vor anknüpfungsfähig. So mögen zwar die meisten von uns mit den Ritualen und Bräuchen der christlichen Religion nichts mehr anzufangen wissen, auf der Ebene der unbewussten Motive funktionieren ihre Angebote aber weiterhin.[1] Marken sind bekanntlich Sinnstifter, die neben einer kohärenten Identität diesseitige Seligkeit versprechen. Alle Religionen haben die Aufgabe, Ordnung und Sinn in das profane Leben zu bringen, es erträglich zu machen und das Bedürfnis nach Glauben zu erfüllen. In diesem Sinn kann man den Kapitalismus als Religion bezeichnen, weil er in der Lage ist, mit Hilfe von Waren und Produkten eine »befriedigende« Antwort auf die Frage nach dem Sinn zu geben. Der Konsum ist dabei nur der tägliche Akt der Sinngebung, der Götzendienst an den Fetischen unserer Warenproduktion.

Die enge Verbindung von Kapitalismus und Religion ist schon sehr früh thematisiert worden. Auf die Zusammenhänge und Analogien haben bereits Karl Marx und Friedrich Engels in der *Deutschen Ideologie*, Georg Simmel in seiner *Philosophie des Geldes* und Max Weber hingewiesen. Bei Max Weber ist der Kapitalismus eng mit einer puritanischen Ethik verknüpft, die ein ganzes Wirtschaftssystem verwandelt. Der Calvinismus ist bei ihm der Geburtshelfer des Kapitalismus. Am eindrucksvollsten hat aber der deutsche Philosoph Walter Benjamin die enge Verbindung von Kapitalismus und Religion beschrieben. In seinem 1921 verfassten Fragment *Kapitalismus als Religion* beschreibt er den Kapitalismus nicht bloß (wie Max Weber) als ein religiös bedingtes Gebilde, sondern hebt dessen religiöses Wesen selbst hervor. Benjamin definiert den Kapitalismus als Sinnstifter: »Im Kapitalismus ist eine Religion zu erblicken, d. h., der Kapitalismus dient essentiell der Befriedigung derselben Sorgen, Qualen, Unruhen, auf die ehemals die so genannten Religionen Antwort gaben.«[2] Das entscheidende Charakteristikum des Kapitalismus ist nach Benjamin sein Wesen einer »reinen Kultreligion«, die »keine spezielle Dogmatik, keine Theologie« kennt. Die dogmenfreie Kultreligion ist einerseits heidnisch, indem sie den Kult, die kultische Handlung ins Zentrum stellt, und kann andererseits theologisch als eine Form pantheistischer Religion verstanden werden. Das heißt, alles und jedes kann heilig sein oder werden. Kult und Kultreligionen sind dadurch charakterisiert, dass sie den Inhalt als zweitrangig qualifizieren. Bezogen auf den Kapitalismus heißt das: Ob ich dieses oder jenes produziere, ist sekundär – wichtig ist, dass ich produziere. Ob ich dieses oder jenes kaufe, ist sekundär – wichtig ist, dass ich kaufe. Ob ich dieses oder jenes konsumiere, ist sekundär – wichtig ist, dass ich konsumiere. Die täglichen Aufrufe von Wirtschaft und Politik, unsere Verantwortung als Konsumenten wahrzunehmen, also einzukaufen, sind wie der tägliche Ruf des Muezzins zum Gebet. Der Kaufakt ist unser Gottesdienst, den wir täglich verrichten sollen. Was wir kaufen (oder glauben) ist dabei vollkommen egal. Der Motor Konsum soll angekurbelt werden, indem die »kultischen Handlungen« täglich verrichtet werden. Sinn wird nachträglich erzeugt.

Dass es der kapitalistischen Logik vollkommen egal ist, womit Geld verdient wird, hat schon Marx in seiner Analyse der abstrakten Arbeit festgestellt. Der Tauschwert triumphiert über den Gebrauchswert. Jede Festlegung des Kapitalismus auf eine Lehre oder ein »Glaubensbekenntnis« wäre nur eine Hemmung des universalen Prozesses von Produzieren, Kaufen und Konsumieren.[3] Alle ihm zugeschriebenen Wert- und Normensysteme dienen nur dazu, Sinn zu erzeugen, der Kapitalismus selbst ist eine »abstrakte Axiomatik« (Deleuze/Guattari), die keine ihr immanenten Schranken kennt.

Die Ablehnung jeder inhaltlichen Bestimmung verweist auf die Fähigkeit des Kapitalismus, alles zum Gegenstand seiner (kultischen) Verehrung machen zu können. Wenn morgen Ökologie, Moral und Menschenrechte Verkaufsargumente sind, dann werden sie auch angebetet werden. Einige Unternehmen haben darauf bereits reagiert und einen »Caring Capitalism« etabliert, der sich um alles sorgt (vor allem um uns, die Verbraucher).

Als weiteres wichtiges Merkmal des modernen Kapitalismus hält Benjamin die »permanente Dauer des Kultes« fest: »Es gibt da keinen Wochentag, keinen Tag, der nicht Festtag in dem fürchterlichen Sinne der Entfaltung allen sakralen Pompes, der äußersten Anspannung des Verehrenden wäre.«[4] Jeder Tag ein Feiertag. Der kontrovers diskutierte verkaufsfreie Sonntag ist aus diesem Blickwinkel als Verbot eines Kults zu lesen, der um jeden Preis permanent sein will: sieben Mal die Woche 24 Stunden am Tag. Ihre unmittelbar technische Perfektion erreicht die Forderung nach unbeschränkten Ladenöffnungszeiten durch das Internet und den E-Commerce. Hier kann man zu jeder Tages- und Nachtzeit shoppen und muss dazu noch nicht einmal das Haus verlassen. Trotz der Möglichkeiten des Online-Shoppings werden bisher aber lediglich zwei Prozent aller Einkäufe über das Internet abgewickelt.

Galten traditionell die Sonn- und Feiertage als Tage, an denen weder Arbeit noch Konsum im Vordergrund stehen sollte, so hebt die fortgeschrittene Konsumgesellschaft den Unterschied zwischen den Wochentagen immer mehr auf, indem sie ihren Konsumkult täglich zelebriert. Damit wird nicht jeder Tag zum Werktag, sondern umgekehrt wird der permanente Sonntag institutionalisiert. Wir leben folglich in einer Zeit permanenter Festtage, Dauerüberraschungen und Bedürfniserfüllungen – eine Party ohne wirkliches Ende, es sei denn, das Geld geht uns aus. Früher bedeutete der Sonntag in einer reichen Gesellschaft nichts anderes als die Unterbrechung eines Rhythmus: Freizeit statt Arbeit. In dem Moment, in dem der Kapitalismus sich der Freizeit umfassend annimmt, wird aus der Freizeit und dem Freizeitgenuss eine Reproduktions- und Konsumzeit. Freizeit wird so wiederum zur Arbeit, was auch im Ausdruck »Freizeitstress« deutlich wird. Dies weist auf die Aufhebung von Unterschieden und die Angleichung aller Lebensbereiche hin. Der Kult von permanenter Dauer meint einen Kult, in dem nur noch formale Handlungen eine Bedeutung haben. Der *Sinn* liegt ausschließlich im Vollzug der Handlung.

Auch in traditionell katholischen Ländern wie zum Beispiel Polen kann man die kultische Konsumhandlung inzwischen überall beobachten. In diesem erzkatholischen Land hat eine französische Handelskette riesige tempelähnliche Warenhäuser an der Peripherie von Großstädten eingerichtet. Sie sind Tag und Nacht geöffnet, 24 Stunden am Tag, sieben Tage in der Woche, wochentags wie feiertags. Die Öffnungszeiten sind gesetzlich nicht geregelt, was aber niemanden zu kümmern scheint. Permanent zu konsumieren / zu feiern ist das Gebot der Stunde. Konsumieren ist ein heiliger Akt, der möglichst nicht unterbrochen werden soll.

Das Dauerfest erreicht dabei auch hierzulande ungeahnte Dimensionen: Seit neuestem gibt es Nikoläuse mit Osterhasenohren. Zwei Feste in einem! Der Ausruf: »Das ist wie Ostern und Weihnachten zusammen«, hat hier seine Entsprechung in Schokoladenform gefunden.

Jedoch macht der reine Kult, der sich im Kreislauf von Produktion und Konsum erschöpft, das Feiern und die Feste letztlich unmöglich. Zwar ist jeder Tag ein Festtag, aber gerade das, was den Festtag ausmacht, nämlich die Unterbrechung, wird durch den permanenten Kreislauf von Verwertung und Konsum nivelliert. Der Sonntag ist wie der Montag und dieser ähnelt dem Freitag. Es gibt nur noch die Rituale des Marktes und der Unterhaltung, die in der Medienwelt der Bohlens, Naddels und Feldbuschs ubiquitär geworden sind.

Der Kult um die Waren wird nur noch durch den wachsenden Schuldenberg übertroffen. Angesichts der Vielzahl ausgestellter Produkte werden unsere Wünsche stets aufs Neue angesprochen. Das Bedürfnis, etwas unbedingt haben zu müssen, ist heute zu einer allgegenwärtigen Grunderfahrung geworden. Der Kredit ist dabei das Instrument, um Zukünftiges schon in der Gegenwart zu erfüllen. »Wo ihr wollt, wann ihr wollt«, steht auf den Geldautomaten einer französischen Bank. Das geht selbstverständlich nicht ohne Schuld(en). Damit sind wir bei Benjamins dritter Bestimmung des religiösen Kapitalismus angekommen: Er nennt ihn einen »verschuldenden Kultus«. Der Kapitalismus kenne keine Kulte der Entsühnung mehr, sondern versuche, die ganze Welt in den Zustand der Verschuldung zu treiben. Auf den ersten Blick ist diese These leicht nachzuvollziehen. Neben den Staatsschulden – allein die Neuverschuldung erreichte 2003 in Deutschland mit über 40 Milliarden Euro einen neuen Rekord – sorgt die Zunahme von Privatkonkursen vieler einzelner Konsumenten täglich für Schlagzeilen. In den USA sind über 60 Millionen Haushalte mit Kreditkartenschulden von über 6000 Dollar belastet. Der private Konsum basiert auch in Deutschland immer mehr auf Kreditverschuldung, d.h., die Verbraucher geben mehr aus, als sie verdienen. Laut einer Meldung der ARD im Oktober 2003 sollen bereits ein Fünftel aller Deutschen vor der Zahlungsunfähigkeit stehen. Schuldnerberatungen verzeichnen Rekordbesuche, für einen Termin muss man zum Teil ein Jahr warten, manche Stellen können gar keine neuen Schuldner mehr aufnehmen.

In einer weltweiten Perspektive drängt die mit der Globalisierung zusammenhängende Verschuldung unzählige Entwicklungsländer an den Rand ihrer Existenz. Der größte Schuldner (aber auch Gläubiger) der Welt sind die USA, deren Haushaltsdefizit im Jahr 2004 mit ca. 455 Milliarden Dollar ein neues Rekordhoch erreichte. Dazu trugen die Militärausgaben nur einen geringen Teil bei.

Benjamins Gedanken über den »verschuldenden Kultus« sind natürlich noch etwas komplizierter. Er unterscheidet damit den modernen Kapitalismus von archaischen Gesellschaften. Ihm geht es nicht um den biblischen Schuldbegriff, sondern um die heidnische Vorstellung von einer »natürlichen Schuld«, die immer schon da ist und die durch Opfer- und Feierriten besänftigt werden kann. Im Kapitalismus gibt es aber keinen Mechanismus der Entschuldung mehr, vielmehr wird die ganze Welt in eine alles umfassende Verschuldungslogik verstrickt.

Daher müssen dem Verbraucher in unserer fortgeschrittenen Konsumwelt die Schuld und das schlechte Gewissen genommen werden. Das geschieht nicht nur in der Erzeugung politisch korrekter Produkte, die ökologisch, sozial und kapitalismuskritisch sind, sondern auch durch die Ritualisierung des Konsums. »Der Konsum verliert sein schlechtes Gewissen, sobald der Akt des Einkaufens als ritueller Vollzug stilisiert ist.«[5] Ähnlich wie das Rosenkranzbeten über die Wiederholung tranceähnliche Zustände erzeugt, hat das tägliche Konsumritual einen betäubenden Effekt. Übrig bleiben jedoch die (eventuell) entstandenen Schulden.

Der Animismus der Dinge: »Vom Totem zum Logo«

»Die Präsentation von ›Städten‹ durch Automobilkonzerne hat eine Tradition, die in die Anfangszeit der Massenproduktion zurückreicht. Der französische Automobilhersteller Voisin finanzierte Le Corbusier die Planung einer autogerechten Hochhaus-Stadt auf dem Terrain des fast vollständig ausgelöschten Zentrums von Paris, den ›Plan Voisin‹. Eine amerikanische Version dieses Plans wurde auf der New Yorker Weltausstellung 1939 gezeigt. Dort stellte die Firma General Motors das Modell einer ›Stadt im Jahre 1960‹ vor, in der ebenfalls der Verkehr dominiert, die Hochhäuser aber keinem absolutistischen Idealbild folgen wie bei Le Corbusier, sondern das freie Spiel des Marktes darstellen. Auch Wolfsburg, 1937 von der *Deutschen Arbeitsfront* als ›Stadt des KdF-Wagens‹ gegründet, war von Beginn an als ›Autostadt‹ konzipiert. Auf dem Werksgelände sollte es sogar ein Hotel geben, um die schon damals anvisierten ›Selbstabholer‹ des ›KdF-Wagens‹ unterzubringen. Das Volkswagenwerk wäre auf diese besondere Weise unter die Pilgerstätten aufgerückt, die das Regime außerhalb Berlins, Münchens und Nürnbergs einzurichten begann.«[6]

Über diese historischen Pläne ist in der heutigen Autostadt Wolfsburg wenig zu erfahren. Ihr Prinzip ist jedoch das gleiche wie damals: der Kult um die Marke VW. So ist in Wolfsburg jeder Automarke des Konzerns ein eigener Pavillon gewidmet, der – wie könnte es anders sein – jeweils einen Tempel oder ein Heiligtum imitiert. Hier leben also Götter, und alle wollen dass ihnen in eigenen Räumen gehuldigt wird. Im Herbst 2003 ging VW in einer Werbung für den Seat Leon noch einen Schritt weiter und verlegte den Kultort vom Werk gleich in die Garagen der Käufer. Ein Werbefilm inszeniert Vorstadtgaragen, die als »Peters Dom«, »Birgits Tempel« oder »Heinrichs Kathedrale« bezeichnet werden, als Geburtstätte von Göttern – den Seat Leons. In Zeitlupe öffnen sich die Garagentore, und die glänzenden Gottheiten werden in all ihrer Pracht sichtbar. Dass die Garage, nachdem sie schon mit Hewlett Packard oder Microsoft zum innovativen Ort der Wirtschaft geworden war, nun zum Reliquienschrein mutiert ist, verdankt sie dem Fetisch Auto, das vor allem in Deutschland eine hysterische Anbetung erfährt.

Die VW-Autostadt, die seit der Eröffnung im Jahre 2000 bisher ca. vier Millionen Besucher (besser: »Sinnsucher«) angelockt hat, ist wie Jerusalem, Mekka oder Medina eine heilige Stätte, an der die versammelten Götter auf ihre Pilger warten. So, wie es für die Marke Skoda ein Kulthaus gibt, findet sich in der Autostadt auch ein Lamborghini-Tempel. Dieser Pavillon ist am konsequentesten ausgeführt, denn er ahmt in seinem Aufbau das zentrale Heiligtum des Islam, die Kaaba in Mekka, nach: »Die Lamborghini-Kirche (…) ist ein minimalistisches Kraftpaket, ein riesiger schwarzer Quader, der sich leicht schräg in die Höhe reckt. In diesem umwandert der Gläubige einen Kern, der sich nicht betreten lässt, alles ist ruhig und andachtsvoll, bis plötzlich ein wummerndes Geräusch die Halle durchdringt, ein Motor zündet, Blitze zucken, Nebel steigt auf, und dann, für einen kleinen Moment, sieht man das Auto, wie es schräg die Wand heraufzufahren scheint. Getöse, Mirakel, das pralle Wunder Lamborghini hat sich erfüllt.«[7]

Gott erscheint den Gläubigen hier in Gestalt eines Wunders. Die Anspielung des Pavillons auf Mekka und den Islam wäre nach dem 11. September 2001 vielleicht nicht mehr in derselben Weise gemacht worden. Entscheidend ist aber, dass die religiöse Dimension an keine konfessionelle Richtung oder Glaubensgemeinschaft gebunden ist. Mekka ist nur noch ein Zeichen, es steht nicht für die Religion des Islam und seine Überzeugungen. Es geht, wie oben schon ausgeführt, um den Kult und nicht um den Inhalt. Den direkten Bezug zur Religion stellt der Hauptarchitekt der VW-Autostadt, Dr. Gunter Henn, in einem Interview selbst her: »Wer sonst bietet noch Orientierung, wo bleiben wir mit unserer kindlichen Religiosität? (…) Die Kirchen sind tot, der Staat zieht sich zurück, die Ideologien haben ihre Macht verloren. Was bleibt, sind die Unternehmen. (…) Sie werden die Sinnstifter der Zukunft sein.«[8]

Ihren Ausgangspunkt hat diese Sakralisierung von Marken und Produkten jedoch nicht in der Autoindustrie. Das erste Unternehmen, dessen Marke bedingungslose Anbetung und Unterwerfung verlangte und das nur noch sein Logo in der Werbung zeigen musste, war der amerikanische Sportartikelhersteller Nike. Die Nike-Community ist eine religiöse Gemeinschaft, die ihre Verkaufshäuser und Stores als Gotteshäuser und Konsumtempel stilisiert. Der Verkaufsraum ist bei Nike wie eine Kirche gestaltet. Überall sind Reliquien ausgestellt, Bilder von alten Nike-Modellen, die wie Heiligenbilder und Madonnen an den Wänden hängen. Neben den neuesten Modellen kann man in Chicago oder Berlin auch Kerzen und Bilder kaufen – ein Nike-Altar fehlt bislang, wird aber sicher noch kommen. Der »Swoosh«, das Markenzeichen der Firma Nike, steht für sich. Der Name des Unternehmens muss gar nicht mehr gezeigt werden.[9]

Ende der achtziger Jahre führte Nike die Marketingökonomie in eine neue Dimension. Nike hat zwar eine immense Börsenkapitalisierung, verfügt aber über nahezu keinen Besitz oder Eigentum. Das Unternehmen hat letztendlich nur seinen Markennamen, sein Image, den Sport selbst zu verkörpern, und den berühmten Swoosh als Logo. Die eigentliche Produktion von Nike-Schuhen und Produkten findet in der Dritten Welt statt. In den berüchtigten asiatischen »Sweatshops« produzieren einheimische Firmen in Freihandelszonen oder Exportproduktionszentren unter Umgehung von Mindestlöhnen und Arbeitsrechten Schuhe und andere Designerwaren, hauptsächlich für den amerikanischen und europäischen Markt. Das so genannte Outsourcing ist von Nike perfektioniert worden. Viele Konkurrenten haben die Arbeitsweise des Konzerns übernommen und ihrerseits damit begonnen, Zulieferbetriebe in Entwicklungsländern mit der Produktion ihrer Waren zu beauftragen. Parallel dazu werden die Ausgaben für Marketing und Werbung erhöht. So steigerte Nike seinen Werbeetat innerhalb von zehn Jahren um das Zwanzigfache auf 500 Millionen Dollar, während die chinesischen Näherinnen in den Sweatshops zwischen 16 und 19 Cent die Stunde erhalten. Das reale Produkt ist für diese Unternehmen nur noch der Füllstoff für eine spirituell überhöhte Markenphilosophie. Arbeitskräfte und Material machen dabei einen verschwindenden Bruchteil der Gesamtkosten aus. Unternehmen des neuen Stils verstehen sich als Sinnstifter und -vermittler. Mit Arbeitsverträgen, Gewerkschaften, Lohnverhandlungen und sozialer Verantwortung wollen sie nichts mehr zu tun haben.

Um der viel zitierten Entzauberung der modernen Welt durch Wissenschaft und Technik zu begegnen, setzen Firmen wie Nike, Reebok oder Pepsi konsequent auf Strategien der Wiederverzauberung. Der verschwundene Götterhimmel wird zum Ideenhimmel von Marketing und Werbung. In den neunziger Jahren haben die großen »brands« (Marken) selbst den Rang von religiösen Artefakten angenommen. Markennamen besetzen in unserer Gesellschaft den Platz, der früher religiösen Symbolen vorbehalten war. Die Logos der großen Markenkonzerne werden dabei zu Totems, mit denen man sich identifizieren kann. Den Nike-Swoosh findet man nicht nur auf unzähligen Produkten des Unternehmens: In den USA ist das schwungvolle Häkchen zum meistverwendeten Tattoobild geworden – nicht nur bei Nike-Angestellten. »Made by Nike« lässt sich polemisch auf den ganzen Menschen beziehen.

Für viele Jugendliche sind Marken zu einer Hauptquelle der Identität geworden. Marken füllen ein Sinnvakuum, erlauben Identifikationen wie auch wichtige Abgrenzungen gegen das, was man nicht sein möchte. Der Markenkonsum gipfelt schließlich im »Animismus« der Dinge. Alles wird belebt und lebt. Das gilt selbst für die einfachsten Gegenstände unserer Konsumwelt: »Die in unseren Verkaufstempeln ausgestellten Produkte sind bei der beinahe millimetrischen Genauigkeit und der weisen Kunst der Darbietung keine leblosen Wesen: Sie leben, atmen, und wie die Geister haben sie Seelen und Namen. Es ist die Aufgabe der Werbung, ihnen über eine Marke eine Persönlichkeit zu verleihen, ihnen die Kunst der Sprache zu geben, sie in kleine geschwätzige, langweilige oder fröhliche Personen zu verwandeln, die allgemein große Seligkeit verbreiten. Es gibt keine trivialen Dinge – wie Besen, Handtuch oder elektrische Haushaltsgeräte –, die die Werbung nicht zum Lachen, Weinen, Seufzen bringt, sie verwandelt alles, was sie berührt.«[10]

Die Sprache des Konsums und der Werbung ist eine magische Rede, die allen Dingen eine »Seele« verleiht und in der nichts mehr tot oder unbelebt scheint. So wie die Dinge zu uns sprechen, so schützen sie auch vor den Gefahren der Welt. Das Logo vieler Markenfirmen wird zu einer Art Totem. Das richtige Emblem auf einem Kleidungsstück schützt vor den Gefahren des Alltags und drückt die Verbundenheit mit dem eigenen Clan aus. Manchmal stört das jedoch die Mitglieder anderer Clans. Wegen eines Paares Turnschuhe oder einer Lederjacke mit den falschen Marken-Totems sind schon Morde begangen worden.

In diesem Zusammenhang erscheint der Begriff »Stammkunde« in einem neuen Licht. Marken und ihre Logos sind wie primitive Stämme organisiert. Das modernste Marketing setzt auf Kommunikation und Interaktion mit den Kunden. Sein Ideal ist das Unternehmen als Totem der Verbraucher. Jeder Konsument soll sich als Mitglied seines »Stammes« empfinden können. In einer Welt erodierender sozialer Sicherheiten und fehlender Identifikationsangebote füllen Marken so eine wichtige Lücke.

Das Totem unterscheidet sich vom Fetisch darin, dass es nie ein Einzelding ist, sondern immer eine Gattung repräsentiert. Der Totemismus, so wie ihn die Ethnologie definiert, ist sowohl ein religiöses als auch ein soziales System. Die Mitglieder eines Stammes, die sich nach ihrem Totem benennen, glauben in der Regel, dass sie direkt von ihm abstammen. Das Totem ist der sichtbare Repräsentant der sozialen Religion eines Stammes, es verkörpert die Gemeinschaft. Genau diese Funktion erfüllt heute das Logo, und die Markenwerbung setzt oft konsequent auf die Bindung an eine »Community«. Gemeinschafts- und Gruppenerlebnisse stehen im Mittelpunkt werblicher Strategien, und in ihrer Mitte strahlt das Totem: ob Becks oder Bacardi, das Totem, um das sich alle versammeln, wird überdeutlich gezeigt. Er wird in derselben Weise angebetet, umtanzt und konsumiert wie das Totem in archaischen Kulturen.

Unsere bis zum Rand mit Marketing und Werbung angefüllte Welt ist somit keine Welt der Zwecke, der einfachen Bedürfnisse und der simplen Rationalität mehr. Sie ist eine Welt der Magie, des Totemismus und des Fetischismus. Nur indem die Marke zum Totem wird, kann sie das psychische Bedürfnis nach Unterscheidung und Zugehörigkeit zu einer Gemeinschaft gleichermaßen erfüllen. Man ist anders und gehört dennoch dazu. Und man geht eine innige Beziehung mit dem konsumierten Produkt ein: Es wird zum Freund, der einem alle Wünsche erfüllt. Man wird selbst begehrt und das in maßloser, immer wiederkehrender Weise: »Alle Werkzeuge, die uns umgeben, sind Fetische, Substanzen, denen Kräfte zugesprochen werden, die man beherrschen können muss. Anstelle des Benutzers, der passiv bleibt und sich alles gefallen lassen muss, ist das Produkt aktiv, gesellig, warmherzig: ein Haus ist ›intelligent‹, ein Telefon ›intuitiv‹, eine Uhr ›spricht‹, ein Auto sagt ›anschnallen‹, wenn man dies vergessen hat, Geräte springen an, wenn man in die Hände klatscht, Wecker reagieren auf die Stimme, das Objekt ist nicht mehr und nicht weniger als ein Freund. ›Iss mich‹, ›trink mich‹, ›miete mich‹, es erteilt uns den Befehl, es zu verwenden, mit der ganzen Ungeduld eines Partners, der sein Herz ausschüttet. Es steht uns zur Verfügung, es begehrt uns brennend.«[11]

Überall werden wir von Waren angesprochen: Im Kaufhaus dudelt der neueste Werbejingle für die Marke X aus den Lautsprechern, am Bahnsteig macht die Deutsche Bahn auf ihre neuesten Angebote aufmerksam, der Joghurt Y will gegessen werden und sein übergroßer Plakatauftritt fordert uns dazu unmissverständlich auf. Alle Dinge sind belebt, Freunde oder Feinde, je nachdem. In *Das Kapital* hatte Karl Marx schon 1867 den Fetischcharakter der Ware und der ihr immanenten »seltsamen Grillen« hervorgehoben. Würde er heute in die grellen Schaufenster unserer Konsumwelt blicken, er sähe seine Analyse um das Vielfache übertroffen.

Die Auferstehungsfeier: »Schluss mit leeren Regalen!«

Der amerikanische Konsument soll im Durchschnitt zwischen einer Million Produkte wählen können. In Deutschland sind es nicht wesentlich weniger. Im Berliner Luxuskaufhaus KaDeWe kann der Kunde zwischen 100 verschiedenen Joghurts oder 400 Sorten Käse wählen. Ein Blick in die Tiefkühltruhen und Regale jedes beliebigen größeren Geschäftes zeigt uns eine Vielzahl an Waren, die sortiert und aufgeräumt auf die Konsumenten warten. Die Supermärkte und Einkaufszentren stellen eindrucksvoll den Sieg des Kapitalismus über den Mangel dar. Darin begründet sich in letzter Instanz seine überwältigende globale Dominanz. Dem Argument des alles umfassenden Angebotes kann keiner entkommen. Stets ist alles im Überfluss vorhanden, und wenn wir einmal – was sehr selten und in der Regel nur anlässlich einer Inventur vorkommt – vor einer halb vollen Kühltruhe oder leer geräumten Regalen stehen, ist das wie ein schwerer Schock. Das Obszöne der Leere, das Fehlen von konsumierbaren Waren wird als unmittelbare Bedrohung empfunden. Bilder von Panik, Hamsterkäufen und dem Niedergang der Gesellschaft tauchen sofort auf. Wenn es im Westen ein eindringliches Bild für den Zustand der sozialistischen Staaten gab, dann waren es weniger die Berliner Mauer, Stacheldraht oder der Archipel Gulag als der Anblick von leeren Verkaufsregalen und Menschenschlangen vor Geschäften. Ein System, das offensichtlich nicht einmal die grundlegendsten Bedürfnisse seiner Menschen befriedigen konnte, desavouierte sich von selbst.

Die Freiheit des Bürgers bedeutet in erster Linie Konsumfreiheit oder die Freiheit, sich zu bereichern. Die Klagen mancher westdeutscher Politiker nach dem Fall der Mauer 1989, der Bürgeraufstand im Osten sei durch »die Wahl von Bananen oder Schokolade« erstickt worden (Otto Schily), können genauso auf die Westbürger bezogen werden. Hätte in den fünfziger Jahren nicht allmählich eine Verbesserung des Lebensstandards stattgefunden, wäre die Institutionalisierung der Demokratie um einiges schwerer geworden. »Für Millionen von US-Amerikanern«, so der Autor Jeremy Rifkin, »wurde das Recht, etwas kaufen und besitzen zu können, als Ausdruck persönlicher Freiheit nach und nach bedeutsamer als die Ausübung des Wahlrechtes an der Wahlurne.«[12] Nicht wählen zu dürfen ist folglich weniger schlimm, als nicht konsumieren zu können. Vor einigen Jahren lautete deshalb eine Wahlkampfparole der CDU: »Wir wollen frei einkaufen können!« Mehr noch als jede andere Ideologie ist der Konsum die einzige – und man muss konstatieren: auch sehr erfolgreiche – Religion des Kapitalismus. Der Überfluss an Waren, der uns täglich begegnet, suggeriert uns auf beruhigende Weise, dass das, was heute verbraucht wird, morgen auf wundersame Weise schon wieder da sein wird. Es wird sogar immer mehr da sein, als wir verbrauchen können. Dieser Überfluss teilt die Welt in Gegenden mit vollen Schaufenstern und in solche mit leeren. Genau diese Wachstums- und Überflussdynamik macht die Anziehungskraft der kapitalistischen »Siegerkultur« aus.

Konsum ist nichts anderes als der tröstliche Glaube an die Auferstehung aller Dinge. Die Regale im Supermarkt füllen sich ständig neu, stets liegt mehr vor unseren Augen, als wir tatsächlich kaufen können. Was ich heute wegnehme, liegt morgen in der gleichen Qualität wieder da. Wie durch ein Wunder ist alles stets aufs Neue vorhanden. Unsere wahre Auferstehungskirche ist das Einkaufszentrum und sein Evangelium das Sonderangebot der Woche. Die religiöse Sehnsucht nach Transzendenz und Unendlichkeit wird durch das permanente Wiedergeborenwerden von Waren und ihre Ausstellung an glänzenden, eigens für sie geschaffenen Orten befriedigt. Jeder Tag ist wie Ostern – eine sich täglich wiederholende Auferstehungsfeier.

Indem der Kapitalismus den Mangel besiegt (und zugleich damit die Wahrnehmung der Knappheit hervorbringt), wird er zur Institutionalisierung eines Wunders: stetiger Überfluss, dessen Quelle niemals versiegt, auch wenn uns als Individuen das Geld ausgehen sollte. Selbst in Gesellschaften, in denen praktisch niemand über die notwendige Kaufkraft verfügt, wird der permanente Überfluss zelebriert. Manche Läden und Schaufenster in Moskau, Bukarest oder Bombay sehen nicht wesentlich anders aus als bei uns.

Der moderne Kapitalismus überwindet die Knappheit jedoch nur auf einer oberflächlichen Ebene. Er erzeugt umgekehrt den Mangel, indem er ständig neue Bedürfnisse weckt, die es möglichst umgehend zu befriedigen gilt. Uns allen fehlt etwas, weil im Überfluss alles vorhanden ist. Die Werbung dient fast ausschließlich dieser Erzeugung von Knappheit in einem Zustand des Überflusses. Der Kapitalismus nährt sich aus einem Gesellschaftszustand, der sich in einer zwangsläufigen Steigerung der »Sorgen« äußert: Mir fehlt stets etwas, weil von allem so viel da ist. Ich sorge mich, ob ich morgen weiß, was mir heute schon fehlt. Das übervolle Buffet in einem Frühstückslokal erzeugt unausweichlich das Gefühl eines Versäumnisses, weil man nicht alles probieren kann. Die Speisekarte mit 300 Gerichten lässt einen stets das Falsche wählen.

In die mit Kleidern, Lebensmitteln, Möbeln und elektronischen Geräten voll gestopften Läden gehen wir nicht nur, um zu konsumieren, wir wollen uns auch vergewissern, dass noch »alles« da ist. Diese Läden suggerieren eine Unendlichkeit der Ressourcen und vermitteln das Bild einer mit Waren und Reichtümern übersprudelnden Quelle. Hier werden uns keine Fragen gestellt, sondern Antworten auf unser Gefühl der Leere gegeben. Wenn uns dennoch überall verzweifelte und depressive Gesichter begegnen, so liegt das nicht nur an unserer mangelnden Kaufkraft. Der Überfluss überwältigt uns in seiner ganzen Sattheit: Ich weiß nicht mehr, was ich noch wünschen soll, was mir fehlt. Ich bin verzweifelt, weil mir nichts fehlt und doch so vieles da ist, was mir fehlen sollte.

Im Reichtum unserer Gesellschaft, den sie in immer raffinierteren Varianten ausstellt, zeigt sie ihre »Überlegenheit« über alle anderen Systeme. Der nie zu Ende gehende Kreislauf von Produktion und Konsumtion ist die göttliche Spirale von Tod und Wiedergeburt. Auferstehung folgt auf Auferstehung. Im Konsum bestätigen wir das Wunder einer Ökonomie, die täglich ersetzt, was wir verbrauchen. Diese Lebensweise ist jedoch nur in einem kleinen Teil der Welt möglich, da sie auf der grenzenlosen Verausgabung globaler Ressourcen basiert. Friedrich Schmidt-Bleek schreibt in seinem Buch *Wieviel Umwelt braucht der Mensch?*, dass die Intensität des Verbrauchs von Ressourcen durch die industrialisierten Länder um den Faktor zehn gesenkt werden müsste, damit allen Menschen annähernd der gleiche Zugriff auf Ressourcen ermöglicht und den unterprivilegierten Ländern das Recht auf ökonomische Entwicklung gewährleistet werden kann.[13] Dies mag eine sehr hohe Schätzung sein, doch schon Forderungen nach geringeren Einschränkungen im Lebensstandard münden politisch in Wahlniederlagen. Theoretisch sprechen sich viele für den Verzicht aus, in der Praxis sollen aber nur die anderen verzichten.

Den Lebensstil westlicher Bürger, insbesondere des Durchschnittsamerikaners, ihren Verbrauch von Energie und Rohstoffen auf die gesamte Welt zu übertragen, würde unmittelbar den ökologischen und sozialen Kollaps bedeuten. Andererseits hängt die Weltwirtschaft wie ein Junkie am Tropf ihres (ge)wichtigsten Konsumenten. Die Welt produziert zunehmend, damit die US-Bürger konsumieren können.

Die gigantischen Haushaltsdefizite der USA in den letzten Jahren zeigen eindrucksvoll den Übergang von einer produktiven Volkswirtschaft zu einer hemmungslosen Konsumgesellschaft.[14] Die vollen Regale haben die ganze Welt in eine Zwickmühle gebracht, aus der wir nicht mehr herauskommen, ohne Verluste zu erleiden oder uns selbst zu blockieren.

Identitäten

Konsumsoziologie: »Asketen, Öko-Hedonisten, Schnäppchenjäger«

Unter der sinnigen Überschrift »Wie Menschen ticken« gibt der *Marketingletter* in seiner Ausgabe vom Sommer 2003 eine neurobiologisch begründete Erklärung für die Anforderungen, die heutige Konsumenten an eine erfolgreiche Produktstrategie stellen. Als Menschen, sprich Konsumenten, ticken wir nämlich immer noch nach grundlegenden Triebstrukturen, die über die Jahrtausende gleich geblieben sind – und das trotz RTL 2, DAX, Computer und Waschmaschine. Vor dem Denken kommt immer noch die Emotion:

»Wer glaubt, dass Kunden kühl die Vor- und Nachteile eines Angebotes abwägen und dann beim Kauf eine rationale Entscheidung für ein bestimmtes Produkt treffen, irrt. Die moderne Hirnforschung zeigt, dass sämtliche Abwägungen von dem entwicklungsgeschichtlich wesentlich älteren limbischen System emotionalisiert werden, bevor das jüngere Großhirn in Aktion tritt. In dieser eigentlichen Machtzentrale des Menschen wirken neben den Grundbedürfnissen nach Schlaf, Atmung, Essen und Fortpflanzung noch drei weitere Antriebe: das Streben nach Ausgleich, Balance, das Menschen gefährliche Situationen vermeiden lässt; das Dominanzstreben, das Macht und Einfluss vergrößern will, sowie die ständige Suche nach neuen Reizen. Diese drei Antriebe in ihren verschiedenen Ausprägungen bilden unterschiedliche Menschentypen heraus.«[1]

Indem sich die Betriebswirtschaft in Gemeinschaft mit der Neurobiologie der Psyche annimmt, werden unsere wahren Antriebe und

Wünsche endgültig offen gelegt. Sie variieren je nach Konsumtyp, der vom Marketing auf differenzierte Weise angesprochen werden muss. Die im *Marketingletter* anhand der drei Grundtriebe festgelegte Typologie des Konsumenten umfasst insgesamt sieben verschiedene Persönlichkeitsmuster, in denen sich jeder einzelne Verbraucher zumindest annäherungsweise wiederfinden sollte.

Da ist zunächst der *Abenteurer*, der sich durch seine Offenheit gegenüber Risiken auszeichnet. Er sucht nach Grenzerfahrungen, Fun und dem ultimativen Kick. Dieser Konsumgruppe gehören fast ausschließlich jüngere Männer an, die meist in Horden Abenteuer und Gemeinschaft erleben wollen. Die Zigarettenfirma Marlboro wirbt seit Jahrzehnten mit kernigen Cowboys in kargen weiten Landschaften. Hier fühlt sich der Abenteurer aufgehoben. Der *Hedonist* ist jemand, der ausschließlich auf das Lustprinzip setzt. Er will zwar auch Erlebnisse, aber ohne Aggression und größere Anstrengungen. Bacardi oder Becks zeigen seine Welt, in der man exotische Natur erleben oder auf einer Hochseeyacht unterwegs sein kann, um später zu Hause auf der neuen Ikea-Couch von Abenteuern unter Sonne, Mond und Sternen zu erzählen. Gemeinschaft ist bei ihm nicht ausschließlich männlich konnotiert, Frauen und sauberer Sex gehören auch dazu. Der *Genießer* unterscheidet sich vom Hedonisten dadurch, dass er passiv konsumiert. Er sucht Entspannung und milde Abwechslung. »Hier bin ich Mensch, hier darf ich sein« – der Slogan der dm-Drogeriemärkte ist ihm aus dem Herzen gesprochen. Wellness- und Life-Balance-Produkte erfreuen seine Konsumentenseele. Er will verhätschelt werden, was er seiner Meinung nach ganz einfach deshalb verdient, weil er existiert. Der *Bewahrer* ist der konservative Konsument. Er fürchtet jegliches Risiko. Er ist preisbewusst und achtet auf Qualität. Technische und wissenschaftliche Autoritäten erhöhen seine Konsumbereitschaft. Von Professoren für gut befundene Waschmittel und Zahnbürsten von Dr. Best sind seine Idealprodukte. Die von einem männlichen Zahnarzt in gesetztem Alter empfohlenen Produkte, die auch noch klinisch getestet sind, vermitteln Zuverlässigkeit aufgrund von Autorität. Was schon immer gut war und auch andere zufrieden stellt, kann nicht falsch sein. Der *Disziplinierte* achtet auf Qualität, Askese und Kostenkontrolle. Der Konsum hat für ihn feste Regeln; alle Angebote müssen berechenbar sein. Bei Lebensmitteln sind etwa die Herkunftsangabe, die Liste der Inhaltsstoffe und die Kalorienzahl wichtiger als der Geschmack. Die Supermarktkette Aldi ist sein bevorzugtes Konsumgebiet. Sparsamkeit paart sich mit bestimmten Qualitätsanforderungen. Dem *Performer* entspricht der Typus des jungen Mannes, der demonstrativ konsumiert. Das Genießen steht dabei nicht im Vordergrund, der Status ist wichtiger. Die neueste Mode bestimmt seinen Konsum. Schließlich ist da noch der *Zufriedene*. Er hat keine besonders ausgeprägten Antriebe, sondern ist der klassische Otto Normalverbraucher. Seine bevorzugten Konsumräume sind große Warenhäuser wie Karstadt, Hertie oder Woolworth. Mode kauft er bei C&A, seltener bei H&M. Er bevorzugt keine bestimmten Produktgruppen, sondern kauft Massenprodukte.

Wie immer man diese Einteilung in Konsumentengruppen bewerten will, fest steht, dass Marketing und Werbung seit den achtziger Jahren verstärkt auf der Suche nach Verbrauchertypen sind, auf die ihre Kampagnen ausgerichtet werden. Psychologen, Trendforscher, Ethnologen und neuerdings auch Neurobiologen widmen sich im Auftrag großer Markenfirmen dem Studium des Konsumenten und seiner Eigenschaften. Die divergierenden Ergebnisse und eine unüberschaubare Zahl von Konsumententypen reflektieren aber nur die Pluralität unserer Lebensstile, die keine konsistenten und durchgängigen Verhaltensmuster mehr hervorbringen. Massenkonsum und individualistisches Verhalten schließen sich nicht aus. Ob Abenteurer, Performer oder Bewahrer, jeder kann morgen ein anderer sein oder wie ein anderer handeln. Das bringt Trendforscher und Konsumanalytiker an den Rand der Verzweiflung. Die ermittelten Verhaltensmuster treffen einfach nicht durchgängig zu, noch nicht einmal bei der beliebtesten Zielgruppe der Werbestrategen, den jugendlichen Konsumenten.

»Allein in Deutschland sind in den neunziger Jahren über 120 Studien veröffentlicht worden, die den Herstellern helfen sollen, die jungen Kunden richtig zu ködern. Auch Trendforscher haben Hochkonjunktur. Firmen wie Levi's, Nestlé, Pepsi oder Camel-Collection bezahlen die Zeitgeist-Auguren, die neue Entwicklungen prognostizieren sollen und in ihren Studien vor allem immer neue Namen für die Teenager finden. Als Generation Y, Generation Next oder Millenniums-Generation definiert, werden die abgeklärten Individualisten zumindest begrifflich unter einen Hut gebracht.«[2]

Die Beschäftigung mit den unterschiedlichsten Verbrauchertypen beziehungsweise ihre »Entdeckung«, die zugleich ihre Konstruktion ist, hat auch vor der eigentlichen Wissenschaft nicht Halt gemacht. Insbesondere die Soziologie hat sich des Problems angenommen und eine Konsumsoziologie ins Leben gerufen, die bislang aber noch ein rudimentäres akademisches Leben führt. Sie kann sich indessen auf berühmte Vorgänger wie Thorstein Veblen berufen, der bereits 1899 in seinem Buch *Theorie der feinen Leute* eine frühe Analyse des Prestigecharakters des Konsums lieferte.[3] Veblens über 100 Jahre alte Schrift beschäftigt sich mit dem Konflikt zwischen egoistischem Einzelinteresse und gesellschaftlich sinnvoller Tätigkeit. Den Konsum charakterisiert er als individuelles und egoistisches Streben nach Prestige. Im Kontext seiner Soziologie des Prestiges prägte er den Begriff des »demonstrativen Konsums«. Der Konsum dient weniger physischen und allgemeinen Befindlichkeiten als dem Prestigegewinn Einzelner. An der Schwelle zum 20. Jahrhundert kam Prestige beispielsweise im Verfügen über eine Dienerschaft zum Ausdruck, deren Funktion allein darin bestand, die Muße und den Reichtum ihres Hausherren zu demonstrieren. Oder Frauen kleideten sich so unbequem und so modisch wie möglich, um zu zeigen, dass sie es nicht nötig haben zu arbeiten. Veblen zufolge muss Konsum vor allem überflüssig sein, um das Ansehen des Konsumenten zu erhöhen. Ähnlich wie später bei Bourdieu und seinem Begriff des »Habitus« geht es bei Veblen bereits um bestimmte Lebensstile, die mit dem Konsum verknüpft sind und die eine Abgrenzung zu anderen erlauben, indem sie die »feinen Unterschiede« hervorkehren.

Letztlich unterscheiden sich die wissenschaftlich aufbereiteten Konsumtypen kaum von den Marktforschungsergebnissen großer

Unternehmen. Das Institut für sozial-ökologische Forschung (ISOE) in Frankfurt kam beispielsweise zu folgender Kategorisierung heutiger Konsumenten: die durchorganisierte Öko-Familie, der kinderlose Berufsorientierte, der junge Desinteressierte, der Alltagskreative, der Konsumgenervte, der ländlich Traditionelle, der schlecht gestellte Überforderte, die unauffällige Familie, die aktiven Senioren, der statusorientierte Privilegierte.[4]

Im Gegensatz zu den anfangs vorgestellten Marketingtypen klingt hier noch eine soziale Ordnung an. Der Konsum offenbart zwar tatsächlich schicht- und klassenspezifische Verhaltensweisen, diese weisen aber kaum mehr einfache Relationen auf. Vielmehr zerfällt unsere Konsumgesellschaft in unzählige Typen und Lebensstile, was die Werbestrategen schon längst zu der Einsicht gebracht hat, dass Marketing in Zukunft ausschließlich Individualmarketing sein wird.

Neben den Marketingprofis und Universitätsgelehrten ist noch eine dritte Gruppe damit beschäftigt, den Konsumenten zu erforschen und ihn nach seinen Eigenheiten zu befragen. Diese Gruppe verfolgt mehr ein erzieherisches Ziel, indem das Konsumverhalten in eine ökologisch und sozial verträgliche Richtung gelenkt werden soll. Diese Lebensstilforschung widmet sich insbesondere dem Thema der (ökologischen) Nachhaltigkeit, ein Begriff, der in den politischen und sozialwissenschaftlichen Diskussionen der letzten Jahre inflationär verwendet worden ist. Mit nachhaltigem Konsum ist gemeint, dass die Bedürfnisse der lebenden Generation so befriedigt werden, dass die Bedürfnisbefriedigung kommender Generationen nicht beeinträchtigt wird. Das schließt fast unausweichlich eine Selbstbegrenzung mit ein. Nach Auffassung der Nachhaltigkeitsbefürworter konsumieren wir jedoch weit über unsere Verhältnisse. Sie fordern daher eine »Effizienzrevolution«. In Zusammenhang damit steht eine unumgängliche Verringerung des Energieverbrauchs, woraus jedoch nicht zwingend ein Qualitätsverlust beim Konsum folgen muss. Ein-Liter-Autos, eine effizientere Rohstoffnutzung sowie alternative Energieträger sollen die begrenzten natürlichen Ressourcen schonen. Aufgrund von Fortschritten in der Technik soll es auch in Zukunft möglich sein, unseren Lebensstandard aufrechtzuerhalten. Im Gegensatz dazu erfordert die »Suffizienzstrategie« eine grundlegende Veränderung unseres Lebensstils. Sparsamkeit, Genügsamkeit und Bescheidenheit müssen demnach wieder Einzug in unser Leben halten. Konsumorientierte Leitsätze wie »Gut leben statt viel haben« oder »Nutzen statt besitzen«, wie sie etwa der BUND formuliert, richten sich mit ihrer pädagogischen Attitüde an den verantwortlichen Verbraucher, dem die Zukunft der Welt nicht gleichgültig ist.

Bei ihrer Suche nach Nachhaltigkeitstypen stießen die Konsumkritiker auf zwei unterschiedliche Typen des ökologischen Verbrauchers: zum einen auf den ökologischen Asketen, der den eigenen Konsum reflektiert und eine karitativ-therapeutische Haltung gegenüber der Natur einnimmt. Die Natur ist hochgradig gefährdet, bedroht und deshalb schutzbedürftig. Jeder trägt Verantwortung für sie, jeder muss sich um sie sorgen. Diesem sorgenvollen Typus steht der ökologische Hedonist gegenüber. Er ist Romantiker mit einem ästhetisch-empathischen Verhältnis zur Natur. Es geht ihm um Naturnähe, Naturerleben und Natürlichkeit. Natur ist für ihn das Schöne, ein Erlebnisraum, in dem er ganz Mensch sein kann und die Erhabenheit der Natur deutlich spürt. Dieser Typus scheint im Vormarsch zu sein. Wieder einmal erweist sich das Lustprinzip als der stärkere Trieb. Dennoch fehlen nach Ansicht der Nachhaltigkeitsforscher bislang nachhaltige Konsummuster für den Alltag. Die rudimentäre Ökologisierung und Förderung von Dritte-Welt-Produkten reicht dafür nicht aus – der Marktanteil von fairen Lebensmitteln liegt in Deutschland unter einem Prozent. Bemühungen, die verschiedenen Konsumententypen zum Umdenken zu bringen, bleiben meistens ergebnislos. »Das Primärbedürfnis der Leute ist es nicht, der Dritten Welt zu helfen, sondern einen guten Kaffee zu bekommen«, so Dieter Overath, Geschäftsführer von transfair. Der Verbraucher ist schwer erziehbar – am ehesten noch durch Katastrophen wie BSE. Selbst deren Auswirkungen haben jedoch nicht lange vorgehalten. So suchen die alternative Konsumbewegung wie auch die »normalen« Marketingstrategen verzweifelt nach Möglichkeiten zur Beeinflussung des Konsumenten. Wenn Letztere dabei erfolgreicher sind, dann vor allem aufgrund ihrer Penetranz bei der gesellschaftlichen Durchdringung mit Parolen und Bildern.

Wenn es einen Konsumtyp gibt, den jeder kennt, dann ist es der Schnäppchenjäger. Er unterliegt weder sozialen Barrieren noch geschlechterspezifischen Einteilungen. Im Kampf um Schnäppchen wie Computerkabel, Freizeithemden und Handyzubehör ist die klassenlose Gesellschaft Wirklichkeit geworden. Hausfrauen, Ärzte, Anwälte, Sozialhilfeempfänger und Studenten einigt der Kampf um den Billigeinkauf. Vor einigen Jahren zückte ein enttäuschter Konsument bei Aldi tatsächlich die Waffe, weil vor ihm ein anderer den letzten Discountcomputer weggeschnappt hatte. Der Schnäppchenjäger gehört der gemeinen Gattung des »homo consumentis« an. Seinen Bewusstseinsstand offenbart die Website www.geizkragen.de, »die Pflichtseite für alle Knauser«, in deren »Geiz-Chat-Forum« sich schon mehrere 100 000 Mitglieder im Schnorren und Abstauben fortbilden. Die Seite »für clevere Verbraucher, Preisevergleicher, Schnäppchenjäger, Smart-Shopper und Exilschotten« erfreut sich wachsender Beliebtheit. »Durch fundierte Insidertipps und unabhängige Produkthinweise« ist die Geizkragenseite zu einer der 100 meistbesuchten deutschsprachigen Internetseiten geworden. »Pro Monat besuchen über 1 Million User den Geizkragen. Das sind ca. 4,2 Prozent aller deutschen Internet-User.«

Zum Ausgleich für die offensichtlich noch als amoralisch empfundenen Regungen wird auf derselben Seite zur Teilnahme an der Aktion »Klares Wasser für Äthiopien« aufgerufen – auch Geizhälse und Schnäppchenjäger haben ein Herz. Doch was sie wirklich hassen, ist mehr zu bezahlen als notwendig.

Erstaunlicherweise lässt sich weder in Marketinganalysen noch in wissenschaftlichen Veröffentlichungen der Typus des Schnäppchenjägers finden. Dafür taucht er regelmäßig in den Börsenkommentaren der Medien auf: »Schnäppchenjäger unterwegs« lautet die Schlagzeile, wenn nach stark fallenden Kursen die ersten »Mutigen« wieder auf dem Parkett auftauchen und ihre so genannten Abstauberlimits geltend machen. Man kann ihm auch anlässlich von Sonderverkäufen begegnen, wenn die Eingangstür zum Kaufhaus die Startlinie für die Niedrigpreisjunkies markiert. Konsumenten, die wegen eines Pullovers oder BHs aufeinander einschlagen, sind wir fast gewohnt, daneben gibt es aber auch den stillen Schnäppchenjäger, der das ganze Jahr über aufmerksam nach Angeboten Ausschau hält. Häufig wird der Schnäppchenjäger auch zum Sammler, der günstig Erstandenes hortet: 100 Pakete Klopapier von Aldi oder 15 Kilo Kaffee von Tchibo – bei diesen Mengen wird das Schnäppchen manchmal auch kurzfristig zu einem teuren Vergnügen. Auf der psychologischen Ebene ist beim Schnäppchen entscheidend, dass man mehr bekommt, als man gibt, also einen ungleichen Tausch vollzieht. So freut sich der Händler über einen gelungenen Coup, und der Käufer hat Lusterlebnisse beim Entdecken von Preisschildern, die mehr wie Geschenkaufschriften wirken: 80 Prozent Rabatt, 0,99 Euro.

Der Schnäppchenjäger ist die verbreitetste Spezies der Gattung Konsument, sein heiligstes Wort lautet »Sonderangebot«, sein liebster Tummelplatz sind Sonder- und Abverkäufe. Er erfährt nur deshalb so überraschend wenig Aufmerksamkeit durch Marketingstrategen, weil er immun gegen Werbung mit Sinnkonstruktionen ist. In gewisser Weise ist er subversiv: Er kann warten, bis die Preise fallen.

Psychoanalyse: »Oral, anal, manisch-depressiv«

Aus psychologischer Sicht ist der Konsum zu der Ersatzhandlung schlechthin geworden, was die Werbung, die ihn stimulieren soll, als Erste klar erkannt hat. Sie macht sich zum Partner und Therapeuten (»Wir kümmern uns um Sie«, »Wo ihr wollt, wann ihr wollt«), der unsere Wünsche ohne Aufschub erfüllt. Die Werbung sagt uns, was wir brauchen und was wir wollen. Die von ihr propagierten Marken garantieren dabei Sicherheit, Befriedigung und Glück. »Wenn ich konsumiere, bin ich ganz ich«, so lautet das »Cogito, ergo sum« des von Themenparks, Einkaufszentren und Markenartikeln umstellten Menschen.

Der Soziologe Elmar Lange nennt dieses Phänomen »kompensatorisches Konsumverhalten«. Dieses dient »nicht (vorrangig) den Zwecken, denen das gleiche Verhalten normalerweise gewidmet ist, sondern soll Defizite kompensieren, die aus dem Nicht-Lösen ganz anderer Probleme entstanden sind. Kompensatorisches Kaufen kann beispielsweise die Funktion haben, dem Käufer über beruflichen Stress oder private Enttäuschung hinwegzuhelfen. Das Gut wird dann nicht (oder nicht in erster Linie) um seines Gebrauchtwertes willen gekauft, sondern um der Befriedigung willen, die der Kaufakt selbst dem Käufer verschafft, und zugleich in der Erwartung, dass diese Befriedigung einen Ausgleich für die Frustration bieten möge, die durch das unbewältigte Problem hervorgerufen wurde.«[5]

Dass der hemmungslose Konsum für etwas anderes, Unerfülltes steht, wird jeder von uns schon einmal erfahren haben. Im Konsum wird eine »Schuld« abgearbeitet, was zwanghaften Charakter hat. Der Konsum ist ein Akt der Verdrängung, ein kontrollierbares Handeln, das meine Souveränität nicht in Frage stellt, oft ist er auch der Versuch, Einsamkeit zu leugnen. Eine kürzlich in den USA erschienene Studie zeigt, dass einem Großteil der Einkäufe das Bedürfnis nach sozialen Kontakten zugrunde liegt. Einkaufszentren sind zu sozialen Orten geworden, hier ist man nie allein.

Die unterschiedlichen Konsumtypen beziehungsweise Konsumverweigerer lassen sich mit Hilfe der psychoanalytischen Entwicklungstheorie in drei Kategorien einteilen: Am häufigsten anzutreffen ist der Konsument als eine orale Figur, der die mütterliche Brust jetzt sofort und auf der Stelle haben will. Auf diese sofortige Befriedigung setzt der alltägliche Konsum. Der Triebaufschub, also das, was nach Freud den erwachsenen Menschen vom Kind unterscheidet, wird im Konsum negiert – er wird höchstens aufgrund von mangelnder Kaufkraft erzwungen. Hier regiert der Infantilismus der umfassenden und unmittelbaren Bedürfnisbefriedigung. In diesem Zusammenhang kommt dem Kredit in unserer Gesellschaft eine zentrale Rolle zu. Während der frühe Kapitalismus in seiner protestantischen Ausprägung die Akkumulation, also das Sparen, ins Zentrum stellte, verwandelt der Kredit den Puritanismus der Frühzeit in einen fröhlichen Hedonismus. Angesichts der Überproduktion von Gütern ist der Konsum zum entscheidenden Faktor der Ökonomie geworden. Der Kredit erlaubt den Konsum auf Pump. Alles sofort und zu jeder Zeit – so lautet die infantile Logik des Kredites. Er ermöglicht den Besitz von Dingen, bevor man sie überhaupt »verdient« hat. Der Erhalt des Tauschäquivalents, des Gegenwertes in Geld, wird in eine ferne Zukunft verschoben, gleichzeitig verlängert sich die Verschuldung. Nichts hat wohl disziplinierender auf die bürgerliche Gesellschaft gewirkt als der Kredit, unterwirft er doch den Kreditnehmer den immanenten Gesetzen, die Häuschen, Auto oder Stereoanlage über die lebenslange Verschuldung mit sich bringen. Wer mit Anfang 20 sein Eigenheim abbezahlen muss, bekommt erst dann ein Problem, wenn er seine monatlichen Raten nicht mehr zahlen kann.

Die größte Bedrohung für den oralen Konsumenten stellt die Geschwindigkeit seiner Befriedigung dar, die nur zu kurzfristigen Lusterlebnissen führt: Ejaculatio praecox – nicht von ungefähr wird die Konsumhandlung als Kauf*akt* bezeichnet. Die verfeinerte Variante praktiziert der seine Lust möglichst lange aufschiebende Konsument. Er liebt das Vorspiel und die Verzögerung, muss letztendlich aber auch zum »Höhepunkt« kommen. Im Gegensatz dazu steht der Konsumverweigerer. Er macht sicher nur eine kleine Minderheit aus, seine Bedeutung liegt jedoch in der Exzentrizität seiner Position. Psychoanalytiker würden ihn als analen Charakter bezeichnen. Er hält zurück und will nichts hergeben. Wie Freud gezeigt hat, sind Geld und Analität eng verwandt. Der Geizkragen gehört zum Beispiel in diese Familie. Interessanter ist aber der bewusste Verweigerer: Seine psychische Struktur erinnert an die von Mitgliedern religiöser Sekten oder von Ordensgemeinschaften. Er verabscheut die ihn umgebende Welt. Berührungen mit ihr sind ihm unerträglich, er will sich so wenig wie möglich mit ihr identifizieren. Der Konsumverweigerer postuliert die Kontemplation und die Natürlichkeit. Er will sich jedoch nicht in aktuelle gesellschaftliche Debatten einmischen, er will nicht einmal Vorbild sein, sondern verfolgt eine zutiefst individualistische Strategie. Seine zwanghafte Grundidee ist die von Reinheit und Askese. Aber in seiner Negation bezieht er sich gleichzeitig auf die verhasste Welt des Konsums, er verändert sie nicht, weil er nicht an die Möglichkeit der Veränderung glaubt.

Anders verhält sich dagegen der kritische Konsument. Dieser Verbrauchertyp ist zweifellos einer der Helden des 21. Jahrhunderts. Selbst unsere Politiker haben das verstanden. Zwar darf man Bürgerrechte weiterhin mit Füßen treten, dem kritischen Konsumenten gegenüber jedoch herrschen Ergebenheit und guter Wille. Politik und Konzerne zittern vor seiner Macht, keiner wagt es, wider seine Bedürfnisse zu handeln. Verbraucherpolitik und Verbraucherschutz buchstabieren die Sprache seiner Macht – wehe einer Politik, die hier nicht tätig wird. Der kritische Konsument ist zum neuen Hoffnungsträger der Politik geworden, die ihn inzwischen zum Verbündeten macht. Als Galionsfigur der Erneuerung und des Wandels wird er gerne gesehen. »Beim Einkauf kann jeder von uns Politik machen«, so Entwicklungsministerin Heidemarie Wieczorek-Zeul anlässlich der Eröffnung der »Fairen Woche« im Oktober 2003.

In einer – zugegebenermaßen vereinfachten – psychoanalytischen Kategorisierung kann der kritische Konsument als manisch-depressiver Charakter beschrieben werden. Er lebt in einem ständigen Auf und Ab zwischen der Freude über ökologisch einwandfreie Lebensmittel und der düsteren Stimmung, die ihn bei der Lektüre von Marktreports und Testzeitschriften zu überkommen droht. Er ist eine Mischung aus dem diffus betroffenen Gutmenschen und dem moralinsauren Oberlehrer. Aber auch der kritische Konsument verzichtet letztlich auf nichts, auch wenn er gleichzeitig Kritik an seinem eigenen Lebensstil übt. Viele von uns teilen mit ihm das paradoxe Verhältnis zur westlichen Welt: Wir verzichten weder auf die Kritik an der Konsumgesellschaft noch auf die Vorteile, die sie uns bietet.

Self-Fashioning: »Die Kosmetik der Existenz«

Zur Welt des Konsums stehen wir in einem einfachen Verhältnis – das macht ihre Anziehungskraft aus. Sie fordert kaum eine größere Anstrengung als die, Geld auszugeben. Um diesen kommerziellen Akt herum werden ganze Universen aufgebaut, die Konsum, Erleben und Transformationserfahrungen miteinander verschmelzen. Konsumieren soll Lust und Freude machen, soll von einmaligen Erfahrungen und persönlicher Veränderung begleitet sein. Psychologisch betrachtet hat der Konsum im Wesentlichen die Funktion, uns vor unserer eigenen inneren Leere zu schützen. Der Konsum entbindet uns des unerbittlichen Zwangs, grundlegende Entscheidungen treffen zu müssen. Man entscheidet sich, um nichts entscheiden zu müssen. Darin zeigt sich der Konsum als kompensatorische Handlung mit unzähligen Inszenierungsweisen.

Hatte der frühe Kapitalismus in seiner puritanischen Phase die Wunder der Produktion gefeiert, so sind wir heute in einem Stadium der unbegrenzten Ausdifferenzierung des Konsums angekommen. Die Theatralität des Konsums, seine Inszenierung, die mit den Inszenierungsstrategien der Werbung konform geht, führt in letzter Konsequenz zu dem, was die US-Amerikaner »Self-Fashioning« nennen: »Gemeint ist damit, dass Existenzfragen heute ästhetisch behandelt werden. Das Leben wird zum Stoff eines Kunstwerkes; es ist ein permanenter Selbstversuch, der den Konsum als hohe Kunst betrachtet.«[6] Die »Ästhetik der Existenz«, ein Begriff der Antike, der uns auch in den späten Arbeiten des französischen Autors Michel Foucault wieder begegnete, wird zu einer »Kosmetik der Existenz«.

»Im System des Konsumismus inszeniert sich das Leben selbst und erfindet seine Identität. Der Wunsch ›Verändere mich!‹ führt dabei natürlich nicht zu einer wirklichen Veränderung; es geht, wie gesagt, nur darum, das Anderssein zu schmecken. Mit anderen Worten: Man kann sich zwar nicht ändern, aber umerzählen und ein neues ›Make-up der Identität‹ auflegen.«[7]

Die radikalste Form dieses neuen Make-ups wird sichtbar in der Behandlung des eigenen Körpers als Objekt oder Entwurf für eine freie Gestaltung, eine neue Erzählung. Es ist heutzutage möglich, sich eine neue Nase, dünnere Schenkel, kleinere Ohren oder größere Brüste zu kaufen. Wie in einem Supermarkt der Körperteile und Identitäten kann man sich in speziellen medizinischen Katalogen die schönsten »Artikel« aussuchen und nach Wunsch kaufen. Parallel zur Erhöhung des Leidensdrucks, der bei den Konsument(innen) durch mediale Bilder vom perfekten Körper erzeugt wird, steigt die Bereitschaft, sich einen neuen Körper, ein anderes Gesicht und damit eine neue Identität zu kaufen. Rund 400 000 Menschen lassen sich jedes Jahr in Deutschland »verschönern«, Tendenz stark steigend. Jede fünfte Schönheitsoperation wird bereits an Männern vorgenommen.

Man schenkt sich zu Weihnachten oder zum Geburtstag vielleicht in Zukunft nicht mehr das neueste Handy von Nokia oder den Rucksack von Eastpak, sondern eine Nasenkorrektur, eine Brustvergrößerung oder eine Fettabsaugung. Noch sind solche Geschenke in der Realität zwar selten, aber der Wunsch nach Glätte und Normanpassung nimmt immer groteskere Züge an. Insbesondere kaufen sich die gegenüber allen Trends der Konsumgesellschaft offenbar wehrlosen Teenager Korrekturen ihres Körpers – und das nicht nur von ihrem Taschengeld, sondern mit Unterstützung der Erziehungsberechtigten. Besorgte Eltern wollen ihren Kindern oftmals etwas Gutes tun und gewähren ihnen die für unter 18-Jährige erforderliche Erlaubnis für einen Eingriff. Am deutlichsten drückt sich die Sehnsucht nach Makellosigkeit im Wunsch aus, die Kopie eines selbst schon zur Marke mutierten Superstars zu werden. Ich kaufe mir nicht nur eine Platte von Madonna, ich »kaufe« mir Madonna selbst, indem ich ihr Klon werde – so sieht wohl die Zukunft aus. Da die hierfür erforderliche Technik noch nicht ganz ausgereift ist, muss vorerst die plastische Chirurgie das Ihre leisten. »Zu mir kommen Jugendliche, die wollen aussehen wie Britney Spears oder Pamela Anderson«, sagt Professor Werner Mang, Gründungspräsident der Deutschen Gesellschaft für ästhetische Chirurgie in Lindau am Bodensee. »Bei Jungen ist es dann Brad Pitt, oder Mädchen wollen eine Nase wie Sabrina Setlur.« Wie in den USA und Großbritannien wächst auch in Deutschland die Zahl der Jugendlichen, die ihr Aussehen durch Schönheitschirurgen verändern lassen wollen. »Heute wünschen sich Jugendliche Schönheitsoperationen, früher hat man sich einen Brockhaus gewünscht«, so Schönheitschirurg Mang.[8] Dr. Mang hat offenbar die letzten Jahre ausschließlich in seiner Klinik verbracht, denn der letzte Jugendliche, der sich einen Brockhaus gewünscht hat, ist wahrscheinlich schon eine Weile tot!

In den beschriebenen Tendenzen drückt sich eine bemerkenswerte Verschiebung aus: Die fortgeschrittene Konsumgesellschaft, die alles in Waren transformiert, macht auch vor der Morphologie des menschlichen Körpers nicht Halt. In gewissen Grenzen ist er veränderbar, wer es sich leisten kann, verschönert sich per Zahlungsanweisung. Ich konsumiere mich gewissermaßen selbst, und indem ich das tue, kann ich ein anderer werden. Was Markenkonsum immer schon bedeutet hat, nämlich Partizipation an gemeinsamen Werten und einer gemeinsamen Welt, vollzieht sich nun auch über den Körper. Wie Britney Spears sein zu wollen – und das nicht nur im Habitus oder in einzelnen Verhaltensweisen – heißt auch, die Welt von Britney Spears durch »ihre« Augen, mit »ihrem« Gesicht zu sehen. Schlauere Teenager, die die Funktionsweise von Märkten und Moden durchschaut haben, erkennen darin jedoch sofort ein Problem: Nicht, dass sie den operativen Eingriff an sich kritisieren, als Hindernis erscheint nur, dass die gekaufte Identität nicht ewig hip sein wird. Die 14-jährige Anna aus Hamburg meint dazu in wunderbar entwaffnender Weise: »Sich wie Britney Spears operieren zu lassen, halte ich für vollkommenen Quatsch. Irgendwann ist die out und dann – na super!«[9]

Von Michael Jackson, dessen vergeblicher Versuch, weißhäutig zu werden, zum Aussehen eines Zombies führte, über Cher bis zu den Pornostars mit ihren Siliconvorbauten – sie alle sind vom Wunsch getrieben, sich selbst als Kunstwerk, als modellierbare Masse zu betrachten und zu formen. Und das alles im Namen der körperlichen Selbstbestimmung: Jede(r) hat das Recht, aus sich zu machen, was er/sie sein möchte. Niemand soll unter seinem Äußeren leiden müssen.

Mit dem Hinweis auf persönliches Leid aber wird jeder Eingriff zur Therapie. Zum Teil nimmt das groteske Formen an: In den USA lassen sich Jünglinge Hühnerbrust und Bizeps mit Silikon aufpumpen. In Deutschland sind die Eingriffe noch gemäßigter. »Fettabsaugen und Tränensäcke stehen bei Männern ganz oben auf der Wunschliste«, berichtet der Chirurg Dr. Wolfgang Kümpek, Leiter der Münchener Klinik für Ästhetisch-Plastische Chirurgie. Jüngere lassen sich die Hüften absaugen, Ältere die Fettbrust. Ab 3000 Euro sind sie ihr Fett los, eine Oberlidkorrektur kostet 2200 Euro, das Verkleinern der Tränensäcke 2400 Euro. »Das sind ja keine Riesensummen«, findet Kümpek, »jedenfalls billiger als ein Kleinwagen.« Für ein Facelifting heißt es schon tiefer in die Tasche greifen: 8000 bis 9000 Euro kostet das rundum sanierte Gesicht, Halspartie inklusive.[10]

Werbevideos der Schönheitsfabriken preisen ihre »Produkte« und Möglichkeiten wie andere Konsumartikel an, preislich abgestufte Eingriffe lassen auch Ratenzahlungen zu. Ein neues Gesicht auf Kredit! Das »Schönheits- und Finanzportal« OREA-MED wirbt mit folgendem Angebot: »Schönheit ist bezahlbar: Nutzen auch Sie die Möglichkeit, von unseren einzigartigen Leistungen zu profitieren. Problemlose Finanzierung von Schönheitsoperationen zu banküblichen Konditionen. Sie wissen schon, welche Summe Sie benötigen? Wir machen es Ihnen leicht. In Kooperation mit einer renommierten deutschen Privatkundenbank bieten wir Ihnen die Möglichkeit, direkt eine unverbindliche und gebührenfreie Auskunft zu erhalten.« Nach einem ersten Beratungstermin beziehungsweise der Eingangsuntersuchung wird bei OREA-MED ein Behandlungs- und Kostenplan ausgearbeitet. Für die dabei ermittelten Behandlungskosten beantragt OREA-MED dann eine »problemlose Finanzierung«, »in bequemen Monatsraten rückzahlbar«.[11]

Tröstlich dabei der Gedanke, dass einem die neue Nase oder das geliftete Gesicht nicht mehr weggenommen werden kann, selbst wenn man die Ratenzahlungen einstellt. Die Expansion des Dienstleistungssektors in Verbindung mit dem Kredit- und Finanzgeschäft wird in der Kooperation von Schönheitschirurgie und Banken auf besondere

Weise sichtbar. Bei fast allen größeren Anschaffungen wird einem inzwischen ein Finanzierungsplan mitgeliefert. Macht also nichts, wenn Sie Ihr neues Gesicht noch nicht gleich bezahlen können. Lassen Sie doch gleichzeitig Ihre »Reithosen« durch eine Liposuction (Fettabsaugung) entfernen, das ist im Doppelpack günstiger!

Der Wunsch, ein anderer zu sein, manifestiert sich hier auf eine recht platte Weise. Anstrengungen bei der »Umerzählung« der eigenen Person müssen nicht mehr länger in Kauf genommen werden – keine Diäten und schweißtreibenden Aktivitäten, man kauft sich einfach die erforderlichen Accessoires auf dem Markt der Schönheit. Die Entwicklung der Bio- und Gentechnologie lässt da noch manches erwarten. Die »Kosmetik der Existenz« ist ein weites Feld für den Konsumenten und unzählige Dienstleister, die sich, wie OREA-MED, nicht ohne Stolz »Schönheitsmakler« nennen.[12]

Zum Glück bringt die fortgeschrittene Konsumgesellschaft aber auch ethisch korrekte Marken wie die Kosmetikkette The Body Shop hervor, die alle Menschen, insbesondere alle Frauen, schön findet. In einer Werbekampagne verkündete Body Shop, dass es drei Milliarden Frauen gebe, die nicht wie die Supermodels aussähen, und vielleicht acht, die es tun. Mit dieser Aussage warb die Kosmetikkette für ein neues weibliches Körperbewusstsein. Es gibt sie also: die Nimm-dich-so-an-wie-du-bist-Marken. Der Kauf eines Produktes von Body Shop erspart mir so vielleicht den Gang zum Schönheitschirurgen.

Marken

Branding: »Vom Produkt zur Marke«

Seit den neunziger Jahren ist nicht nur in Marketing- und Vertriebskreisen immer häufiger die Rede von Marken. Der Begriff hat es längst – wie so viele Terminologien aus der Wirtschaftswelt – in die »richtige« Welt geschafft. Dass Marken etwas mit Produkten zu tun haben, weiß inzwischen nicht nur jeder, der gern einkaufen geht. Marken scheinen von allen begehrte und daher teure Produkte zu sein, sozusagen die Stars der Warenwelt. Wird nach Markenprodukten gefragt, fallen den meisten in der westlichen Welt – und mittlerweile nicht nur hier – Coca-Cola, Nokia, Nike, VW oder Ikea ein. Würde zwischen der Bekanntheit von Menschen und Produkten kein Unterschied gemacht, so wären einige Marken sogar bekannter als Hollywood- oder Fußballstars. Umgekehrt verstehen sich einige dieser Stars, wie etwa der Fußballprofi David Beckham, schon selbst als Marken.[1] War das »Markenprodukt« bis in die achtziger Jahre noch ein besonders gutes und hochwertiges Qualitätsprodukt, man denke in Deutschland nur an ehemals ehrwürdige Namen wie AEG oder Grundig[2], so hat sich der Markenbegriff in den letzten fünf bis zehn Jahren völlig verändert und verselbstständigt. So wie die Ökonomie andere gesellschaftliche Teilbereiche wie die Kultur und die Politik durchdrungen hat, hat sich auch der Markenbegriff totalisiert und ausgedehnt. Nicht nur jedes Produkt, Dienstleistungsunternehmen oder jede handelbare Ware kann zur Marke werden, sondern potenziell alles, was auf ein Zeichen, ein Logo reduzierbar ist.

So können sogar Julius Caesar, die RAF, die DDR, Madonna, die CDU oder Dieter Bohlen als Marken verstanden werden. In Deutschland versuchen Beratungs- und PR-Unternehmen die »Marke Deutschland« zu fördern, und aus den USA kommt ein Zwillingspaar, das sich selbst erfolgreich als Marke verkauft.[3]

Bei Coca-Cola, der amerikanischen Urmarke schlechthin und wertvollsten Marke der Welt,[4] ist zwar nicht ganz leicht zu bestimmen, wo genau das Produkt Brausegetränk aufhört und die Marke anfängt, aber das rot-weiße Logo mit dem geschwungenen Schriftzug wird seit Jahrzehnten überall auf der Welt sofort erkannt. Die Unterscheidung von anderen Colamarken wie Pepsi Cola oder der deutschen Afri Cola sowie von Discount- und Handelsmarken wie der River Cola von Aldi fällt leicht, auch wenn diese durch ihre Gestaltung versuchen, das bekanntere Markenprodukt zu imitieren. Während das Corporate Design des Logos und der Flasche einzigartig und sofort erkennbar ist, ebenso wie die Corporate Identity des Unternehmens und der Werbekommunikation[5] unverwechselbar ist, sieht es bei den Produkteigenschaften schon anders aus. Der Geschmack ist zwar vermutlich jedem seit Kindertagen bekannt, aber mit geschlossenen Augen Coca-Cola am Geschmack zu erkennen – ein beliebter Test auf Kindergeburtstagen – fällt schwer. Die Zusammensetzung des 1886 erfundenen Getränks ist bis auf das sagenumwobene Geheimrezept bekannt. Cola besteht zu über 90 Prozent aus Zucker und Wasser, die restlichen Prozente verteilen sich auf Farbstoffe, Koffein, Konservierungsmittel und geheim gehaltene Zusatzstoffe. Sirup von der Coca-Pflanze, wie noch in der ersten als Medizin verkauften Coca-Cola, ist in der Brause schon lange nicht mehr zu finden.

Nach dem traditionellen Verständnis von Produktwerbung muss über die Werbekommunikation alles transportiert werden, was der Kunde nicht sehen und schmecken kann: Wie wird die Cola produziert und von welcher Qualität ist sie? In einem Markt, der durch Konkurrenz mit anderen Produkten gekennzeichnet ist, muss der Kunde von der überlegenen Qualität des jeweiligen Produktes überzeugt und verleitet werden, es zu kaufen. Dieser Ansatz geht davon aus, dass der brausegetränkinteressierte Kunde erst von der Existenz des Produktes und dessen überragender Qualität, die auch in einem geringen Preis bestehen kann, erfahren muss. In der Anfangszeit der klassischen Produktwerbung, die etwa mit dem Beginn moderner Massenkommunikation zwischen den zwanziger und den fünfziger Jahren einsetzte, also als sich der Massenkonsum entwickelte, sollten die (potenziell schon vorhandenen) Wünsche des Kunden befriedigt werden. Die Produkte mussten dem Kunden erst bekannt gemacht und dieser durch gute, rationale Argumente von der Produktqualität überzeugt werden.

In der jungen Bundesrepublik kannten die Konsumenten nur wenige Produkte und freuten sich nach den entbehrungsreichen Kriegsjahren über jede Form von Luxus. Die von amerikanischen Soldaten nach Europa gebrachte Coca-Cola wurde schnell zu *dem* Symbol amerikanischer beziehungsweise westlicher Lebensart, obwohl sie schon in den dreißiger Jahren in Deutschland verkauft worden war, allerdings noch nicht in Dosen. Der Geschmack der Brause interessierte nicht vorrangig, es ging um etwas anderes: Coca-Cola verkörperte ein bestimmtes Lebensgefühl. Mit ihrer neuen Form der Werbung über Images und Vermittlung eines Lebensstils wurde diese Marke zu einem Vorreiter. Gemeinsam mit anderen Markenprodukten läutete Coca-Cola die zweite Phase des Konsums ein: Nach der Befriedigung der Bedürfnisse geriet die Verführung ins Zentrum moderner Image-Werbung und kennzeichnet auch heute noch einen Großteil der Werbekommunikation. Der Konsument soll nicht mehr mit rationalen Verkaufsargumenten überzeugt, sondern emotional verführt werden. Ausgelöst wurde dieser Paradigmenwechsel in der Werbung durch einen Markt, auf dem in den fünfziger und sechziger Jahren die Nachfrage der Verbraucher und das Angebot an Waren in ein Ungleichgewicht gerieten. Auf vielen Teilmärkten waren nun mehr Produkte im Angebot, als der Kunde nachfragte. Die Werbung musste reagieren.

Der dritte Schritt des Konsums, eine Phase, die Anfang der neunziger Jahre begann und seitdem immer mehr zur beherrschenden Form wird, stellt eine Zuspitzung der zweiten Phase dar. Auf die Befriedigung und Verführung folgt das Versprechen der Veränderung. Auf einem Markt, der nicht nur mit Produkten, sondern auch mit Werbebotschaften gesättigt ist, braucht es Produkte oder Dienstleistungen, die den Käufer verändern, die erzählen, was ihm gut tut beziehungsweise gut tun wird. Der dritte und letzte Schritt des Konsums wird wie die beiden ersten von Marken begleitet. Deren Bedeutung hat in den letzten Jahrzehnten noch zugenommen, sich dabei aber verändert. Die in der Qualität bestehenden objektivierbaren Produkteigenschaften werden fast bedeutungslos. Selbst das Image ist nicht mehr so wichtig. Was zählt, ist, inwieweit Marken verändern können, was sie zu sagen haben. Sie sind Unterhalter, Animateure und Therapeuten.

Wann fingen die Produkte an, Geschichten zu erzählen, erzählen zu müssen? Um sich auf einem gesättigten Markt durchzusetzen, verfielen erstmals in den sechziger Jahren Unternehmen darauf, ihre Produkte mit Attributen der Jugendkultur und des Lifestyles aufzuladen. Der amerikanische Autor Thomas Frank beschreibt in seinem Buch *The Conquest of Cool*[6], wie diese Entwicklung durch die Werbeschlacht zwischen Coca-Cola und Pepsi Cola damals ihren Anfang nahm. Seither werden immer weniger Produkte verkauft und deren Eigenschaften angepriesen, sondern Marken beworben. Diese wollen für ein bestimmtes Lebensgefühl stehen. Meist wird diese oberflächliche, dem Verbraucher nahe gelegte Projektion einfach »Image« genannt, aber der Begriff »Bild« greift zu kurz. Die substanziellen Veränderungen der Werbekommunikation in den letzten Jahrzehnten können gut an der Autowerbung abgelesen werden. Während noch bis in die achtziger Jahre hinein bei fast keiner Werbekampagne Hinweise auf die Motorleistung, die Spitzengeschwindigkeit und andere objektivierbare Daten fehlen durften, verzichten heute gerade die großen Autokonzerne fast vollständig auf diese Informationen und verkaufen vor allem ein Fahr- und Lebensgefühl. BMW wirbt mit der »Freude am Fahren«, Audi behauptet einen »Vorsprung durch Technik« und Mercedes Benz soll gar »die Zukunft des Automobils« sein. Die Werbung, ob in Zeitschriften oder im Fernsehen, ist sehr aufwändig und edel gestaltet, sie soll aber nicht informieren, sondern unterhalten. Das Prinzip Hollywood hat auch die Autoindustrie erfasst. Das Unternehmen Audi präsentierte seinen neuen A3 im April 2003 sogar mit einem Spot von einem »echten« Filmregisseur: Wim Wenders drehte den sechsminütigen Kurzfilm »The other Side of the Road«.[7]

Mit dem Ende des Industriezeitalters, dem Zeitalter der Produktion, verschwand auch das Produkt. Mit dem Informationszeitalter kam die Marke. Diese kann in ihrer extremsten Form sogar vom eigentlichen Produkt (wenn es keine Dienstleistungsmarke ist) getrennt betrachtet werden. Während bei Audi das Produkt (also das Auto) und die Marke (»Vorsprung durch Technik«) noch räumlich nah »produziert« werden – die Automobile in den Werken in Ingolstadt und Neckarsulm[8] und das Image der Marke am Firmensitz in Ingolstadt –, sieht das bei stärker globalisierten Marken schon anders aus.

Die kanadische Autorin Naomi Klein landete mit ihrem Buch *No Logo*[9] zur Jahrtausendwende einen großen Erfolg, vor allem bei globalisierungs- und markenkritischen Jugendlichen. Klein verweist darauf, dass sich Markenzeichen im Zuge der Globalisierung inzwischen internationalisiert haben. Während der Ursprung der Marke, des Logos in regionalen Herrschaftssymbolen, Wappen und Abzeichen liegt, so kennzeichnet die moderne Produktmarke nicht nur die Ablösung vom Produkt, sondern auch ihre weltweite Verbreitung.

Während einige Autofirmen wie VW oder Opel ihre Fabriken zu gläsernen Produktionstheatern uminszenieren, so erleben wir bei anderen Marken genau das Gegenteil. Nike ist in diesem Zusammenhang für Naomi Klein ein gern bemühtes Beispiel. Während die Firmenzentrale, das »Gehirn« des Unternehmens in Beaverton, im US-Bundesstaat Oregon sitzt und dort die Firmenstrategie sowie Marketing- und Vertriebsstrategien plant, so ist die Produktion auf viele internationale Produktionsstätten verteilt. Diese sind keine gläsernen Fabriken, in denen Produktion inszeniert wird. Es ist dort eher dunkel, die Arbeiterinnen und Arbeiter schwitzen und werden schlecht bezahlt, denn die kleinen Nähwerkstätten gehören nicht zu Nike, sondern sind nur Zulieferer.[10] Für den durchschnittlichen Nike-Käufer war das bisher kein Problem, denn er wusste nichts davon beziehungsweise es interessierte ihn nicht. Inzwischen hat jedoch ein Wandel in der öffentlichen

Meinung stattgefunden und Nike beginnt unter dem Slogan »Just do it« zu leiden, denn Kinderarbeit und Armut sind nicht cool. Der gewaltige Vorteil der Markenunternehmen, der Besitz eines international bekannten Zeichens und eines damit verbundenen Images, ist auch ihre Achillesferse. Die Macht der Konsumenten, die negative Berichterstattung und kritische Aktionäre werden hier in absehbarer Zeit für ein Umdenken sorgen.

Viel dramatischer könnten für die Markenunternehmen mittel- und langfristig aber zwei ganz andere Probleme werden. Beide zerstören die Marken nicht von außen, sondern zerfressen sie langsam von innen heraus. Das erste Problem ist ein aktuelles. Die anhaltende Wirtschaftskrise und die Konsumzurückhaltung der Deutschen führen dazu, dass immer mehr Konsumenten bei Discountern einkaufen, ob dies nun Aldi oder Saturn ist, die Werbung trägt das Ihre dazu bei (»Geiz ist geil«). Die Tatsache, dass es bei Aldi und anderen Discountern Markenprodukte unter anderem Namen zu kaufen gibt, wurde in den letzten Jahren auch größeren Käuferschichten bekannt. Inzwischen ist es sogar möglich, im Internet unter Adressen wie www.lebensmittelmarken.de zu erfahren, welche Produzenten jeweils hinter den bei Aldi, Lidl und Co. erhältlichen Handelsmarken stecken. Immer mehr Konsumenten müssen sich daher fragen, warum sie eigentlich für Markenprodukte mehr zahlen sollen. Die Praxis der Discounter legt offen, dass die höheren Preise nicht der Produktqualität geschuldet sein können, sondern anderen Faktoren. Die Vermutung vieler Verbraucher, dass sie die Werbung, das Image mitbezahlen müssen, ist nicht ganz falsch – das wissen auch die Markenhersteller. Sollte es ihnen in Zukunft nicht gelingen, einen stärkeren Bezug zur Qualität des Produkts und/oder des Services herzustellen, dann wird der glänzende Markenname allein nicht ausreichen, um die Käufer zu überzeugen, mehr Geld auszugeben.[11]

Die zweite Gefahr für die Markenhersteller sind sie selbst. Wenn alle Produkte zu Marken werden sollen, dann verlieren die Marken ihr größtes Kapital: ihre Einzigartigkeit und Seltenheit. Wenn nicht nur Coca-Cola und Pepsi Marken sind, sondern auch River Cola oder Mecca Cola diesen Status erreichen und andere Produkte, deren Hersteller die dazu nötigen finanziellen Mittel haben, dann wird es irgendwann nur noch Marken geben. Die schon bestehenden Markenunternehmen beschleunigen diesen Trend zur Reizüberflutung nicht nur durch die Abgabe ihrer Produkte als Handelsmarken, sondern auch dadurch, dass sie ständig diversifizieren, das heißt neue Produkte unter ihrem Markennamen herausbringen. Selbst eine gut gepflegte Marke wie Nivea bringt zahllose so genannte Line Extender heraus. So gibt es mittlerweile auch eine Duschgelserie, Rasierschaums und Herrenparfums von Nivea. Wohin man schaut, gibt es Marken, manche sogar im Doppelpack; in der Marketingsprache nennt man das »Co-Branding«. Adidas produziert zusammen mit dem Reifenhersteller Goodyear Schuhe, Langnese mit Milka Eis, und fast jedes Markenunternehmen überlegt, was noch unter seinem Namen auf den Markt zu bringen wäre, wo es vor Marken nur so wimmelt. So könnte bald jede Marke ihren Glanz verlieren und zur Massenware verkommen, zur Massenmarke. Durch die Diversifizierung und »Demokratisierung« droht der Marke ein gleiches Schicksal wie dem Star im Showgeschäft. Wenn jeder ein Star sein kann, wenn jedes Produkt zur Marke werden kann, dann gibt es bald keine Stars mehr, denn das waren sie gerade deshalb, weil sie einzigartig und charismatisch waren. Marken waren einst die Stars unter den Produkten, heute werden sie zu farblosen, austauschbaren Unterhaltern, zu »Promis«.

Markenterror: »Zu Hause im globalen Shoppingcenter«

»Terror« ist ein harter, unfreundlicher Begriff, erst recht nach dem 11. September 2001. Wie kann er in einen Zusammenhang mit einer solch profanen Tätigkeit wie dem Einkaufen gebracht werden? Hat der Terror nicht die Zerstörung der Sicherheit und der Gemeinschaft im Sinn und will er nicht Unfrieden, Hass und Verunsicherung schüren?

Marken dagegen wollen doch genau die gegenteiligen Gefühle erzeugen. Mitte der achtziger Jahre gab es einen kleinen Skandal um eine Werbung des Automobilkonzerns Mercedes Benz. In dieser war ein Mann mittleren Alters zu sehen, der durch eine arabische Stadt irrt. Viele Klischees wurden zitiert, der sehr deutsch und sauber wirkende Mann wurde mit einem chaotischen Verkehrsgeschehen und eher schmuddelig anmutenden Arabern konfrontiert – eine fast schon koloniale Kulisse. Der Mann schien nach etwas zu suchen, wirkte nicht ganz glücklich in all dem Trubel, und dann sah er ihn: seinen Mercedes. Er setzte sich hinein und schloss die Tür. »Endlich zu Hause« lautete der Werbeclaim. Das Auto mit all seinen technischen Annehmlichkeiten, die Ruhe des Innenraums und die Eleganz der Einrichtung boten die Umgebung, die der Mann so lange vermisst hatte. Er schien erleichtert und dankbar aufzuatmen. Die dadurch ausgelöste Diskussion um die chauvinistischen und rassistischen Implikationen dieser Werbung soll hier nicht weiter interessieren. Diesbezüglich war der Clip sehr eindeutig, wirklich interessant war er aber in Hinblick auf die Konstruktion von Heimat oder zumindest einem Zuhause in einer globalen Welt. Vor allem ist dieser Spot exemplarisch für das Versprechen der Werbung und der Marken, für Sicherheit, Ruhe und Geborgenheit zu sorgen. Werden mit den McDonald's-Filialen hierzulande eher seelenlose Schnellimbisse mit einem unerfreulichen Ambiente und kalorienreichem Fast Food assoziiert, so wird McDonald's in Peking, Kalkutta oder Lagos unter Umständen mit anderen Augen gesehen. Während eine Filiale des Burgergiganten bei uns für einen Kulturverfall steht, zumindest was die Esskultur betrifft, so kann eine Filiale derselben Kette in einem Dritte-Welt-Land einen gewissen Standard bedeuten. Ist es ein Land, in dem Restaurants oder Imbisse mit westlichem Standard schwer zu finden sind, so kann eine dortige McDonald's-Filiale ein beliebtes Ziel für Amerikaner oder Europäer sein, die zu Hause die Nase über »Junkfood« rümpfen.

Das Prinzip der so genannten Franchise-Ketten wie McDonald's, Douglas, Dunkin' Donuts oder The Body Shop besteht genau darin, dass sie überall auf der Welt die gleichen Produkte zum gleichen Standard anbieten. Das Franchise-Prinzip ist so zum Inbegriff der Globalisierung geworden. Ist dieser Begriff mittlerweile zwar fast inhalts- und wertlos geworden, so besteht zumindest Einigkeit darüber, dass die Globalisierung im Bereich der Ökonomie am weitesten fortgeschritten ist. Während der kapitalträchtigste Bereich, die globalen Finanzströme zwischen Unternehmen, Anlegern und Börsen, aber nicht sichtbar wird, sind die Ladenketten überall präsent: in allen Großstädten der westlichen und bald der ganzen Welt.

Die Rede vom »globalen Dorf« soll veranschaulichen, dass wir in einer modernen, globalisierten Welt alle zusammengerückt sind. Durch das Internet und die weltweiten Daten- und Finanzströme geht alles viel schneller als gestern. Heute New York, morgen Brüssel, übermorgen Tokio – Zeit und Raum scheinen sich zu verdichten. Das Bild des Dorfes, in dem uns die Beschleunigung zusammenführt, als Synonym für kurze Wege, passt jedoch nicht. »Globale Börse« oder »globales Shoppingcenter« wäre zutreffender. Auf der Ebene des Konsums, besonders des Markenkonsums, ist die westliche Welt schon durch und durch globalisiert, und immer mehr Teile der Welt werden von diesem Prozess erfasst, ob sie wollen oder nicht.

Die Unternehmen, die Shoppingcenter planen und realisieren, sind selbst international tätig und verkaufen die zukünftigen Einkaufsparadiese wie ein Produkt. Nicht zufällig ähneln sich die Shoppingcenter immer mehr, denn es gibt einen globalen Architekturstil der Einkaufszentren. In den gleich aussehenden Einkaufszentren mit den gleichen Läden gibt es das Gleiche zu kaufen. Das Einzige, wodurch sich ein deutsches Einkaufszentrum von einer amerikanischen Mall oder einem Shoppingcenter in Riad unterscheidet, sind die Preise, und die Menschen, die dort arbeiten und einkaufen. Es ist interessant zu beobachten, dass gerade die Warenwelt, deren Marken von Individualität leben, eine unglaubliche Konformität produziert.

Das Shoppingcenter ist das globale Dorf der kurzen Wege. Will man nur schnell etwas essen, kann man zu McDonald's oder Pizza Hut, in Deutschland außerdem zu Nordsee gehen, nebenbei werden noch kurz die Schuhe zu Mister Minit gebracht, aber eigentlich wollte man vielleicht etwas ganz anderes erledigen. Die neue Brille sucht man bei Fielmann, das Parfüm bei Douglas, Windeln bei Rossmann, den DVD-Player bei Saturn, und den Wocheneinkauf tätigt man beim Toom-Markt. Nach dem Einkauf trinkt man noch einen kleinen Espresso bei Segafredo und holt anschließend sein Buch in der Thalia-Buchhandlung ab – alles befindet sich praktischerweise unter einem Dach. Sicher gibt es in deutschen Einkaufszentren noch einen großen Anteil deutscher Franchise-Ketten und immer noch örtliche Einzelhändler. Der Trend geht aber eindeutig zu standardisierten Einkaufsorten, sodass es irgendwann keinen Unterschied mehr machen wird, ob ich ein amerikanisches, dänisches, nigerianisches oder chinesisches Shoppingcenter betrete – überall das Gleiche, überall Aircondition.

Die standardisierten Räume, die längst nicht nur dem Kommerz dienen, sondern auch Orte der Kultur und des sozialen Austausches sind, schaffen eine neue Form des vertrauten Zuhauses. Natürlich kein Zuhause im Sinne eines familiären Soziallebens, aber im Sinne der Vertrautheit eines Ortes, den ich kenne, an dem ich mich gern aufhalte, Freunde treffe und Zeit verbringe; eines Ortes, der mir Sicherheit bietet und das Elend der Welt draußen vor den Drehtüren lässt. Diese durch und durch künstliche Welt wird für immer mehr Menschen zu etwas völlig Normalem.[12] Obwohl alles auf den Konsum ausgerichtet ist, fühlt sich niemand unter Druck gesetzt, und viele verlassen das Einkaufszentrum, ohne eingekauft zu haben. Darin unterscheiden sich die Shoppingcenter modernerer Art auch von den Einkaufscentern auf der grünen Wiese, die in Westdeutschland in den achtziger Jahren und im Osten nach der Wende entstanden. Meist in den Vororten großer Städte gelegen, locken riesige Parkplätze den Kunden in das Umfeld von Industriegebieten oder Technologieparks. Dort gibt es dann meist einen Riesensupermarkt wie Wertkauf oder Wal Mart, einen Baumarkt, zum Beispiel Obi, und eine Tankstelle – der Einkauf kann beginnen. Das gesamte Umfeld ist darauf ausgerichtet, den Einkauf möglichst schnell und problemlos ablaufen zu lassen, aber nicht darauf, dass sich hier Menschen treffen oder gar aufhalten wollen.

Die Shoppingmalls der neunziger Jahre, die größeren Nachfolger der innerstädtischen Einkaufszentren aus den sechziger bis achtziger Jahren (natürlich auch ein Exportschlager aus den USA), sind hier viel weiter. Der Krise der kleinen Einzelhändler, die vor allem die Einkaufscenter in den Vorstädten auslösten, wird hier in einem gewissen Sinne Rechnung getragen. Hier darf der Konsument auch Mensch sein, und einige der lokalen Geschäfte können es sich leisten, in die Einkaufszentren zu ziehen.

Kann also bei aller Heimeligkeit des Konsums überhaupt von Terror gesprochen werden? Den Terror üben die Produkte nicht unbedingt auf diejenigen aus, die regelmäßig einkaufen und das so selbstverständlich tun, wie andere Sport treiben oder sich die Haare waschen. Der Markenterror vollzieht sich auf der Ebene der sozialen Teilhabe. Es ist kein physischer Terror in Form von Anschlägen oder Überfällen. Wenn jemandem tagtäglich etwas Begehrenswertes vor Augen geführt wird, das Objekt der Begierde aber nicht erreicht werden kann, dann beginnt die Unzufriedenheit, der psychische Terror. Eine Mischung aus Angst und dem Gefühl der Ablehnung macht jede weitere Form des Kontakts mit der Konsumwelt zum Frusterlebnis. Der amerikanische Autor Jeremy Rifkin schreibt in seinem Buch *Access*[13], dass es im 21. Jahrhundert um Zugangsrechte geht: Zugang zu offiziellen Ämtern und Funktionen, Zugang zu informellen Netzwerken, Zugang zum Trinkwasser und zur Bildung. Soziologen sprechen im gleichen Zusammenhang von der Problematik der Inklusion und Exklusion, dem Ein- und Ausschluss in die beziehungsweise aus der Gesellschaft. Es geht heute nicht nur um die Armen, Ausgebeuteten und Ausgegrenzten, sondern um die Gefahr, dass Menschen zu Exkludierten, zu Überflüssigen werden. In der modernen Gesellschaft, die immer eine der Arbeit und des Konsums bleiben wird, gibt es nicht nur die Gefahr, schlecht und ungerecht, sondern gar nicht mehr behandelt zu werden. Der Ausgeschlossene lebt dann nicht mehr am Rande der Gesellschaft, sondern außerhalb dieser.

Der Besitz von Erwerbsarbeit – gleichzeitig unbezahlbar und schlecht bezahlt – wird in dem Maße immer wichtiger werden, wie auch die Bedeutung des Konsums immer weiter zunehmen wird. Und nicht nur der »normale«, die täglichen Bedürfnisse deckende Konsum, sondern Formen des Lifestyle-Konsums werden immer mehr Geld und Zeit binden. Schon heute frönen die sozial eher schwachen Schichten einem extremen Markenkonsum. Während der behütete Mittelschichtschüler langsam ein kritisches Markenbewusstsein entwickelt, so wird für die Jugendlichen aus den Vororten und urbanen Elendsquartieren der Konsum zum Schlüssel gesellschaftlicher Teilhabe und zur persönlichen Ausdrucksform, oft der einzigen. Für den Berliner Rapper Bushido, nach eigener Aussage »ein harter Typ aus dem Ghetto«, ist Konsum ein Ausdruck männlicher Härte: »Wir haben unsere 88-50. Wenn wir uns ein neues Handy holen, ist das das 89-10 und nicht das 32 irgendwas. Keine Tussi-Handys. Wir haben Männerhandys aus Titan, zum Aufklappen. Geld und Erfolg, so was riechen die Weiber.«[14]

Gesellschaftlicher Aufstieg und sozialer Habitus hängen noch stärker als bisher von Formen des Konsums ab. Die letzten Euros werden an der Wohnung, dem Essen und dem Urlaub gespart, um den Nachbarn das richtige Auto zu präsentieren oder den Freunden die richtigen Turnschuhe und das richtige Handy. Dieses Verhalten kann kaum verwundern, nehmen doch die Berichte über Stars und ihren coolen Lifestyle, der sich meist in teuren Konsumartikeln, großen Häusern und schnellen Autos widerspiegelt, einen großen Raum in der Medienberichterstattung ein. Warum muss man berühmt werden? Um so leben zu können, so konsumieren zu können wie die Stars. Aber was ist, wenn ich so nicht leben kann? Wenn ich weiß, dass ich so nie leben werde, weil ich jetzt schon überschuldet bin und vielleicht arbeitslos? Die Konsumwelt ist gnadenlos. Einen billigen Konsum, der Spaß bereitet, kann es nicht geben, selbst wenn Geiz geil ist. Genau wie der hässliche und dumme Mann, der die Frau seiner Träume nie treffen, geschweige denn mit ihr sprechen oder Sex haben wird, so ist der Konsument ohne Geld ein frustrierter Mensch, neidisch, verzweifelt und im schlimmsten Fall sogar gewaltbereit. Während die Kraft der Liebe es aber vielleicht noch vermag, auch den hässlichen Mann eine Frau finden zu lassen, so kennt der Konsum diesen Trost nicht. Die alltäglichen Bilder attraktiver Models, glamouröser Stars und erfolgreicher Menschen bauen nicht auf und machen keinen Mut. Sie sind ein Schlag ins Gesicht, denn sie geben nichts, sondern fordern nur. Der Markenterror im Gewand attraktiver Produkte tötet vielleicht nicht, verletzt aber schwer.

Markenidentität: »Du bist mir vielleicht 'ne Marke«

Der Begriff »Markenidentität« mag auf den ersten Blick seltsam oder lustig erscheinen, er ist es aber nicht. Eine Markenidentität ist weniger das Image einer Marke, etwa die Coolness bestimmter Sportmarken, sondern es ist umgekehrt unsere menschliche Identität, die durch Konsumprodukte bestimmt werden kann. Es geht hier nicht um eine rein theoretische Annahme, sondern diese Charaktere existieren schon jetzt, und es wird, es muss immer mehr von diesen Menschen geben. Wer bei diesem Begriff an die Ich-AG, die neue Form der Selbstständigkeit denken muss, liegt nicht ganz verkehrt. Während bei der Ich-AG die Vermarktung der eigenen Arbeitskraft im Vordergrund steht, so geht es bei der Marke »Ich« um mehr: um das Marketing in eigener Sache, um die eigene Persönlichkeit als Kapital und Verkaufsargument.

Der Betreiber einer Ich-AG, in zahlreichen Seminaren zur flexiblen, willigen und preiswerten Minifirma getrimmt, muss sich auf einem Markt behaupten, auf dem es neben etablierten Firmen auch zahlreiche andere Ich-AGs gibt. Was tun? Wie kann ich dem Kunden zeigen, dass ich es bin, der den Auftrag verdient? Genau wie ein Produkt oder eine Firma brauche ich etwas Besonderes, ich muss einzigartig sein beziehungsweise werden. All die Eigenschaften, die bisher eine Persönlichkeit ausmachten, werden nun ökonomisch verwertet, zumindest die positiven. So wird das Besondere zur Anforderung, denn eine Ich-AG wie jede andere möchte niemand werden. Gefragt sind Strategien, wie sie auch für Marken angewendet werden.

So tritt das Verhältnis von Produkt und Mensch in eine neue Phase. Während die Werbung in den letzten Jahrzehnten versuchte, die Lebenswelt des Menschen für ihren Produktabsatz zu instrumentalisieren, so greift jetzt das Marketing auf den Menschen zu. Menschen versuchen sich wie Marktteilnehmer zu verhalten, nicht umsonst heißt es schließlich »Arbeitsmarkt«. Die marxistische Ausbeutungstheorie erfährt eine weitere Zuspitzung. Um mich ausbeuten zu lassen – ein Schicksal, das nicht halb so viel Angst einflößt wie dasjenige, nicht ausgebeutet zu werden –, muss ich mich immer mehr als »ganzer« Mensch einbringen. Während das in der flexiblen Informationsgesellschaft des 21. Jahrhunderts zur allgemeinen Anforderung wird, so muss die Ich-AG alle persönlichen Eigenschaften und Vorlieben mit in die eigene Firma bringen. Bei der morgendlichen Arbeitsbesprechung, anwesend der Chef, der Angestellte, der Marketingberater, der Controller und der Alleinvorstand, zusammen genau eine Person, wird ein Plan gemacht. Der Soziologe Ulrich Bröckling schreibt: »Kundenorientierung allein macht jedoch nicht den Entrepreneur in eigener Sache. Man muss die Kundenwünsche auch besser, schneller, zuverlässiger oder kostengünstiger befriedigen als die Konkurrenz. Mit durchschnittlichen Leistungen und Konformismus kommt man dabei nicht weit. Die Alternative lautet: ›Seien Sie besonders (…) oder Sie werden ausgesondert!‹ – eine Mahnung, die dem legendären ›Sei spontan‹ an Paradoxie in nichts nachsteht und gerade wegen ihrer Uneinlösbarkeit als Individualisierungsmotor funktioniert. Unangepasstheit ist zu kultivieren, weil sie ökonomisch gesehen ein Alleinstellungsmerkmal darstellt.«[15]

Die Marke »Ich« versucht genau an dieser Stelle an sich zu arbeiten. Allerdings reicht es nicht, nur mehr gut und zuverlässig zu arbeiten. Es verkaufen sich schließlich auch nicht die besten Turnschuhe oder die beste Zeitung. Das Selbstmarketing muss funktionieren, die Werbetrommel angeschmissen werden. Der Ausspruch »Du bist mir vielleicht 'ne Marke«, der eine gewisse Sympathie für eine persönliche Eigenart oder ein Fehlverhalten widerspiegelt, soll nun ökonomisch gewendet zum Markenzeichen werden. Die Vorstellung einer Welt, in der lauter Ich-AGs um die Gunst der Kunden buhlen, lässt einen erzittern. Nicht mehr nur »BMW – aus Freude am Fahren« ist zu vernehmen, sondern auch »Michael Schmidt – niemand putzt so gut Ihre Fenster« oder »Nina Busche – Ihre Steuern sind mein Problem«. In Anfängen ist diese Welt des Kleinunternehmertums schon jetzt überall erkennbar, eine bestimmte Form der Selbstanpreisung, man darf es auch Prostitution nennen, wird zu einem allgemeinen Verhaltensmuster werden. Da die Ich-AGs keine Trennung zwischen privater und beruflicher Welt kennen, wird jedes persönliche Gespräch zum Verkaufsgespräch, jede persönliche Auskunft zur Werbung werden. Ein Verhalten, das früher noch als unangenehm und aufdringlich empfunden wurde, wird so selbstverständlich werden. Lauter Schleimer werden um unsere Gunst buhlen. Auch jeder von uns könnte zum Schleimer werden, denn die Ich-AG ist nicht nur das Schicksal unternehmenslustiger Gründer, sondern bald ist vielleicht jeder eine Ich-AG. Schon länger erodiert das normale Angestelltenverhältnis, und immer mehr Menschen arbeiten als »outgesourcte« Freiberufler für die gleiche Firma wie vorher.

Was hat das alles mit Marken und Markenidentität zu tun? Dieser neue Mensch, der Unternehmer seiner selbst, der die Privatisierung der Verantwortung nicht nur klaglos hinnimmt, sondern diese gewaltigen Veränderungen sogar optimistisch begrüßt, fällt nicht vom Himmel. Eine solche Mentalität musste sich über viele Jahre entwickeln, und bis heute ist sie noch nicht dominierend geworden. Die Herausbildung einer neuen Mentalität wird durch den Dauerbeschuss einer Ideologie vorangetrieben, die uns seit über 20 Jahren die Nachteile der Flexibilisierung der Arbeitswelt als Vorteile verkaufen will. Dazu gehört es, die gravierenden Veränderungen fast aller Lebensbereiche positiv umzudeuten, denn die Realität ist sonst zu schrecklich.

Die Ich-AG, die nicht nur eine unter vielen bleiben will, muss ihre Einzigartigkeit hervorheben. Um nicht irgendein »Produkt« zu bleiben, muss die Ich-AG den gleichen Schritt vollziehen wie das Produkt des Industriezeitalters. Der Wechsel vom Angestelltendasein zur Selbstständigkeit entspricht dem Schritt vom Produkt zur Marke, zumindest in der Marketingtheorie. Die Zukunft der Marke »Ich« wird rosa gemalt, wenn es einmal läuft, winken Freiheit, Flexibilität und gar

Reichtum. In der Realität werden die meisten Ich-AGs wohl nicht mal Handelsmarken von Aldi sein, denn diese verkaufen sich sehr gut. Es läuft wohl eher auf Billigprodukte hinaus, die in irgendwelchen Trödelläden verschimmeln, oder auf Kunsthandwerk vom Ökowochenmarkt, das keiner will.

So droht den Ich-Marken das gleiche Schicksal, wie es schon den Markenprodukten prognostiziert wurde. Wenn das Angebot von Marken die Nachfrage übersteigt und viele Marken ihren Marktwert unterlaufen werden, sich also quasi selbst verramschen, dann wird die Marke »Ich« auch nur ein Massenprodukt unter vielen sein.

Unternehmen

Puma und der »Top Winner«: »Sport-Lifestyle und Retro«

Unternehmen sind mit ihren Marken in alle Lebensbereiche vorgedrungen. Ob während der Fußballübertragung, an der Autobahn, an Häuserwänden, in der Firma oder zu Hause im Bad, überall sind sie zu finden. Marken sind Teil unserer Alltagswelt geworden, die Coca-Cola-Flasche, der BMW oder die Nivea-Dose gehören schon seit vielen Jahren dazu. Nokia wird mit Handys gleichgesetzt wie Microsoft mit Software. Produkte umgeben uns ganz selbstverständlich, und niemand mag darin etwas Ungewöhnliches oder gar Bedrohliches erkennen.

Marken als höher entwickelte Lifestyle-Produkte sind weitaus mehr als nur Begleiter des Alltags. Sie bestimmen diesen heute genauso, wie es Arbeitszeiten, Freunde, die Hausarbeit oder die Familie tun. Ebenso wenig, wie in der postindustriellen Gesellschaft noch eine eindeutige Trennung zwischen Arbeit und Freizeit erkennbar ist, kann die Werbewelt von der vermeintlich »echten« Welt unterschieden werden.

Begnügte sich die klassische Werbung bis in die achtziger Jahre damit, dem realen Alltagsleben nachzuspüren und darüber den Verbraucher für bestimmte Produkte oder Dienstleistungen zu gewinnen, so hat sich dieses Verhältnis heute umgekehrt. Das »echte« Alltagsleben, meist bestehend aus Arbeit, sozialem und kulturellem Freizeitleben *und* Konsum, richtet sich zunehmend auf die Werbewelt aus. Die Produkte sind mit den von ihnen aufgeworfenen Fragen »Was soll ich essen?«, »Wie soll ich aussehen?« und »Wie soll ich leben?« zu öffentlichen Akteuren geworden. Die Werbung versucht nicht mehr, Lebensentwürfe der zukünftigen Kunden abzubilden, sondert sie kreiert und wirbt selbst für neue Lebensstile. Sie ist zur Publizistik, zum »Agenda-Setter« geworden und verstärkt nicht nur vorhandene Entwicklungen, sondern bestimmt Themen. Genau wie Spielfilme, Reportagen und Radio-Features versucht auch die Werbung Geschichten zu erzählen. Die Hauptrolle ist meist vergeben: Die Marke ist der Star der Inszenierung und soll uns begeistern. Es ist kein Zufall, dass das finanzmarkttechnische Gegenstück zum Produkt, die Aktie, ebenfalls eine Unternehmensstory braucht.

Das Unternehmen und die Marke Puma erzählte in den letzten vier Jahren eine sehr erfolgreiche Geschichte.[1] Die Firmenhistorie von Puma, dem deutschen Traditionsunternehmen aus Herzogenaurach, verrät viel über die Funktionsweise von Marken am Beginn des 21. Jahrhunderts. Dass Puma heute zu den erfolgreichsten und begehrtesten Sportartikelherstellern gehört, liegt vor allem daran, dass Puma inzwischen kein deutsches Traditionsunternehmen mehr ist. Die Vorläuferfirma von Puma, 1924 als »Gebrüder Dassler Schuhfabrik« gegründet, spaltete sich 1948 in die »Puma Schuhfabrik Rudolf Dassler« und ein Unternehmen, das später unter der Führung des Bruders Adolf »Adi« Dassler noch weitaus bekannter als Puma werden sollte: Adidas. In den folgenden Jahrzehnten wurde Puma zu einer der größten Sportartikelfirmen der Welt, übertroffen nur von der städtischen Konkurrenz und dem amerikanischen Unternehmen Nike, das in den neunziger Jahren zur weltgrößten Sportartikelfirma aufstieg. In den siebziger und achtziger Jahren trugen internationale Sportstars wie Pelé, Johan Cruyff, Diego Maradona und Boris Becker Schuhe aus der fränkischen Provinz. In den achtziger Jahren verlor Puma seinen angestammten Platz hinter den beiden Giganten Adidas und Nike an Reebok. Entscheidend für den Abstieg: Puma war total uncool, out, ein Fall für den Wühltisch. Während die Produkte sich schwer verkauften, war die Marke Puma am Boden. Der Puma-Schuh »Top Winner« war in den achtziger Jahren der Billigschuh schlechthin. Nike startete zur gleichen Zeit mit seinem neuen Basketballstar Michael Jordan durch und machte Adidas starke Konkurrenz.

Die Wende für Puma kam mit Jochen Zeitz. 1993 wurde der Manager, der 1988 von Colgate Palmolive zu Puma gekommen war, zum Vorstandsvorsitzenden berufen. Schon ein Jahr später stellte sich der ökonomische Erfolg ein, und 1997 wurde Puma in den M-Dax der 100 führenden deutschen Aktienunternehmen aufgenommen. In dieser Phase leitete Zeitz umfassende Investitionen in den Bereichen Produktentwicklung, Markenpräsenz und Infrastruktur ein. Die Markenidentität wurde neu definiert und positioniert. Der Sportschuh war in den achtziger Jahren dank diverser Jugendkulturen zum unverzichtbaren Modeaccessoire cooler junger Großstädter geworden, besonders Hip-Hop trug seinen Teil dazu bei. In den neunziger Jahren gingen erstmals auch normale Angestellte und Banker mit Turnschuhen zum Anzug ins Büro. Turnschuhe zu tragen, stand ehemals für einen unkonventionellen und modernen Lebensstil: Schnelligkeit, Jugendlichkeit und Sportlichkeit verbanden sich zu einem Nonkonformismus, der inzwischen den aktuellen Konformismus repräsentiert. Turnschuhe sind heute weder »in« noch »out«, sie sind einfach ganz normal. Puma profitierte ebenso wie seine Konkurrenten von der Demokratisierung des Sportschuhtragens und versuchte darüber hinaus eigene Akzente zu setzen.

Die Marke wollte nicht mehr für alte Fußballstars stehen, sondern die Bereiche Sport, Lifestyle und Mode verbinden. Den Anfang machte 1998 eine Kooperation mit der Hamburger Modedesignerin Jil Sander. Die neue Markenstrategie ging auf. Während noch Jahre vorher niemand Puma-Schuhe haben wollte, konnte es sich die Firma in den letzten Jahren sogar erlauben, auf »selektive« Vermarktung zu setzen, sprich, nicht jeder soll die edlen Schuhe haben beziehungsweise verkaufen können. Es gibt sie seither nur in exklusiven Läden, Boutiquen sowie eigenen »Concept stores« in ausgewählten Lagen westlicher Metropolen.

Der Umbau des Unternehmens zur »Sport-Life-Style-Marke« ist keine reine Oberflächenkosmetik. Auch wenn es nach dem Niedergang der New Economy lächerlich klingt, möchte Puma das erste »virtuelle« Sportartikelunternehmen der Welt werden. Schon jetzt gibt es keinen alleinigen Hauptsitz in Herzogenaurach mehr, sondern noch zwei weitere in den USA und in Hongkong. Alle drei bilden zusammen eine »virtuelle« Unternehmenszentrale. Während die Produktion, der Vertrieb und die Logistik weiter brav im Frankenland bleiben, residiert die Marke in den USA. Hier sitzen die strategische Planung und das Marketing.

Wie war es möglich, dass gerade die »Normalomarke« Puma mit dieser elitären Strategie der Verknappung Erfolg hatte? Gern verweist Puma auf Sport- und Popstars, die mit von Puma designten Einzelstücken für internationales Aufsehen sorgen, wie etwa die Williams-Schwestern auf den Tennis-Courts oder Madonna auf Konzertbühnen.

Spektakuläre Modeauftritte wie der von Kameruns Fußball-Nationalteam bei den letzten beiden Afrika-Cups – 2002 spielte die Mannschaft mit ärmellosen Trikots von Puma und 2004 als Titelverteidiger in Puma-Ganzkörperanzügen[2] – mögen für viel Aufmerksamkeit bei Medien und Investoren sorgen. Der Erfolg bei den urbanen Großstadtkids und jungen Erwachsenen beruht neben der schicken Neupositionierung von Modeartikeln aber auf etwas anderem: auf »Retro«.

Der Begriff »Retro«, die Kurzform für »Retraditionalisierung«, kam Mitte der neunziger Jahre auf und bezeichnete anfangs den schon lange anhaltenden Modetrend, alte Dinge, Kleidung oder Möbel vergangener Jahrzehnte wiederzuentdecken. Es begann damit, dass junge Erwachsene in New York und Berlin Klamotten der sechziger und siebziger Jahre trugen. Anfangs hatte die Retrowelle mehrere Ursachen: vor allem ökonomische und kulturelle, denn es ist billiger, hipper und »authentischer«, echte alte Dinge auf Flohmärkten und in kleinen Läden zu erwerben. Heute wird Retromode im großen Stil neu produziert.

Für die Ausformungen des modernen Konsums ist der inzwischen zwar abgeflaute, aber immer noch aktuelle Retrotrend ein interessantes Beispiel. Ist Retro ein ironisches, sozusagen postmodernes Spiel mit Zeichen und Marken, so bindet der Trend auch »echte« Gefühle. Die Sehnsucht nach den »alten« Zeiten, der eigenen Jugend, ist dabei zentral. Für die meisten Retro-Konsumenten über 30 stehen die positive Erinnerung und emotionale Bindung an Vergangenes und eigene Erlebnisse im Vordergrund, nicht unbedingt die Frage, ob der Gegenstand tatsächlich authentisch und alt ist. Der Retrotrend ist ein Ausverkauf des Zeichenvorrats der Popkultur vergangener Jahrzehnte. Die kulturelle Einbindung eines Produktes, wann, von wem und wie es benutzt wurde, ist wichtig, aber nicht zwingend notwendig. Der Retrotrend steht zwischen dem Kulturkonsum, dem kulturell eingebundenen Konsum, und der Konsumkultur, die eine solche Einbindung nicht benötigt. Gerade viele Teenager, die die sechziger bis achtziger Jahre nicht bewusst erlebt haben, stehen auf Retroprodukte, weil sie »hip« sind und eine kleine Geschichtsstunde in Sachen Konsum erteilen. Die Produkte schaffen eine Verbindung zu einer vermeintlich »coolen« und wilden Zeit, wie den sechziger und siebziger Jahren, wie es sonst nur Dokumentarfilme oder Erzählungen der Familienmitglieder vermitteln können. Während diese Formen der Anbindung an die Vergangenheit und der Auseinandersetzung mit ihr jedoch soziale Bindungen, kulturelle Fähigkeiten und ein gewisses Engagement verlangen, so tritt mit dem Retrotrend der integrative Charakter des Massenkonsums hervor, der kein Wissen über die Dinge verlangt, sondern nur ein volles Portemonnaie.

Rückgriffe auf alte Stile und Moden hat es schon immer gegeben, die Renaissance (»Wiedergeburt«) während des 14. bis 16. Jahrhunderts wird allerdings kaum jemand als Retro bezeichnen wollen. Eine erste Vorläuferwelle des aktuellen Retrodesigns setzte in den achtziger Jahren ein, als Moden der fünfziger und sechziger Jahre wieder en vogue wurden. Retro wurde seitdem immer mehr zum Schlagwort der Marketingexperten. Die Marke Puma brachte alles mit, was für eine »Wiedergeburt« im Zuge des Retrotrends gebraucht wurde: eine lange Tradition, große Stars der Vergangenheit und ihr Billigimage. Galten gerade die beiden Letzteren bislang als ein Makel von Puma, so machten diese Faktoren auf einmal die »Coolness« der Marke aus. Alte Originalmodelle, die bis vor kurzem keine Käufer auf Flohmärkten gefunden hatten, wurden ab dem Jahr 2000 wieder neu aufgelegt. Der Sportschuh »Top Winner« und der Fußballschuh »King«, in dem die besten Fußballspieler aller Zeiten, Pelé und Diego Maradona, gespielt hatten, waren plötzlich »ultrahip«. Auf Flohmärkten waren bald keine Originale mehr zu finden, dafür in den Retro-Klamottenläden im Berliner Szeneviertel Prenzlauer Berg. Ähnliches gelang der fränkischen Konkurrenz Adidas, die nun auch ihre lange und erfolgreiche Vergangenheit mit Retroprodukten zu Geld machte.[3]

Bei Nike ist Ähnliches zurzeit kaum vorstellbar. Für eine entsprechend weit reichende Retro-Ausschlachtung ist das 1962 gegründete Unternehmen noch zu jung, zu erfolgreich und zu sehr im Mainstream. Puma dagegen roch einmal nach billigem After-Shave und Brustbehaarung. Kehrt man den beschriebenen Mechanismus um, kann leicht prognostiziert werden, dass Puma in dem Moment Probleme bekommen wird, wenn sich die jungen Großstadtmenschen einer anderen Welle zuwenden und die konstruierte Verbindung von »hippen«, elitären Sport-Lifestyle-Produkten mit der profanen Vergangenheit abreißt. Die Tatsache, dass Puma heute kein fränkisches Traditionsunternehmen mehr ist, hilft dem Unternehmen kurzfristig. Langfristig verspielt Puma aber seinen größten Vorteil; ein virtuelles Unternehmen riecht nicht – nach billigem Rasierwasser schon gar nicht.

Ikea und das Billy-Regal: »Demokratisches Design und Babykost gratis«

Im Jahr 2003 eröffnete Ikea die dritte Berliner Filiale im Stadtteil Tempelhof. Wochen vorher schon hatte der schwedische Möbelkonzern die Metropole mit Plakaten zugepflastert, auf denen zu lesen war: »Berlin: die heimliche schwedische Hauptstadt«. In keiner deutschen Stadt gibt es gleich drei Ikea-Einrichtungshäuser, die Berliner Filiale in Spandau ist dabei sogar die größte Europas. Ein Plakatmotiv zeigte eine türkische Familie am Wohnzimmertisch, alle lächelnd und mit blonden Perücken versehen. Selbst Menschen, die Werbung kritisch gegenüberstehen, mussten schmunzeln. Das Plakat war witzig, ironisch, einfach sympathisch. Sympathie ist wohl der Begriff, der Ikea am zutreffendsten kennzeichnet und der Anspruch und Wirklichkeit gleichermaßen beschreibt. Egal, was man von den Möbeln halten mag, selbst wenn man samstags in der Schlange vor der Kasse steht – nett ist es irgendwie immer dort. Das Konsumparadies Ikea ist zum Paradies der konsumkritischen Käufer geworden. Die Schweden repräsentieren für viele so etwas wie den »guten« Konsum, respektive »guten« Kapitalismus. Gerade die anspruchsvolle Stadtbevölkerung zwischen 30 und 40 Jahren, meist als Kleinfamilie auftretend, liebt die Möbelkette.[4] Wird über globale Marken wie Nike, Adidas und Microsoft kritisch gerichtet und ist auch die gleichfalls schwedische Kette H&M nicht überall beliebt, so scheint bei Ikea alles anders zu sein. Die internationale Verflechtung erscheint nicht als Problem, obwohl Ikea eines der am stärksten globalisierten Unternehmen der Welt ist. Der Konzern hat 1800 Lieferanten in 55 Ländern, lässt viel in Südostasien produzieren und hat mit Swedwood einen eigenen Holzkonzern, der bei Umweltschützern nicht unumstritten ist.

Dass das 1943 von Ingvar Kamprad gegründete Unternehmen so anders zu sein scheint, steht nur in einem scheinbaren Widerspruch zur demonstrativen Normalität, die Ikea versprüht. Das Gefühl, dass es in den Filialen immer nett, normal und sympathisch zugeht, ist einem ausgeklügelten Marketing und einer Verkaufspsychologie zu verdanken, die weltweit einzigartig sein dürfte. Alles, was der erwartungsfrohe Kunde im Zusammenhang mit Ikea erlebt, entspringt einer genauen Planung und Verkaufsstrategie. Damit ist nicht nur der oft erwähnte Umstand gemeint, dass die Schweden es immer wieder schaffen, haufenweise überflüssigen Kleinkram zu verkaufen. Das ist nur ein sehr simples Beispiel für die ausgeklügelte Verkaufsstrategie. Ikea schafft es sogar, eigene Nachteile gegenüber anderen Einrichtungshäusern als sympathische Vorteile zu verkaufen. Ein Beispiel hierfür ist der Verkaufsservice.

Genau betrachtet sind die Ikea-Häuser gar keine echten Verkaufsfilialen. Nur der erste Bereich in den weltweit 154 Einrichtungshäusern, von denen 33 in Deutschland stehen, kann als echter Verkaufsraum bezeichnet werden. Ab der Mitte des unteren Stockwerks, meist im Keller, sind die Ikea-Häuser nichts anderes als Lagerräume. Während hierzulande gern über die »Servicewüste Deutschland« geschimpft wird, so bietet gerade Ikea fast keinen Verkaufsservice, zumindest keinen in Form von Verkaufspersonal. Im ersten Teil der Filialen, durch den man auf geschwungenen Wegen vorbei an den verschiedenen Abteilungen (Küche, Kinderzimmer, Büro, Schlafzimmer, Bad etc.) geführt wird, gibt es praktisch kein Personal. Meist steht in jeder Abteilung nur ein Mitarbeiter zur Verfügung, der aber nur Bestellungen aufnehmen und nicht unbedingt beraten soll. Beraten wird bei Ikea nicht im Geschäft, sondern über den Katalog. Der 2004 in einer weltweiten Auflage von 145 Millionen Exemplaren verteilte Katalog – die größte Einzeldruckauflage der Welt – ist das Herzstück des Konzerns, das »Kommunikationstool« der Schweden. Der Ikea-Katalog beantwortet alle Fragen, und wer in eines der Einrichtungshäuser kommt, weiß meist vorher, was er will. Im Gegensatz zu anderen Möbelgeschäften wird bei Ikea nicht ziellos gebummelt, sondern jeder Kunde hat bereits seine Kataloglektüre hinter sich. Neben den Möbeln, die im zusammengebauten Zustand begutachtet werden können, sind auf dem langen Weg durch das Möbelhaus die kalkuliert postierten kleineren Einrichtungsgegenstände wie Gläser, Teelichte oder Bilderrahmen zu finden. Es sind genau diese kleinen Produkte, die sich auszahlen. Das gleiche Prinzip verfolgen Tankstellen, die fast ausschließlich mit ihren angeschlossenen Supermärkten Gewinne machen, oder der Kaffeeröster Tchibo, der nur noch nebenbei Kaffee verkauft.

Ist im ersten Bereich der Ikea-Filialen noch ab und zu ein Verkäufer anzutreffen, so wird auf dieses humane Element im zweiten Bereich ganz verzichtet. Hat der Kunde im Keller die Pflanzenabteilung hinter sich gelassen, so befindet er sich anschließend direkt im Auslieferungslager.

Spätestens hier wird deutlich, wie perfekt das Verkaufsmarketing der Schweden funktioniert. Obwohl man sich ganz unübersehbar in einer Lagerhalle befindet – die Decke ist auf einmal zehn Meter hoch –, beschleicht niemanden ein merkwürdiges Gefühl. Während Lebensmitteldiscounter wie Aldi und Lidl schmuddelig wirken und sich auch bei Saturn oder im Makro-Markt niemand recht wohl fühlt, sondern vom Personal verlassen vorkommt, verhält es sich bei Ikea anders. Das Fehlen des Beratungspersonals erscheint hier nicht als Manko, sondern als Möglichkeit, in Ruhe zu überlegen, ob man dieses oder jenes Produkt wirklich haben möchte oder nicht. Beratung ist nicht vorgesehen, jeder Kunde ist schon mit der entsprechenden Produktnummer ausgestattet und sucht sich sein Möbelstück selbst aus den numerisch geordneten Reihen heraus. Der Käufer hievt seine Möbel aus dem Lagerregal in einen der extragroßen Einkaufswagen und fährt sie selbst zur Kasse. Er wird sie danach auch selbst nach Hause fahren, es sei denn, er nutzt den kostenpflichtigen Lieferservice.

Der Ikea-Kunde macht alles selbst, was andere Möbelhäuser als Service anbieten, doch niemand beschwert sich. Im Gegenteil, gerade der Aspekt des Selbermachens macht den Kauf von Ikea-Möbeln attraktiv. Während ein gewöhnliches Möbelhaus die vom Käufer ausgesuchten Stücke nach Hause liefert und dort zusammenbaut beziehungsweise sie schon fertig liefert, muss der Ikea-Kunde nicht nur selbst die Möbelstücke im Lager abholen und nach Hause transportieren, er muss sie anschließend auch noch selbst zusammenbauen. Der Konsument ist zum Prosumenten geworden und sieht in der Umverteilung von Mühe und Kosten keine Zumutung. Besonders das Zusammenbauen empfindet er nicht als fehlenden Service – im Gegenteil: Dieser letzte Vorgang ist für die meisten untrennbar mit Ikea verknüpft, er verlängert den schnöden Einkauf und macht ihn zum Ereignis. Das Lesen der Aufbauanleitung, das Tüfteln, Drücken und Schrauben bereitet vielen eine richtige Lust, und die verbreiteten Witze über das Selbermachen und die fehlenden Imbusschlüssel belegen nur, wie weit der Konzern schon Teil der Alltagskultur geworden ist. Als sich Harald Schmidt vor Jahren in seiner Fernsehshow über Ikea lustig machte und gemeinsam mit seinem Assistenten versuchte, ein Billy-Regal im Rekordtempo zusammenzubauen, adelte das die Schweden.

Ikea bescheinigt seinen preiswerten Möbelstücken ein »demokratisches Design«. Von gestalterischen Faktoren einmal abgesehen, denn die Möbeldemokraten sind auch auf ihre gewonnenen Designpreise sehr stolz, lässt sich aus diesem politisch besetzten Begriff viel über die Unternehmensphilosophie von Ikea ablesen. Wenn auch ein Star und Millionär wie Harald Schmidt behauptet, zu Hause ein Billy-Regal zu haben, dann wissen Millionen Fernsehzuschauer: der auch! Keine andere Firma, und schon gar kein Möbelhaus, hat es geschafft, so viele Menschen anzusprechen und ihnen das Gefühl zu geben, Teil einer Gemeinschaft zu sein.

Erhob im Nachkriegsdeutschland Volkswagen den Anspruch, mit dem Käfer ein Auto für alle zu bauen, so ist heutzutage das Billy-Regal – die Namensgebung von Möbelstücken ist ebenfalls eine Besonderheit der Schweden[5] – das Volksregal. Es ist der Golf unter den Möbelstücken. Wer ein Billy-Regal hat, ist nicht etwa arm, sondern er sucht das Normale – und zwar das Normale, das jeder hat. Das Gefühl, Gleicher unter Gleichen (Kunden) zu sein, macht den Erfolg von Ikea aus und lässt das Unternehmen transparent erscheinen. Während es für die meisten Markenunternehmen zunehmend zum Problem wird, ihre (hohen) Preise zu rechtfertigen, so erscheint die Preispolitik bei Ikea durchschaubar. Aufgrund der Konkurrenz unter den Discountern müssen viele Markenartikelanbieter mit ansehen, wie ihre Produkte immer billiger angeboten werden und baugleiche Produkte den Markt erobern. Der Kunde bekommt immer mehr das Gefühl, für das aufwändige Marketing und die Werbung zahlen zu müssen – das Gefühl trügt nicht. Bei Ikea weiß scheinbar jeder Kunde, wo das Werbebudget bleibt: Es fließt fast vollständig in den Katalog, dessen jährliches Erscheinen für viele zum Sommer dazugehört wie Ferien, Eis und kurze Hosen.

Wie der Aldi-Kunde einen Zusammenhang zwischen der Filialengestaltung, den offenen Kartons und den Preisen erkennt, so erscheint auch Ikea »fair«. Die Fairness bezieht sich im Gegensatz zu den Discountern aber nicht allein auf die Preise, sondern auch auf alles andere, sei es die Behandlung der Mitarbeiter[6], sei es der Service, verlorene Schrauben und Kleinteile problemlos nachkaufen zu können. Die Identifikation der Ikea-Mitarbeiter mit ihrem Unternehmen ist überdurchschnittlich hoch und nimmt manchmal fast sektenhafte Züge an. In dem Dokumentarfilm »Mit Ikea nach Moskau«[7] wird ein Paar begleitet, das sich in der Ikea-Filiale in Berlin-Spandau kennen gelernt hat und nun zur Vorbereitung der Eröffnung der ersten russischen Ikea-Filiale im Jahr 2000 nach Moskau fährt. Die Stimmung unter den Mitarbeitern ist gut und alle sind sehr aufgeregt. Der Zuschauer kann sehen, wie die Filiale von innen aussieht, und bekommt eine Ahnung davon, wie Ikea funktioniert. Das Überraschende an der Mitarbeitermotivation ist nicht, dass der Filialleiter das »Ikea-Lied« anstimmt, sondern dass es auch fast alle Mitarbeiter gern tun und es auf den Betrachter kaum peinlich wirkt. Als dann noch im Eröffnungstrubel (mit 37 000 Besuchern gibt es einen Rekordansturm) der Ikea-Gründer und Euro-Milliardär Ingvar Kamprad[8] (seine Initialen I und K ergeben zusammen mit den Anfangsbuchstaben seiner Heimatdörfer Elmtaryd und Agunnaryd den Namen Ikea) hinter der Kasse persönlich mit anpackt, wissen wir: Ikea ist einfach nett.

Auch wenn der hier angeschlagene Ton bei der Beschreibung des Phänomens Ikea manchem Leser unkritisch erscheinen mag, sind die Autoren dieses Buches weder von Ikea engagiert noch Fans der Möbelschweden. Selbst wenn wir alle Missstände im Umfeld oder in der Geschichte des schwedischen Konzerns erwähnen, etwa die nationalsozialistische Vergangenheit des Gründers Ingvar Kamprad, der Hitler unterstützte, die von manchen behauptete Gängelung der Gewerkschaften durch den Konzern, den Vorwurf des geistigen Diebstahls oder die Umweltsünden von Swedwood, wird sich nichts ändern. Sicher gibt es Kunden, die von Ikea höhere ethische und ökologische Standards erwarten, für die Mehrheit ist es jedoch einfach ein modernes, fortschrittliches und vor allem ein familienfreundliches Unternehmen. Die Kritikresistenz rührt daher, dass der Kunde in der Realität, beim Kauf und Aufenthalt in den Ikea-Filialen, tatsächlich das Gefühl hat, einen guten Service und eine angenehme Atmosphäre zu erleben. Es haben sich schon regelrechte »Ikea-Stammtische« gebildet, die sich samstags in den Restaurants der Einrichtungshäuser treffen. Diese Stammtische bestehen nicht aus Kegelbrüdern oder Skatschwestern, sondern aus

Müttern und Vätern, die über ihren bevorstehenden Einkauf beratschlagen oder über ihre Kinder plaudern. Die dominante Ideologie des Möbelkonzerns ist die Familienideologie. Kinder sind für das Unternehmen nichts weniger als »die wichtigsten Menschen der Welt«.

Die Kundenkarte von Ikea heißt folgerichtig »Family-Card«, und für die ganz Kleinen gibt es selbstverständlich Wickelräume und Babykost gratis. Während andere Firmen Millionen in Werbung und Merchandising stecken und versuchen, den Kunden auf diese Weise ihren Markennamen aufzudrängen, so hat Ikea anscheinend echte Fans. Sein Erfolg scheint ganz einfach darin zu bestehen, dass Ikea genau so ist, wie man es eigentlich von jedem Unternehmen erwartet, dem man sein Geld anvertraut.

Mattel und die Barbie-Puppe: »Razanne und westliche Dekadenz«

Der amerikanische Sportartikelgigant Nike tritt mit dem Anspruch auf, nicht nur einfach Turnschuhe oder Trikots zu produzieren, sondern für den Sport schlechthin zu stehen. Der Spielzeughersteller Mattel ist ähnlich »bescheiden«. Die 1945 in einer Garage in Südkalifornien gegründete Firma Mattel will das Synonym für Spielzeug sein, wenn nicht gar für das Spielen an sich. Nahezu jedes Kind, das nach dem Zweiten Weltkrieg in der westlichen Welt aufgewachsen ist, hat schon einmal ein Spielzeug von Mattel in der Hand gehabt. Zum Konzern gehören zwar nur ein halbes Dutzend Marken, aber jede einzelne ist Marktführer im entsprechenden Segment und verkörpert die amerikanische beziehungsweise westliche Produktwelt wie kaum eine andere Marke. Nur das dänische Unternehmen Lego konnte verhindern, dass das bunte Plastikspielzeug der Mattel-Marke Fisher-Price den Markt für Babys und Kleinkinder vollständig okkupiert hat. Fängt der Nachwuchs aber an zu laufen, wird er fast todsicher an ein Mattel-Spielzeug geraten. Fragt man einen männlichen Bewohner der westlichen Hemisphäre danach, ob er sich an irgendein Spielzeug aus seiner Kindheit erinnern kann, wird er sehr wahrscheinlich auf seine kleinen Autos kommen, mit denen er in der Sandkiste oder zu Hause spielte. Die erdrückende Mehrheit aller Metallautomodelle für Kinder gehört zur Mattel-Marke Matchbox, einzige Konkurrenz sind die bunteren Hotwheels-Wägelchen, die ebenfalls zu Mattel gehören. Während es in der Welt kleiner Jungs noch andere Marken gibt, wie die Baukästen von Fischertechnik, die Figuren von Playmobil oder Lego-Steine, so ist in der Welt der kleinen Mädchen eine solche Vielfalt nicht zu entdecken.

Auf unserem Planeten befinden sich zurzeit nicht nur etwa sechs Milliarden Menschen, sondern auch über eine Milliarde Barbie-Puppen, wenn auch sicher nicht mehr alle im spielfähigen Zustand. Die Barbie-Puppe, die erstmals am 9. März 1959 auf der New Yorker Spielzeugmesse vorgestellt wurde, ist das Kronjuwel des Mattel-Konzerns. Die Amerikaner haben mit der Plastikpuppe ein Produkt in die Warenwelt entsandt, das mehr ist als ein Spielzeug. Die 29 Zentimeter große Vinylpuppe wird von Mattel als »Traumfrau«, »beste Freundin« oder »Ikone« verkauft. Die amerikanische Firma ist sich bewusst, nicht einfach ein Spielzeug für kleine Mädchen erfunden zu haben, sondern ein Rollenmodell für Schönheit und Weiblichkeit. Naturgemäß betont Mattel die positiven Seiten und entgegnet den Kritikern der Puppe, die es so lange wie Barbie gibt, sie verstünden nicht, dass es nur um Schönheit »in unserer sonst eher nüchternen Welt«[9] gehe.

Keine Marke, auch nicht Coca-Cola oder Nike, verkörpert so sehr den westlichen Lebensstil und Konsum wie die Barbie-Puppe. Jede Kritik an ihr ist Kritik am westlichen Konsum generell. Die meist blonde Schönheit ist die Produkt gewordene Projektion der westlichen Frau, so schön wie sie möchte fast jedes kleine Mädchen werden, das eine der Puppen im Kinderzimmer hat.[10] Im Gegensatz zu Nike oder Mercedes Benz, bei denen es letztendlich nur um den Verkauf von Attributen geht – der coolste Schuh oder das beste Auto –, ist Barbie zugleich Wunsch und Wirklichkeit aktueller Schönheitsideale und repräsentiert über den Konsum hinaus westliche Wertvorstellungen.

Die berühmteste aller Plastikpuppen geht auf ein Vorbild in der *Bild*-Zeitung zurück. In den fünfziger Jahren gab es in der Boulevardzeitung einen Comic mit einer blonden Frau namens »Lili«. Die amerikanische Unternehmerin Ruth Handler, die Mattel mitgründete und 2002 verstarb, nahm diese Figur zum Vorbild für die nach ihrer Tochter Barbara benannte »Barbie«. Ruth Handlers Sohn heißt übrigens Ken.

Die Vorwürfe, die Kritiker, meist Pädagogen und Feministinnen, an Mattel richten, sind ebenso richtig wie simpel. Die Barbie-Puppe verkörpere eine auf Schönheit und Schlanksein reduzierte Weiblichkeit und animiere zum Konsum von Modeartikeln; zur Garderobe der ersten Barbie gehörten schon 21 Kleidungsstücke. An Mattel prallen jedoch alle Vorwürfe ab, der Erfolg gibt den Amerikanern seit 45 Jahren Recht. Ihnen wohlgesonnene Pädagogen meinen hingegen, dass die hübsche Plastikpuppe es jungen Mädchen erlaube, neue Verhaltensmuster auszuprobieren und in die Erwachsenenrolle hineinzuwachsen. Diese doch etwas fragwürdige und schwache Verteidigung verweist auf eine sehr wichtige Funktion der Barbie-Puppe: Die Erwachsenenrolle in der Welt von Mattel ist eine Konsumentenrolle. Im Alter zwischen sechs und zwölf Jahren, in dem Kinder für ihr weiteres Leben geprägt werden, lernen junge Mädchen, was wirklich zählt. Die Barbie-Puppe ist eine entscheidende Instanz in der Konsumprägung, die kleine Mädchen durchlaufen. In der Schule, zumindest im Unterricht, werden die entscheidenden Fragen des Konsums – was soll ich kaufen und warum? – kaum thematisiert. Wird im Elternhaus vielleicht zu Sparsamkeit und Bescheidenheit ermahnt, so sagt Barbie etwas anderes. Barbie flüstert den kleinen Mädchen ins Ohr: »Kauft schöne Dinge, wenn ihr so schön sein wollt wie ich.« Die blonde Plastikpuppe ist keine Marktschreierin, sie bittet auch nicht, sondern hat Stil und Klasse. Ihr Auftreten spricht eine deutliche Sprache: »Ich sehe gut aus, ich schäme mich nicht dafür, und ich muss gleich noch etwas shoppen gehen, sonst wird mir langweilig.« In der Welt von Barbie, wo Millionen von Mädchen einen Teil ihrer Kindheit verbringen, ist der Konsum kein Beiwerk oder Hobby. Einkaufengehen ist Barbies tägliche Arbeit, ihre Firma ist die Shopping Mall und Modeboutiquen sind ihr Zuhause. Mag die Kritik von Frauenrechtlerinnen an der Hausfrau und dem Dummchen Barbie – früher hat sie sogar einmal »Ich hasse Mathematik« gesagt – inzwischen gefruchtet haben, vom Einkaufen lässt sie dennoch nicht ab. Sicher gibt es inzwischen Barbie als Präsidentin, Managerin, Pilotin, Ärztin, Feuerwehrfrau, Sängerin oder Astronautin, womit sie für einen weitaus selbstbewussteren Frauentypus als früher steht. Ihre zahlreichen Jobs sind aber lediglich ein weiterer Schmuck. Wenn Barbie die freie Wahl hätte, würde sie vormittags einkaufen und nachmittags shoppen gehen. Dass beim vielen Konsumieren und Arbeiten ihr Privatleben zu kurz kommt, überrascht nicht. Im Februar 2004 trennte sie sich nach 43-jähriger Beziehung von ihrem Lebenspartner Ken! Während Romantiker den Grund dafür in der wilden Ehe mit ihm sehen wollten und Mattel »unüberbrückbare Differenzen«[11] vorschob, hatten echte Barbie-Fans die Wahrheit schon länger geahnt. Ken hatte Barbie schon lange nicht mehr angemacht und war eh nie mehr als ein Accessoire gewesen – ein langweiliges dazu. Ken wird trotzdem weiter im Sortiment bleiben – als »guter alter Freund«, welch eine Demütigung! Die konsum- und lebensfrohe Barbie hat übrigens schon einen Neuen: Er heißt Blaine, ist blond, braun gebrannt und ein australischer Surfer. Ob es etwas Ernstes ist oder nur eine Affäre, ist noch nicht bekannt. Die Tatsache, dass die Trennung von Barbie und Ken auch von seriösen Medien vermeldet wurde und am 18. Februar 2004 bei »Stern-TV« zwei »Barbie-Experten« über die Trennung sprachen, spricht Bände. Barbie ist ein echter Medienstar, wie Madonna, David Beckham oder Bart Simpson.

Kommen wir nach der Sozialisationsinstanz Barbie nun zu ihrer Funktion als Seismograf unserer Massenkultur.[12] Mattel sagt es ganz direkt: »Was auch immer angesagt ist, Barbie als Trendsetterin ist mit dabei[13] (...) Allerdings nur so lange, wie Stil und Fashion gewahrt bleiben.« Das ist wohl als Erklärung dafür zu verstehen, warum Barbie doch nicht jeden Trend mitmacht und sich schon gar nicht an gefährlichen Aktionen der Gegen- und Protestkultur beteiligt. In den achtziger Jahren wurde keine Punk-Barbie gesichtet, und an New Age schien sie auch nicht interessiert: »Während sich eine ganze Generation auf den Weg zur Selbstfindung gemacht hat, ist Barbie ihrer Zeit schon wieder längst voraus, fährt Rollerskates und macht Aerobic, reitet auf der Diskowelle mit und ist vorne dran bei den Young Urban Professionals, kurz Yuppies genannt.« Igittigitt, Barbie ein Yuppie, auch das noch! Die Behauptung, sie sei eine Trendsetterin, ist also mit Vorsicht zu genießen: Die Diskowelle verpasste sie glatt um zehn Jahre, sie ließ Punk, Rock und Grunge links liegen und machte eigentlich immer nur das mit, was alle gerade machten. Barbie scheint somit nicht nur sehr hübsch und schlank, sondern auch etwas doof, spießig und langweilig zu sein. Wenn Barbie etwas macht, dann ist es eigentlich schon wieder out – das heißt, es ist bereits bei der Masse der Konsumenten im Einkaufswagen angekommen.

Der Lifestyle von Barbie ist somit der ultimative Gradmesser dafür, welche Kleidung, welches Aussehen und welche weiblichen Rollenmodelle sich im Mainstream etabliert haben. Geht man von der aktuellen Barbie aus, so scheinen wir nicht nur in langweiligen, sondern auch konservativen Zeiten zu leben. Kaum war das Thema Familie im Kommen, wurde Barbies Freundin Midge schwanger. Zur Spielwarenmesse 2003 in Nürnberg war das die Sensation, zumindest nach Meinung von Mattel. Und von wem wurde das kleine Midge-Baby schon erwartet: von Kinderärztin Barbie! Die neue Produktserie um Midge, Ehemann Alan, den dreijährigen Ryan und das Baby heißt »Happy Family« und hatte schon in den USA für Gesprächsstoff gesorgt. Wal Mart, die größte Einzelhandelskette der Welt, nahm die schwangere Puppe allerdings nach Protesten von Eltern, die in Midge ein schlechtes Vorbild für junge Mädchen sahen, wieder aus dem Sortiment; ein bis dato einmaliger Vorgang.

Barbie ist Vorbild und schlechtes Gewissen in einer Plastikperson. Dass sich die Verkörperung der westlichen Kultur sogar realpolitisch manifestiert, zeigen die Reaktionen nichtwestlicher Weltregionen. Während Coca-Cola für westlichen Konsum steht und fleißig kopiert wird, geht die Bedeutung der Barbie-Puppe darüber hinaus. Sie steht nicht nur für westlichen Lifestyle, der sich weltweit im unaufhaltsamen Vormarsch befindet, sondern auch für westliche Werte, insbesondere für ein westliches Rollenmodell der modernen Frau. In den arabisch-islamischen Ländern lehnen radikale Kräfte die Barbie-Puppe schon seit den neunziger Jahren ab. Seit der Konflikt mit dem Westen und besonders den USA sich nach dem 11. September 2001 verschärft hat, geraten immer mehr Symbole der verhassten »Dekadenz des Westens« ins Visier der Tugend- und Moralwächter. In Kuwait wurde die Barbie-Puppe 1994 mit der Begründung verboten, dass sie eine Gefahr für die sexuelle Entwicklung von Kindern darstelle. Im Iran gibt es seit dem Frühjahr 2002 das Geschwisterpaar Sara und Dara, das Barbie und Ken ersetzen soll.[14] In Ägypten war auf Initiative der Arabischen Liga »Leila« als Ersatz in Entwicklung, schaffte es aber nicht bis in die Geschäfte. In Saudi-Arabien wurde Barbie 2003 verboten, auf dem Schwarzmarkt ist sie aber noch für umgerechnet 24 Euro erhältlich. Die Begründungen für die Verbote sind fast immer gleich und gehen meist auf Initiativen radikaler Islamisten zurück. In Saudi-Arabien griff das »Komitee zur Verhinderung des Übels und zur Förderung der Tugend«, wie die Religionspolizei dort offiziell heißt, durch und beschlagnahmte die Westpuppen. Auf der Homepage des Komitees wurden explizit ihre »freizügige Kleidung« und »anstößige Körperhaltung« gerügt. Während sich Sara und Dara bisher nicht gut verkaufen, verspricht »Razanne« ein größerer Erfolg zu werden. Ihr Erfinder Ammar Saadeh, der zusammen mit seiner Frau die Firma Noor art betreibt, verkauft die muslimische Barbie schon in Singapur, Deutschland, Kanada und den USA! Dort greifen muslimische Eltern gern zu Razanne, weil diese nicht so freizügig wie Barbie daherkommt. Razanne, die es auch bald in Kuwait, den Vereinigten Arabischen Emiraten und Südostasien geben soll, hat den Körper eines jungen Mädchens und soll zeigen, »dass es nicht auf Äußerlichkeiten ankommt, sondern auf innere Werte«, so Saadeh. Während Mattel eine marokkanische Barbie und »Leila« als arabische Haremssklavin im Angebot hat, ist Razanne weitaus fortschrittlicher. Es gibt sie bisher als Pfadfinderin, Lehrerin und im Gebetsgewand[15], geplant ist sie als Ärztin und Astronautin. Die Entwicklung islamisch-korrekter und muslimisch-fortschrittlicher Plagiate beweist so einerseits, welch große Bedeutung die Barbie-

Puppe als Symbol westlicher Weiblichkeit hat, und andererseits, wie erfolgreich sie sich verkauft und wie begehrt sie auch bei arabischen Mädchen ist. Sie steht bei ihnen nicht nur für westlichen Glamour, sondern auch für ein fortschrittliches Frauenbild.

Westliche Konsumkritiker haben daher ein gespaltenes Verhältnis zur Plastikfrau aus Kalifornien: In der Heimat ist sie ein Symbol der Konsumverherrlichung, verkörpert weibliche Stereotype und transportiert eine restaurative Ideologie. In einigen islamischen Staaten steht sie für Fortschritt und Emanzipation.

Räume

CentrO-Shopping-Mall: »Metropolis für alle«

Die großen Einkaufszentren, die meist außerhalb der Städte, bevorzugt an Autobahnknotenpunkten, liegen, sind »Kathedralen des Konsums«, in denen schon längst mehr »Gläubige« zusammenkommen als in den traditionellen Kirchen. Die Architektur dieser Einkaufszentren, in ihrer größeren Variante »Malls« genannt, ist theatralisch und kommerziell zugleich, indem sie menschliche Kulturen, Markenlabels und Waren miteinander fusioniert. Springbrunnen, Palmen unter künstlich beleuchteten Südseewelten, mittelalterliche Marktplätze, der Nachbau berühmter Städte, exotische Tiere – alle diese Elemente werden von Einkaufsmöglichkeiten und Markenwerbung eingerahmt. Der Besucher schlendert auf den unterschiedlichen Stockwerken einer zentralen Allee entlang, während links und rechts kleine Höhlen und Räume zum Konsumieren einladen. Konsumieren wird hier zu einem Erlebnis, es ist eine Freizeitbeschäftigung, und tatsächlich sind die großen Tempel des Konsums zu den beliebtesten Ausflugszielen für Einheimische und Touristen geworden. Das International Council of Shopping Centers gibt in den USA sogar einen Fremdenführer für Einkaufszentren heraus. 85 Prozent der internationalen Besucher, so das US-Handelsministerium, setzen das Einkaufen auf Rang eins ihrer touristischen Aktivitäten. Ein Shopping-Urlaub, kombiniert mit »Mall-Hopping« – das ist ein ideales Geschäftsfeld, beispielsweise für ein Kreditkartenunternehmen, das in die Touristikbranche vorstoßen möchte.

Die Mall ist schichtenunspezifisch, also auf den ersten Blick demokratisch. Sie schließt zunächst niemanden aus. Ihr Äußeres ist in allen Ländern und Orten gleich. Ob in Berlin, Kuala Lumpur oder Nairobi, die Architektur und Anordnung folgen einem starren Prinzip. Die Mall darf weder zu exklusiv sein, noch darf sie Ärmlichkeit ausdrücken. Sie imitiert Luxus, unterscheidet sich aber von den wirklichen Luxusgeschäften fundamental. Die Mall ist der »Kitsch auf dem Gebiet des Konsums« (Thomas Moulian). Kitsch hat die Aufgabe, die Gleichheit aller beim Konsum anzuzeigen; in der Mall dürfen alle schlendern, sie wirkt wie ein öffentlicher Platz, obwohl sie rundum durch Kameras und Sicherheitskräfte überwacht wird.

Als Besucher der großen Malls kann man bestens die verfeinerte Form des Konsums zelebrieren: die Verzögerung der Kaufentscheidung, das Hinausschieben der Wunscherfüllung, die Ausdehnung des Höhepunktes beim Kaufakt. In der Mall bleibt man stehen, sieht das begehrte Produkt in einer Geschäftsnische, geht drei Ecken weiter, wägt das Für und Wider seines Wunsches ab, geht zwischendurch bei McDonald's einen Cheeseburger essen, schleicht heimlich wie ein Dieb wieder zurück, bleibt stehen, dreht auf dem Absatz um, nur um kurze Zeit später wieder zurückzukehren. In der Mall ist der Genuss des Aufschubs, die Verzögerung des eigentlichen Konsumaktes entscheidend. Sie ermöglicht einen der wenigen ungebundenen und »freien« Momente in unserem Leben: die Zeit der Warenauswahl.

Die Entwicklung dieser Konsumtempel begann mit dem Kaufhof der zwanziger Jahre, setzte sich mit den großen Supermärkten fort und endete bei den Malls genannten Einkaufszentren. In den USA entstanden sie mit der Ausbreitung der Highway-Kultur und den amerikanischen Suburbs, Zentren meist wohlhabender Bürger außerhalb der großen Städte. In den Malls wird inzwischen ein großer Teil der Freizeit verbracht, sie sind insbesondere für Jugendliche soziale Treffpunkte geworden, die im Gegensatz zu öffentlichen Räumen aber Privatgelände mit strikten Ordnungsregeln sind. So ist jede politische Betätigung in den Einkaufszentren verboten, und die amerikanischen Gerichte haben mehr und mehr mit dem Problem der Wahrung politischer Grundrechte an Orten mit rein kommerziellem Charakter zu tun. Das Verteilen von Flugblättern, politische Agitationen oder Unterschriftenlisten werden nicht geduldet. An diesen Orten gibt es keine freie Meinungsäußerung. Die Betreiber der großen Malls argumentieren mit dem Schutz ihrer Kunden: Diese sollen ohne Störung von außen reibungslos konsumieren können. Als Konsument soll man frei von nennenswerten Gefahren und Konflikten sein. Die reale Welt mit ihren Widersprüchen und unterschiedlichen Positionen muss draußen bleiben. Die Mall ist ein konfliktfreier Ort, ein Schutzraum für den Bürger als Konsumenten. Der Käufer ist vor herumliegendem Abfall und Dreck ebenso geschützt wie vor bettelnden Obdachlosen und drogensüchtigen Jugendlichen. Der Konsum soll in »pazifizierten Zonen« stattfinden, die Lust am Einkaufen nicht durch ambivalente oder negative Gefühle behindert werden. Obwohl die Mall versucht, die Stadt und den Marktplatz zu imitieren, ist sie genau das Gegenteil davon: ein privater Raum, der sich nur öffentlich gibt.

Das größte Einkaufszentrum in den USA, die »Mall of America« in Minneapolis, beherbergt Kaufhäuser wie Bloomingdales, Macy's, Sears und Nordstrom. Daneben gibt es 400 verschiedene Läden, Restaurants und diverse Unterhaltungsangebote, darunter 14 Kinos, einen Minigolfplatz und im Zentrum den unvermeidlichen Vergnügungspark. In den Malls will der Besucher nicht nur einkaufen, er will sich vor allem amüsieren und unterhalten lassen. Der Konsum von Waren tritt somit fast schon in den Hintergrund und wird zum sekundären Teil des eigentlichen Unterhaltungsmotivs. Die größte Mall der Welt befindet sich im kanadischen Edmonton und ist zur Hauptattraktion für Touristen geworden. 800 Läden, elf Kaufhäuser, 110 Restaurants, zahlreiche Kinos, ein Hotel, eine Kapelle, ein künstlicher See und eine eigene Eisenbahn warten auf den Besucher. 11 000 Beschäftigten stehen an Wochenenden bis zu 200 000 Besucher gegenüber.

Dagegen nimmt sich das 1996 auf einem ehemaligen Industriegelände errichtete CentrO in Oberhausen vergleichsweise bescheiden aus. Deutschlands größtes Einkaufszentrum begann seine Karriere aber standesgemäß mit einer theatralischen Geste, einer Art Urknall, mit dem die Welt der Produktion dem Gott des Konsums geopfert wurde: »Es begann mit einem Knall. Und der hatte Signalwirkung. Als am 24. September 1992 auf dem ehemaligen Thyssen-Gelände in Oberhausen ein 65 Meter hoher Kamin gesprengt wurde und auf dem 83 Hektar großen Areal die Abbrucharbeiten alter Werksanlagen begannen, war dies für Oberhausen auch der Aufbruch in eine neue Ära. Wo fast 150 Jahre Kohle und Stahl vorgeherrscht hatten, sollte ein in seiner Art zukunftsweisender Mix aus Freizeit, Sport, Gastronomie und Einkaufen entstehen. (...) Rekordbauzeit bis zur Fertigstellung, an der auch über 200 Firmen allein aus NRW mitgewirkt haben: knapp zwei Jahre. Was die Besucher auf 70000 qm Nettoverkaufsfläche mit allein fast 16000 qm Natursteinböden im CentrO erwartet, übersteigt die kühnsten Erwartungen. Über zwei Ebenen verteilen sich in dem 560 Meter langen Einkaufszentrum rund 200 Einzelhandelsgeschäfte in sieben verschiedenen Bereichen. Auch vier große Kaufhäuser haben darin ihren Platz. Wer will, kann seine Lebensmittel auf dem ›Marktplatz‹, z.B. in Kaiser's ›Charlie's Farm‹, einkaufen. Während man auf dem ›Marktweg‹ Drogerie, Apotheke und Schreibwarenläden findet, führen die ›Hauptstraße‹ und die ›Park Allee‹ zur Kaufhof Galeria. Hier wird vor allem zeitgemäße Mode angeboten. Aber auch Parfümerien, Optiker und der CD-Fachhandel ›His Master's Voice‹ sind hier angesiedelt. Überhaupt entdeckt der Kunde im CentrO bekannte nationale und internationale Namen: Benetton, Esprit, Replay, Sisley sowie H&M gehören dazu. Ebenso Einzelhandelsunternehmen, die das CentrO für ihre Deutschlandpremieren nutzen, wie der amerikanische Outdoorspezialist Eddie Bauer oder die französische Modekette Multiples.«[1]

Einkaufszentren wie das CentrO sind raffiniert gestaltete Medien der Kommunikation, aufwändige Bühnen, auf denen das Drama der Konsumtion in Gang gehalten wird. Ähnlich wie bei Filmproduktionen wird ein Netzwerk von Experten eingesetzt, das nichts dem Zufall überlässt: Ein bestimmter Nutzungsmix, also die beste Kombination aus Sportgeschäften, Buchläden, Kleidergeschäften, Kaufhäusern, Essensmöglichkeiten etc. wird auf unterschiedliche Käufergruppen zugeschnitten. Architekten, Ingenieure, Immobilienmakler, Marketingexperten, Ökonomen und Verkaufspsychologen gestalten gemeinsam eine Art Bühne, die maximale Verkaufszahlen generieren soll. Ganze Städte und Länder werden theatralisch aufbereitet, die Kultur fremder Länder wird zur Ware gemacht und dient als Appetizer für eine Konsumform, bei der das Erlebnis im Mittelpunkt steht und die auch physische Bedürfnisse befriedigt. »CentrO bietet ein Einkaufserlebnis besonderer Art, und das macht hungrig. Das mediterrane Ambiente der Coca-Cola-Oase bietet Platz für 300 Gäste und kulinarische Abwechslung vom Mövenpick Marché bis zu McDonald's, von Sushi bis mexikanisch oder griechisch.«

Bei aller »Vielfalt« des Einkaufs- und Gastronomieangebots folgt die äußere Architektur des neuen Einkaufszentrums der ursprünglichen Bedeutung seines Standorts. Auch wenn Kohle, Stahl, rauchende Schlote und glühende Schlacke längst verschwunden sind, wird ein symbolischer Rest, ein letztes Zugeständnis an vergangene Zeiten und die damit verbundene Region simuliert: »In Anlehnung an die architektonische Struktur des Ruhrgebiets wurde die Fassade daher geklinkert.« Die Planer von CentrO gefallen sich in der Rolle der geschichtsbewussten Organisatoren, die nicht nur die gesammelte Kultur der Welt in ihrem Einkaufsparadies präsentieren, sondern auch an eine lokale historische Linie anschließen. Kulturelle Erlebnisse werden so zu standardisierten Konsumgütern. Sie werden inzwischen nach den gleichen Kriterien wie normale Waren gekauft und gesammelt. Menschliche Kultur und soziale Räume werden zu Waren gemacht, die uns als »Einzelstücke« verpackt und gegen Bezahlung wieder zur Verfügung gestellt werden. Die Mall ist dafür nur ein Beispiel, aber wo sie entsteht, wird sie von einem Rattenschwanz der Erlebnisökonomie begleitet. Das erzeugt so genannte Synergieeffekte, der Kosmos der Erlebnisindustrie hat eine starke Gravitationskraft und weitet sich schnell aus. CentrO steht somit nicht allein, sondern ist Teil einer gigantischen Unterhaltungsmaschinerie, die Konsumenten in Scharen anlockt:

»Und weil man, nicht zuletzt durch die spannende Nachbarschaft von Publikumsattraktionen wie ›Planet Hollywood‹, ›Asiatischer

Garten‹ und ›Warner Brothers Multiplex-Kino‹, weiter mit wahren Besucherströmen rechnet, stehen für Kunden mit PKW 10 500 kostenlose Parkplätze zur Verfügung. Dazu wird das CentrO alle 90 Sekunden vom Personennahverkehr angesteuert. Auch das gehört zum kundenfreundlichen Konzept der in der Nacht von fast 11 000 Leuchten erhellten Mall, wo man am 20. September 1996, nur acht Tage nach der Eröffnung am 12. September, den 1 000 000sten Besucher begrüßen konnte.«[2]

Der unbestreitbare Erfolg von CentrO liegt in der Kombination von Geschäften, Kinos, Restaurants und Vergnügungsparkelementen wie Wasserspielen oder Miniaturbahnen. Ende der neunziger Jahre gerieten viele der älteren Shopping Malls in eine Krise. »Price Waterhouse Coopers hatte 2001 in einer Studie festgestellt, dass ein Fünftel der rund 2000 großen Shopping Malls in den USA in den nächsten drei Jahren wegen finanzieller Schwierigkeiten geschlossen werden müsste. Viele der in den siebziger und achtziger Jahren gebauten Malls werden deshalb umgebaut. (…) Springbrunnen, Bänke zum Relaxen, Restaurants und Kinos gehören zum neuen Konzept. Gelegentlich werden auch Wohnungen angebaut. Das Open-Air-Design soll Assoziationen einer lebendigen Main Street in einer imaginären Downtown wachrufen.«[3]

Bezeichnenderweise wird heute weniger von Shopping Malls als von »Lifestyle-Centern« oder »Destination Entertainment Centers« gesprochen. Sie markieren den Beginn einer neuen Idee der Urbanität, der »Fantasiestädte«, in denen Tourismus, Unterhaltung, Konsum, Wohnen und Arbeiten zu einem gemeinsamen Geschäftsfeld fusionieren. Diese urbanen Großprojekte werden von ihren Befürwortern vor allem als Rezept gegen sich verschlechternde Verkaufsdaten in innerstädtischen Lagen und gegen rückläufige Umsätze in den Einkaufszentren an der Peripherie gepriesen. Vorbild für diese Einkaufsstädte sind die Themenparks von Disney, simulierte Abbilder einer idealen Welt, in der selbst das Exotische noch vertraut erscheint. Bei Disney ist man weder von Sprach- oder Währungsproblemen geplagt, noch muss man hygienische oder politische Missstände in den nachgebauten mexikanischen oder afrikanischen Dörfern fürchten. Erlebnisse werden in Disneys Welten wie in den großen Malls zu standardisierten Konsumgütern. Sie werden inzwischen nach den gleichen Kriterien wie vormals Konsumgüter gekauft und gesammelt. Bei den Erbauern und Erfindern der Lifestyle-Center oder der Themenparks von Disney handelt es sich nicht mehr um Architekten, sondern um »Imagineers«, Leute, die professionell Träume, Wünsche und Fantasien erzeugen und auf der Klaviatur menschlicher Bedürfnisse zu spielen vermögen. Disney geht aber noch einen Schritt weiter, indem das Unternehmen erstmals ein komplettes Leben unter dem Label einer Marke anbietet. Hier kann man sich ein Leben nach seinen Vorstellungen kaufen, rechtlich vorgegeben und abgesichert.

Celebration City: »Micky und Pluto als Nachbarn«

Mehr als 30 Millionen US-Amerikaner, das sind zwölf Prozent der US-amerikanischen Bevölkerung, wohnen zurzeit in ungefähr 150 000 »Common Interest Developments«, Wohnsiedlungen, in denen Menschen mit gemeinsamen Interessen und annähernd gleichem Einkommen hinter geschlossenen Mauern und Zäunen leben. »Communities sind vollkommen zur Ware gewordene Lebensräume. Es gibt dort weder öffentliche Räume noch Besitz der öffentlichen Hand«, so der amerikanische Soziologe Jeremy Rifkin.[4]

Diese »Gated Communities« erzeugen einen explosionsartigen Anstieg in der Sicherheitsindustrie: Alarmanlagen, Videoüberwachung, elektronisch geregelte Eingänge, vor allem aber auch eine ungeheure Zahl von Sicherheitsangestellten, die von den einzelnen Communities bezahlt werden. 1990 waren 2,6 Prozent des amerikanischen Arbeitskräftepotenzials als privates Wachpersonal beschäftigt, Tendenz steigend.[5] Diese abgeschlossenen Städte mutieren mehr und mehr zu bewachten Enklaven inmitten einer als feindlich definierten Umwelt.

Der Rückzug aus den inneren Bezirken der Städte und die Ansiedelung in Gewerbegebieten mit eigener Infrastruktur hat vielfach zu einer Verwahrlosung innerstädtischer Bezirke durch die Abwanderung der Schichten mit hohen Einkommen geführt. Versuche einer Revitalisierung urbanen Lebens, mit denen die Stadt als kultureller und politischer Raum gerettet werden soll, münden allzu oft in neue abgeschlossene Zentren einer kulturellen Elite, die längst damit begonnen hat, den Kontakt mit den »Fremden« zu vermeiden. Ob in den USA, Brasilien oder Südafrika – wer es sich leisten kann, verbarrikadiert sich zunehmend mit Gleichgesinnten hinter Schutzzäunen und Wachpersonal.

Neben den städtischen Wiederbelebungsversuchen gibt es von den eigentlichen Städten völlig losgelöste Projekte, die die perfekte Kleinstadt simulieren. Die 2,5 Milliarden Dollar teure Celebration City der Walt Disney Company ist dafür ein Paradebeispiel. Diese Wohnanlage im sonnigen Florida widmet dem Lebensstil, den die Bewohner führen sollen, mehr Aufmerksamkeit als der Stadt und den Häusern selbst. Hier geht es um die Glorifizierung eines Lebensstils, nicht um ein Wohnviertel oder eine Stadt. Ziel ist eine homogene Gemeinschaft, in der jeder seinen Anteil zum Glück aller beiträgt. In der von Disney herausgegebenen Verkaufsbroschüre für Interessenten heißt es dementsprechend: »Es gab einmal einen Ort, in dem Nachbarn einander in der Stille des Sommerzwielichtes gegrüßt haben. Wo Kinder Glühwürmchen gefangen haben. Und wo man den Sorgen des Tages im Schaukelstuhl auf der Veranda entfliehen konnte. Das Kino zeigte am Samstag Zeichentrickfilme. Der Kaufmann lieferte ins Haus. Und da war immer dieser eine Lehrer, der wusste, dass du das gewisse Etwas besitzt. Können Sie sich an diesen Ort erinnern? Vielleicht aus Ihrer Kindheit. Oder nur aus Geschichten. Er besaß einen eigenen Zauber. Den besonderen Zauber einer amerikanischen Heimatstadt.«[6]

Diesen »Zauber« wollen die Großmeister der Imagination für die Bewohner ihrer Stadt wieder erzeugen. Indem Disney ganz bewusst an kindliche Gefühle anschließt, wird das familienfreundliche Image des Unternehmens für Kaufanreize eingesetzt. Wer möchte sich nicht wieder ein Stück heiler Kindheit zurückkaufen? Der Realität moderner Städte setzt Disney saubere Kinobilder aus Hollywood mit Doris Day und Rock Hudson entgegen; hier war die Welt noch in Ordnung, und keine Saddam Husseins und bin Ladens bedrohten die amerikanische Idylle.

Die auf 20000 Einwohner angelegte Stadt Celebration ist aus dem EPCOT-Projekt (Experimental Prototype Community of Tomorrow) hervorgegangen, das auf Walt Disney persönlich zurückgeht. Dieser träumte schon in den sechziger Jahren von einer Modellstadt der Zukunft in Orlando, Florida, die technisch-utopische Züge trug. Sein Tod 1966 verhinderte aber die Ausführung seiner Pläne, und erst ein Vierteljahrhundert später griff der Disney-Präsident Michael D. Eisner die Idee wieder auf. Die von der neuen Konzernführung schließlich realisierte Stadt ist aber nicht, wie noch in Walt Disneys Plänen, mit futuristischen Glaskuppeln ausgestattet, sondern imitiert die typische amerikanische Kleinstadt des 19. Jahrhunderts. Sie verbirgt sich nicht hinter Mauern und Stacheldrahtverhauen wie die klassische Gated Community. Ihr Schutz besteht in der Idee und der Organisation einer perfekten Gemeinschaft, die maximale Sicherheit durch das Glück aller garantiert – ein paar Pflichten mit eingeschlossen.

Der ehemalige Vorstandsvorsitzende von Disney, Michael D. Eisner, drückte die Celebration City zugrunde liegende Idee in seiner Biografie *Von der Micky Maus zum Weltkonzern* in naiven, aber offenen Worten deutlich aus: »Ich wäre glücklich, in Celebration leben zu können – ich schätze die Freundlichkeit und Sauberkeit, den hohen architektonischen Standard und den unverkennbaren Gemeinschaftsgeist und Stolz, der dort herrscht. Außerdem gefällt mir, dass man dort an die idealisierenden Familien-Comedies im Fernsehen der fünfziger Jahre erinnert wird, als die Häuser noch Holzzäune hatten und Donna Reed und Jane Wyatt von ihren Veranden aus ihren Kindern, die in Sicherheit zur Schule gehen konnten, zum Abschied zuwinkten.«[7]

Als Celebration City 1998 eingeweiht wurde, war sie die erste Stadt mit einem einheitlichen Copyright: »Made by Disney«. Alles Öffentliche in Celebration City ist simuliert, im Rathaus sitzt kein gewählter Bürgermeister, sondern ein Angestellter von Disney, der so genannte Town Manager. Die Stadt simuliert öffentliche Verwaltung, erhebt »Steuern«, stellt Sicherheitspersonal ein und bildet eigene Lehrer aus. Wer Bewohner werden will, kann sich zwischen sechs Grundtypen von Häusern in einem Katalog entscheiden, deren Individualität durch kleine Abweichungen Pflicht ist: »Wir entschieden uns für sechs unterschiedliche Architekturstile – den Neokolonialstil, antike Bauformen, den französischen Landhausstil, die Küstenarchitektur, die mediterrane Bauweise und die viktorianische Architektur. Kein Haus durfte dem Nachbargebäude ähneln und musste ein besonderes Merkmal aufweisen – einen Erker oder einen Balkon, ein Gesims oder eine Veranda mit Säulen.«[8]

Mit dem Kauf eines Hauses verpflichten sich die zukünftigen Bewohner nicht nur zur Einhaltung eines architektonischen Regelwerks, das zunächst das städtebauliche Konzept des so genannten New Urbanism durchsetzen soll: eine dorfähnliche, dichte Bebauung kombiniert mit ausreichend öffentlichen Plätzen als soziale Treffpunkte. Da alle Baustile vorgegeben sind, wird ein harmonisches Gesamtbild geschaffen, das nicht getrübt werden darf. Auch der eigene Rasen muss den Vorgaben gemäß gemäht werden. Versäumt man diese Pflicht, rückt sofort eine angestellte Gärtnerkolonne aus und erledigt das auf Kosten des Hausbesitzers. Bäume, Sträucher, die Höhe der Zäune folgen rigiden Ordnungs- und Gestaltungsvorschriften. Rostige Autos, auffallende Frisuren oder Kleidung dürfen den Gesamteindruck nicht stören. Disney hat das Recht, solche Abweichungen einzuklagen, sie sind Gegenstand des Kaufvertrages.

Auf der Website von Celebration City wird die Stadt als ideale Synthese von Altvertrautem und Modernität vorgestellt – von jedem das Beste und davon mehr als genug. »Take the best ideas from the most successful towns of yesterday and the technology of the new millennium, and synthesize them into a close-knit community that meets the needs of today's families. The founders of CELEBRATION started down a path of research, study, discovery, and enlightenment that resulted in one of the most innovative communities of the 20th century. (...) CELEBRATION is a community built on a foundation of cornerstones: Community, Education, Health, Technology, and a Sense of Place.[9]

Die zuletzt genannten Werte werden in der Stadtkonzeption praktisch umgesetzt. Für den Bereich Bildung wurde eine eigens geplante innovative Volksschule mit alternativem Lehrplan errichtet, in der die Kinder von Celebration City neue Unterrichtsformen erleben können. Im Sektor Gesundheit wird auf Wellness, Prävention und Früherkennung gesetzt. Eine ambulante medizinische Abteilung des berühmten »Florida Hospitals« wurde in der Nähe von Celebration City errichtet. Für die Gestaltung der »öffentlichen« Gebäude wurden berühmte Architekten eingeladen. Die Gesamtkonzeption hat zur Auflage, die Förderung des Gemeinschaftsgeistes an die erste Stelle zu setzen. Das Stadtzentrum ist für alle zu Fuß erreichbar. Offene, zur Straße liegende Veranden und Garagen hinter dem Haus sollen den Kontakt zwischen den Bewohnern fördern. Nachbarn, die sich an lauen Sommerabenden vor ihren Veranden bei Eistee und Budweiser zum Barbecue treffen – das ist ein Lieblingsbild der Disney-Imagineers.

Die wichtigste Regel in Celebration City ist die Pflicht zur Gemeinschaft. Wer Hauspartys und Wohltätigkeitsveranstaltungen langweilig findet, hat hier nichts zu suchen. Die Teilnahme an solchen Events verlangt nämlich der Kaufvertrag, und bei nicht eingehaltener Fröhlichkeit und fehlendem Gemeinschaftsgeist versteht Disney keinen Spaß. Daisy, Micky oder Pluto stehen für Fun und gute Laune. In Celebration City gibt es kein Recht auf muffeliges Verhalten. Damit sind wir am entscheidenden Punkt angelangt: Die Bewohner von Celebration City sind keine Bürger mehr im klassischen Sinne. Alles, was diese Stadt an Rechten und Pflichten verlangt, ist in ökonomische Leistungen transferiert. Celebration City ist eine Dienstleistung, keine Stadt. Die Juridifizierung, also Verrechtlichung von menschlichen Beziehungen, deren Fortschreiten wir seit Jahren in vielen Lebensbereichen beobachten können, hat hier ihre extremste Ausprägung gefunden. Ein privater, milliardenschwerer Konzern nimmt sich der öffentlichen Ordnung an und simuliert eine Stadt, die nur noch als Dienstleistung fungiert.

Menschliche Gemeinschaft, kommunales Leben müssen hier nicht mehr über politische Kompromisse und Handlungen geschaffen werden, sie können über bestimmte vertragliche Regelungen abgesichert und gekauft werden. Man zahlt für das Konsumgut Gemeinschaft, eine Ware, die einen dazu verpflichtet, bestimmte Regeln einzuhalten. Bei Celebration City handelt es sich um eine weit fortgeschrittene Form der Erlebnisökonomie, und der weltweit bekannteste Unterhaltungskonzern ist dafür genau der richtige Betreiber. Die Marke besetzt endgültig den öffentlichen Raum, indem sie schlichtweg eine ganze Stadt simuliert.[10] Bürger ist man nicht mehr aufgrund seines Wahlrechts, sondern durch den Konsum einer Dienstleistung, die einen zum »Bürger« macht.

Aber ist Celebration City wirklich ein Erfolg? Dazu gibt es unterschiedliche Auffassungen. Disney verweist auf den Erfolg des Modells und die geringe Rate derjenigen, die ihr »Bürgersein« in der Stadt kündigen. Allerdings ist eines der stärksten Argumente gegen Celebration City im amerikanischen Lebensstil selbst verwurzelt: im extremen Individualismus seiner Bewohner, der wahrscheinlich solche Homogenisierungsversuche marginal bleiben lässt. Gerüchten zufolge soll Celebration City eine halb leere Geisterstadt sein. Man wird vielleicht Homer, das Comic-Schlossgespenst, eher in Celebration City antreffen als den gut gelaunten Goofy.

eBay: »Consumer trifft Consumer«

Im Sommer 2001 boten Jason Black und seine Frau Frances aus Mount Kisco bei New York über die Internetplattform eBay die Namensvergabe für ihr gerade geborenes Kind zur Versteigerung an. Mindestgebot: 500 000 Dollar. Am liebsten wäre den Eltern gewesen, wenn ein großer Markenkonzern das Recht auf die Namensgebung ersteigert hätte. Ein Mars-Junge oder Bounty-Mädchen wäre dabei ebenso denkbar wie Nutella-Zwillinge. Die Idee dahinter ist einfach: lebenslange Werbung gegen einmalige Zahlung. Leider hatten die beiden nicht mit den Zensoren bei eBay gerechnet, die das Angebot von ihrer Plattform nehmen ließen.

Im November 2003 boten sich bei eBay sechs Frauen gemeinsam mit einem Kasten Bier als »Partyzubehör« an. Das Angebot umfasste lediglich die persönliche Abgabe des Bierkastens sowie die Anwesenheit und das Mitfeiern auf der Party. Kein Sex, keine Abschleppe. Dieses etwas andere Partyzubehör zog eine Flut von E-Mails und Telefonanrufen nach sich. Am Ende bot ein 23-Jähriger den stolzen Preis von 25 050 Euro, und das Geschäft ging über den virtuellen Ladentisch. Gemäß der Logik unserer Medienwelt wurden die sechs Frauen natürlich nicht nur über Nacht um einige tausend Euro reicher, sondern auch für einen Tag berühmt. Sofort nutzten auch Trittbrettfahrerinnen die Gunst der Stunde. Wer bei eBay im November 2003 die Suchbegriffe »Kiste Bier« oder »Sixpack« eingab, fand zahlreiche Angebote zu »menschlichem Partyzubehör«. Die professionellen Anbieterinnen hatten sofort die neue Verkaufslücke erkannt. Dagegen scheiterten Männer und Jungs, die dasselbe nicht professionell versuchten. Mehr als ein paar lumpige Euros wurden nicht geboten – beim obligatorischen Männerüberschuss auf Partys kein Wunder. Alle Rekorde schlugen schließlich aber vier Frauen, die sich unter »Kiste Bier + 4 Partygranaten (w 24–26)« anboten. Obwohl auch bei ihnen Sex ausgeschlossen war, traute man seinen Augen kaum: Pünktlich zum Faschingsbeginn am 11.11.2003 lag das aktuelle Gebot bei 111 161 Euro. eBay hätte eigentlich Anspruch auf die Provision – und die beträgt immerhin etwa 2000 Euro. Diese Summe hätten die Partygranaten theoretisch zahlen müssen, selbst wenn sich die ganze Aktion als Täuschungsmanöver entpuppt hätte. Nach imageschädigenden Medienberichten reagierte eBay aber sehr schnell auf entsprechende Angebote und nahm sie von seiner Plattform.[11]

In der Vorweihnachtszeit 2004 bewegte ein »heiliges Käsebrot« die eBay-Community. Diana Duyser hatte sich vor zehn Jahren einen Käsetoast zubereitet. Als sie hineinbiss und sich den Toast anschließend ansah, erstarrte sie vor Schreck: Im gebräunten und geschmolzenen

Käse zeichnete sich das Bild der Heiligen Jungfrau Maria ab. Sofort verstaute Frau Duyser den Marientoast in einer Tupperwaredose, um zehn Jahre später die Welt an ihrem Glück teilhaben zu lassen. Wo sollte das besser gehen als bei eBay? Das letzte Gebot für den heiligen Toast belief sich auf 22 000 Dollar, dann stellte eBay die Auktion ein. Die Richtlinien, so das Argument, erlaubten keine Auktionen, die »nur zum Spaß« durchgeführt würden. Nach Protesten nahm eBay die originale Auktion jedoch wieder auf. Über 500 000 Besucher wurden allein in den ersten Stunden registriert, die Gebote bewegten sich bei 20 Millionen Dollar. Seit der ersten Marienerscheinung häuften sich natürlich auch die Wunder und Toastscheiben, die bei eBay angeboten wurden.[12]

Aus diesen Beispielen wird ersichtlich, dass eBay bestimmte Grenzen des Handels wahrt und Erlaubnisse oder Verbote erteilt und dabei ständig auf die Angebote seiner Kunden reagieren muss. Notwendig wurde der Ausschluss einzelner Angebote aufgrund rechtlicher und moralischer Probleme. Die Konsumenten gingen mit ihren Kaufangeboten einfach zu weit: Organe, Körperteile, thailändische Kinder, Molotowcocktails etc. standen plötzlich auf dem Index der eBay-Macher, die angesichts der Kauf- und Verkaufswut ihrer Community unzählige Artikel aus ihrem Sortiment entfernen mussten. Eigene Kategorien, die mit Zensur belegt wurden, ergeben inzwischen lange Listen und Beschreibungen von verbotenen Dingen. Dadurch kann man aber einen Eindruck erhalten, was heutzutage alles auf der Konsumebene gehandelt wird. Unter der Rubrik »Körperteile und sterbliche Überreste von Menschen« findet man etwa folgende Ausschlussbeschreibung: »Personen, der menschliche Körper oder jeglicher menschlicher Körperteil dürfen nicht bei eBay eingetragen werden. Als Beispiele werden folgende verbotene Artikel genannt, wobei das Verbot jedoch nicht auf diese beschränkt ist: Organe, Knochen, Blut, Ausscheidungen, Sperma und Eizellen. Derartige Artikel dürfen ebenfalls nicht als Geschenk, Preis o. Ä. in Verbindung mit einem bei eBay eingetragenen Artikel abgegeben werden. Artikel, die menschliches Haar enthalten (z.B. Medaillons), können jedoch bei eBay eingetragen werden.«[13]

Als der Informatiker Pierre Omidyar 1995 eBay gründete, dachte er sicher noch nicht an den Verkauf von Sperma und Eizellen. Der Ursprungsmythos besagt, dass seine Frau, eine leidenschaftliche Sammlerin von PEZ-Figuren, ihm eines Tages erklärte, dass eine weltweite Internettauschbörse für solche Figuren für alle Sammler eine wunderbare Geschichte wäre. Omidyar, mit dem Internet schon früh vertraut, nahm die Idee auf und baute eBay zum größten elektronischen Marktplatz der Welt aus. Über zehn Millionen Artikel befinden sich heute bei eBay ständig weltweit im Angebot. Allein eBay Deutschland bietet zu jedem Zeitpunkt Zugriff auf über eine Million Artikel.

Die Erfolgsstory eBay hielt auch dem Crash der New Economy stand. Als erstes Internetunternehmen schrieb eBay schwarze Zahlen. Das Unternehmen hatte begriffen, wie das Internet als Geschäftsmodell funktionieren kann: eBay fasst keine materiellen Güter an, es ist eine reine Vermittlungsplattform zwischen Konsumenten (und zunehmend kommerziellen Anbietern). Andere Internetunternehmen, wie etwa der Buchhändlergigant Amazon, kranken daran, dass sie hohe Kosten für Lager- und Instandhaltung besitzen, also noch mit materiellen Gütern zu tun haben. Diesen Fehler hat eBay von Anfang an konsequent vermieden.

Die Grundidee ist eine globale Käufercommunity, in der jeder auch als Verkäufer fungieren kann. Es gibt prinzipiell keinen Unterschied, jeder Käufer ist auch Verkäufer. Entscheidend für eine Plattform wie eBay ist natürlich das Vertrauen in das Medium Internet und die Seriosität der angebotenen Produkte und Händler. Die Kontrolle der Anbieter geschieht über Verkäuferbewertungen, die für jeden transparent gemacht werden. Bei den unzähligen Transaktionen, die über eBay vollzogen werden, gibt es relativ wenige Beschwerden. Ähnlich wie in Disneys Celebration City steht die Idee der Gemeinschaft im Zentrum der Philosophie von eBay. Wie bei Disney wird dem Verhaltenskodex der Gemeinschaft ein großer Wert beigemessen: »Die eBay-Gemeinschaft besteht aus einzelnen Mitgliedern, die unsere Site besuchen, um zu kaufen und verkaufen, aber auch um einfach Spaß zu haben, ein bisschen zu shoppen und um sich zum Beispiel beim Plaudern in einem eBay-Café kennen zu lernen. (…) eBay wird Bestandteil des *Lifestyles* unserer Mitglieder. Viele Mitglieder haben Zweit-Geschäfte eröffnet oder ihre Arbeit ganz aufgegeben, um bei eBay zu verkaufen. Für Hunderttausende anderer Mitglieder ist eBay der Platz, an dem sie ihre Leidenschaft für besondere Dinge mit anderen teilen.«[14]

Die Gemeinschaft der eBayaner kontrolliert sich außerdem gegenseitig. Mitglieder bilden regelmäßig »Nachbarschaftskontrollgruppen«, um Missbrauch und Verletzungen der Verhaltensregeln auf der Site vorzubeugen. Negative Bewertungen von Anbietern können zum Ausschluss führen. Wer den Kaufs- und Verkaufskodex nicht einhält, wird geächtet und bei schweren Verstößen (mangelhafte Ware, fehlende Zahlungsmoral) aus der Gemeinschaft verbannt. »eBay wurde im Glauben an die Ehrlichkeit und Vertrauenswürdigkeit unserer Mitglieder gegründet. Wir glauben, dass jeder unserer Kunden, sei er Käufer oder Verkäufer, es verdient, mit Respekt behandelt zu werden.« Der kantische Imperativ geistert überall durch die elektronische Plattform. eBay ist das Modell einer idealen Konsumentengemeinschaft im Internetzeitalter. Seine Macher appellieren an das Gute im Menschen und formulieren einen Moralkodex, der den christlichen Geboten nahe kommt. Der eBay-Katechismus enthält unter anderem folgende Glaubenssätze:

»Wir glauben, dass die Menschen gut sind. Wir glauben, dass eine offene Gemeinschaft das Beste in den Menschen hervorbringt. Wir schätzen jeden als einzigartige Person. Wir fordern jeden dazu auf, sich anderen gegenüber so zu verhalten, wie er von ihnen behandelt werden möchte. (…) Wir wünschen uns, dass jeder zu unserer Gemeinschaft etwas beiträgt. Wir möchten, dass eBay seinen Mitgliedern Spaß macht.«[15]

Eine Welt voll Love und Peace, eingebettet in ein Unternehmen, das sich selbst als eine Art Kommunikationsangebot versteht. Dass dabei auch Geschäfte getätigt werden, tritt in den Hintergrund. eBay bietet dem Konsumenten die Möglichkeit, sich (fast) jeden Wunsch zu erfüllen und gleichzeitig anderen Konsumenten Angebote zu machen. Im virtuellen Raum des Internets angesiedelt, ermöglicht eBay die Begegnung unterschiedlichster Wünsche, die man sich gegenseitig erfüllen kann. eBay ist die perfekte Wunschmaschine, ein Ort, an dem es buchstäblich alles gibt. Das heutige Schlaraffenland ist ein elektronisches Netzwerk zwischen Konsumenten, die morgen schon Anbieter sein können. Käufer oder Verkäufer – darin besteht die Wahl, die bestimmte Regeln mit einschließt. Der elektronische Knigge gilt für einen Bereich der menschlichen Gesellschaft, der bisher weitgehend frei von Moral war: die ökonomische Transaktion, kurz der Tausch. So wirkt eBay letztlich mehr wie eine Gabenverteilung als wie eine Tauschbörse.

Aber diese Gabenstruktur ist nur der ideologische Überbau beziehungsweise das Bild, das eBay von sich selbst entwirft. Tatsächlich dringen immer mehr kommerzielle Anbieter in die Gemeinschaft ein, jedoch meist ohne das auch transparent zu machen. Etwa 60 Prozent der Transaktionen bei eBay entsprechen mittlerweile dem Modell »Business to Consumer« (B2C). Damit eBay auf Dauer profitabel sein kann, braucht das Unternehmen kontinuierliche Angebote von kommerziell orientierten Unternehmen. Der »Consumer to Consumer«-Handel beinhaltet zu viele Unwägbarkeiten und zeitliche Schwankungen. Die Profitabilität der Internetplattform ist im Wesentlichen ein Produkt von B2C- oder B2B- (Business to Business-)Geschäften. Letztere haben inzwischen eine eigene Rubrik auf der Plattform von eBay bekommen. Die Idee der Tauschgemeinschaft und des Miteinanderhandelns beziehungsweise Gegeneinanderbietens ist das Markenzeichen von eBay geworden, ähnlich dem Unternehmen Nike, das vorgibt, den Sport zu verkörpern. Auf der Ebene harter ökonomischer Realität reicht es aber offensichtlich nicht aus, lediglich Konsumenten untereinander tauschen zu lassen. So wie das fröhliche Frühstücksrundenmodell der New Economy niemals schwarze Zahlen zum Ergebnis hatte, führt auch der Glaubenssatz, dass alle Menschen gut sind und alle etwas zum Tauschen besitzen, nicht zu Profit. Der eBay-Katechismus ist lediglich ein schmückendes Beiwerk, die Lieblingsidee einer liberalen Tauschgesellschaft im Zeitalter der Informationstechnologie. Unterhalb der goldenen Regeln der eBay-Gemeinschaft regiert die ganz banale wirtschaftliche Logik.

Kulturen

Subversionen: »Von den Cola-Kriegen zum Guerilla-Marketing«

Gegen-, Jugend- oder Popkultur – wo ist der Unterschied? Für den Konsum moderner Ausprägung beziehungsweise die Anbieter von Konsumprodukten sind diese Begriffe sehr wichtig, versucht sich doch die Werbung verzweifelt an jedes Kulturphänomen zu hängen, das neue Zielgruppen verspricht oder einen Vorsprung vor der Konkurrenz. Während die Gegenkultur seit ihrem Aufkommen in den sechziger Jahren immer als eine politische und soziale Kultur gegen die herrschende Leitkultur, den gesellschaftlichen Mainstream, gedacht wurde, hat sich der Begriff heute überlebt. Strategien der Konfrontation wie die reformatorischen und rebellischen Gegen- und Alternativkulturen der sechziger bis achtziger Jahre, seien es die Bürgerrechtsbewegung in den USA oder die Anti-AKW- und Frauenbewegung in der BRD, sind in Zeiten des flexiblen Kapitalismus nicht mehr gefragt, beziehungsweise die inzwischen positiv wie negativ verklärte Alternativkultur ist bürgerlich geworden. Ein ähnliches Schicksal traf den Begriff der Jugendkultur, der sich in einer dem Jugendwahn frönenden Gesellschaft totalisiert hat. Bestimmte die Jugendkultur einst Moden und Vorlieben der jeweils jungen Generation, kann man heute nicht mehr unterscheiden, ob ein Produkt junge Menschen oder eine sich als jung definierende Zielgruppe ansprechen soll. Der rebellische Teil der Jugendkultur, der sich in engen Milieugrenzen bewegt und sich eher vom Mainstream abgrenzen als ihn bekämpfen will, sind Gruppierungen der Subkultur wie Punks, Grufties oder Skinheads.

Fast alle Gegen- und Jugendkulturen sind heute zur Pop-, also Populärkultur geworden, bis auf wenige politisch unbequeme oder ökonomisch unergiebige Ausnahmen wie etwa die Naziskins. Mögen die unterschiedlichen Kulturbegriffe in ihrem ursprünglichen Kontext zwar weitgehend uninteressant geworden sein, für die heutige Werbung sind sie es nicht.

Spontan, anders und unangepasst zu sein ist zu einer allgemeinen Anforderung an alle, die Unangepasstheit zum Normalfall, das Rebellische zum neuen Spießertum und die Revolution zur täglichen Routine geworden. Die Werbung sieht Revolutionen überall. Ist es die neue Versicherung, das neue Bremssystem oder Duschgel – »revolutionär« sind sie alle, manche gar »evolutionär«, normal auf keinen Fall. In diesem Zusammenhang über den Ausverkauf der Gegenkultur und ihrer Symbole zu klagen ist überflüssig. Die Frage, ob die Gegenkultur in ihrer heutigen Form nicht selbst eine Erfindung der Werbewirtschaft ist, erscheint berechtigt, wenn man sieht, wie verzweifelt gerade Markenfirmen wie Nike und Reebok oder auch der Fernsehsender MTV heute am Bild einer in sich kohärenten Jugendkultur festhalten. Der amerikanische Autor Thomas Frank vertritt die These, dass die Werbeindustrie die Beschäftigung mit der Jugendkultur erst auslöste und selbst das Bild einer rebellischen Jugend schuf. In seinem Buch *The Conquest of Cool*[1] beschreibt er die Zusammenhänge von Gegenkultur, Wirtschaft und Werbung und sieht letztlich die angepasste Jugendkultur in den Medien als ein Ergebnis der »Eroberung« der »Coolness« durch die Ökonomie. Seinen Anfang nimmt der »Hip Consumerism« in den »Swinging Sixties«, dem Jahrzehnt von Flower Power, Woodstock und den Beatles. In dieser Epoche wurde die Form von Popkultur geboren, auf die sich seither alle westlichen Gesellschaften beziehen. In der gesellschaftlichen und politischen Umbruchphase der sechziger Jahre begehrte die Jugend auf, jedoch nicht nur sie. Es sollte nicht der Fehler gemacht werden, einerseits die »Protestgeneration« als alleinigen Initiator und Träger der Veränderungen zu sehen und andererseits politische und kulturelle Umbrüche getrennt voneinander zu betrachten. In den sechziger Jahren sieht Frank den Ursprung für alle weiteren

Entwicklungen der Jugend- und Popkultur und der Auseinandersetzung mit Dingen, die »hip« oder »in« sind.[2]

Eines der ersten und prägnantesten Beispiele des »hippen« Konsums waren die so genannten Cola-Kriege in den sechziger Jahren, also die Auseinandersetzung zwischen Coca-Cola und Pepsi auf dem Gebiet der Werbung und des Marketings. Dieser Werbekrieg ist für das Verständnis von Gegen- und Jugendkultur und ihre Adaption durch die Werbung grundlegend. Die Werbekampagne, die Pepsi 1963 mit dem Slogan von der »Pepsi-Generation« startete, ist der Vorläufer aller späteren Versuche, die Jugendkultur für die Werbung zu instrumentalisieren. Um sich von der damals dominierenden Marke Coca-Cola abzusetzen, versuchte Pepsi einen neuen Weg zu gehen und sein Markenimage mit der aufkommenden Jugendkultur zu verschmelzen. Während die Urmarke Coca-Cola für konventionelle amerikanische Werte stand, sollte die »Pepsi-Generation« die damaligen Jugendlichen ansprechen, die sich immer mehr von den Werten ihrer Eltern lossagten und gegen die Gesellschaft aufbegehrten. Der damalige Vizepräsident und Marketingleiter von Pepsi bringt es auf den Punkt: »*Pepsi* stand für einen neuen und stark ausgeprägten Wunsch, ein Individuum zu sein und nicht bloß eine Ziffer, einen Gedanken zu haben, mit sich in Einklang zu handeln, für sich selbst zu entscheiden, die Freiheit zu haben, man selbst zu sein.«[3] Materialistische sollten mit individualistischen Werten verbunden werden, der durch Coca-Cola verkörperte amerikanische Mainstream bekam seine Opposition.

In der heutigen Werbung wimmelt es nur so von rebellischen Marken, ob Nike, Reebok, Apple oder MTV, alle treten sie gegen ein angeblich feindlich gesinntes Establishment an, das es aber schon lange nicht mehr gibt und das selbst wiederum »hip« sein will.[4] Nahezu alle Markenunternehmen sprechen Jugendliche beziehungsweise sich jung gebende Erwachsene an, auch Nokia, VW oder Compaq setzen auf die heute übliche unterhaltsame und ironische Ansprache, alle setzen auf Jugendkultur.

Das hoch entwickelte Marketing heutzutage setzt aber nicht einfach auf eine jugendliche Kommunikation, sondern versucht die Möglichkeiten der Produktwerbung auszudehnen. Auf einer weiteren Stufe der Ökonomisierung, der wirtschaftlichen Durchdringung aller kulturellen und sozialen Entwicklungen, geht es nicht mehr allein darum, seinem Produkt ein cooles Image zu verschaffen. Besonders Dienstleistungsmarken wollen erreichen, was Tesa oder Tempo in ihren Produktbereichen bereits geschafft haben: Produktname und Gegenstand werden synonym verwendet. Tesa steht für Klarsichtbänder wie Tempo für Taschentücher. Das zu erreichen wird jedoch immer schwerer, denn es gibt heute kaum noch eine jahrzehntelange Marktdominanz wie in diesen Fällen; McDonald's hat es für Fast Food geschafft und Nokia ist dabei, ein Synonym für Handys zu werden. Die Besetzung von Dienstleistungen und Produkten durch Markennamen stellt jedoch nur einen Zwischenschritt dar. Firmen wie Nike versuchen ganze Kultursphären mit ihren Marken in Verbindung zu setzen. So möchte Nike für den Sport schlechthin stehen und nicht nur für Sportartikel. So ist das Nike-Symbol, der geschwungene »Swoosh«, überall zu finden, ob in der Deutschen Bundesliga oder der amerikanischen Basketballliga NBA. Strategisch wichtiger als das Sponsoring im Profisport ist die Präsenz der Marke in der Lebenswelt von Jugendlichen. Eigene Streetball- und Jugendfußballserien sollen den Großstadtkids vermitteln, wer den Sport »cool« macht. So kommt die Werbung für Schuhe, Trikots und Sportanzüge schon lange nicht mehr als simple Produktwerbung daher, und auch die nächste Stufe, die Imagewerbung, ist längst überwunden. Die neue Form des Marketings überschreitet die Grenze zwischen Werbung und »Realität«, indem sie die Marke zum öffentlichen Akteur macht. So frisst sich die Konsumwelt unaufhaltsam ins öffentliche und private Leben, und jede Form von Spontaneität und Ausgelassenheit gerät zunehmend unter den Generalverdacht der Werbung.

Ein harmloses Beispiel belegt diese Entwicklung: Seit Jahren tauchen regelmäßig bei größeren Sportveranstaltungen, meist bei Rasenspielen wie Fußball oder Rugby, so genannte Flitzer auf. Das sind Männer oder Frauen, die vor dem Anpfiff splitternackt über den Rasen rennen und versuchen für Aufsehen zu sorgen. Meist werden sie schnell von Sicherheitskräften überwältigt, und eine Mischung aus Sympathie und Unverständnis begleitet dieses Phänomen. Bilder von englischen Bobbys, die nackten Frauen nachjagen, machen sich gut in den Boulevardzeitungen und den entsprechenden TV-Magazinen. Niemand ärgert sich ernsthaft über die »Flitzer«, und noch nie ist irgendetwas Gravierendes geschehen. Die Aufmerksamkeit, die diese Nackten erregen, die oft private Botschaften wie »Bob, ich liebe dich!« auf ihre Körper gemalt haben, wollte nun ein Unternehmen für sich nutzen. Nicht irgendeine Hinterhofklitsche, sondern der größte Mobilfunkbetreiber der Welt, das britische Unternehmen Vodafone, entschied sich für eine neue Form des »Guerilla-Marketings«, wie die unkonventionellen und meist preiswerten Werbeeinfälle genannt werden. Zwei von Vodafone engagierte »Flitzer« liefen am 3. August 2002 vor dem Rugby-Länderspiel Neuseeland gegen Australien in Sydney mit dem auf ihre nackten Körper gekrakelten Namen der Firma über den Rasen.[5] Nicht Sparsamkeit brachte Vodafone auf diese Idee, sondern eine ihrer Werbeagenturen ist bestimmt noch heute glücklich über diesen »unkonventionellen« Einfall.

Ein Berliner Unternehmer kam 2004 auf die Idee, aus den ehemals sympathischen Störern endgültig ein Businessmodell beziehungsweise »Businessmodel« zu machen. Seither »flitzen« halb nackte weibliche Models, »Profi-Flitzer«, durchs Berliner Zentrum, nur bekleidet mit einem knappen Höschen und einem Firmenlogo.[6] Potenziell kann jede Form öffentlicher und privater Kommunikation für Werbung genutzt werden. Mittlerweile ist es schon selbstverständlich, von Firmen angerufen zu werden, die einem ihre Produkte – zum Beispiel Versicherungen oder neue Telefontarife – aufschwatzen wollen; neuerdings erreicht einen diese »aktive« Form des Marketings auch per Mail oder SMS. Wird tagtäglich die »Freiheit« des Konsumenten beschworen, die vor allem eine Wahlfreiheit zwischen Produkten ist (die man sich natürlich leisten können muss), so hat auch das Marketing die grenzenlose Wahl: Jede Form von Kommunikation kann eine Werbebotschaft sein.

Gegenkultur: »Che Guevera, RAF und Nazi-Chic«

Bei fast allen Werbeclips für Jugendprodukte geht es um eine angeblich rebellische und unangepasste Jugend, die gegen eine angeblich angepasste, etablierte Welt voller Spießer kämpft. Dieses Bild ist falsch. Es hätte gar nicht der New Economy oder der jüngsten Shell-Jugendstudie[7] bedurft, um das wissenschaftlich zu belegen. Die Jugend von heute will keine Revolution, sondern Geld, keinen Aufstand, sondern Aufstieg. Für die überwältigende Mehrheit der Jugendlichen ist beruflicher und wirtschaftlicher Erfolg, der ein Leben in materieller Absicherung gewährleisten soll, das wichtigste Ziel.

In Zeiten von Massenarbeitslosigkeit und Flexibilisierung der Arbeitswelt wird dieses Ziel für viele nicht zu erreichen sein. Die Verunsicherung wird je nach Persönlichkeit, Mut und Bildungsgrad auf unterschiedliche Art und Weise verarbeitet. Während viele Jugendliche versuchen, ihren Problemen zu entkommen, etwa durch exzessiven Drogenkonsum, so wollen sich auch die Begüterten und Behüteten unter ihnen – also Jugendliche, die nicht unbedingt um einen Ausbildungsplatz zittern müssen – ausleben, allerdings auf ihre Art. War es in den sechziger und siebziger Jahren kein Zufall, dass vor allem Bürgerstöchter und -söhne auf die Straße gingen und gegen den Staat, ihre Väter und Großväter aufbegehrten, so ist es auch kein Zufall, dass auch heute meist Abiturienten und Studenten gegen eine ungerechte Welt protestieren. Die Symbole des Widerstandes sind heute fast dieselben wie vor dreißig Jahren. Rote Fahnen und gelbe Sterne und immer wieder Che Guevera, der jung ermordete Commandante, der Polit-Posterboy des 20. Jahrhunderts. Ihre idealistischen Absichten mögen zwar etwas naiv erscheinen und der politische Impetus aufgesetzt, in den Protesten von Organisationen wie attac oder Greenpeace ist jedoch trotz der Umwandlung von der Gegen- in die Popkultur noch ein realer Kern zu finden: das Aufbegehren gegen eine als zutiefst ungerecht empfundene Welt. Mit seinem ausgeprägten Ungerechtigkeitsempfinden und dem festen Willen, etwas gegen die kritisierten Zustände zu tun, unterscheidet sich dieser politisierte Teil der Jugend immer noch von der Masse der Altersgenossen, die überhaupt kein soziales und politisches Engagement mehr zeigt. Das hält diese aber keineswegs davon ab, Symbole jugendlicher Gegenkultur mit sich herumzutragen – im Gegenteil: Gerade weil diese Jugendlichen kaum noch um die Hintergründe und den Kontext der Symbole wissen, können sie umso unbeschwerter mit Che, Mao oder gar dem RAF-Stern und dem Gefühl herumstolzieren, »irgendetwas« Rebellisches zu tun, auch wenn sie nicht genau wissen, gegen wen es eigentlich geht und warum.

Alle originären Vertreter linker Politik gelten heute als »uncool«, als nicht »sexy«. Kein Jugendlicher, der etwas auf sich hält, möchte mit den Gewerkschaften, der SPD, den Grünen oder der PDS in Verbindung gebracht werden. Eine Bewegung wie attac lebt (noch) davon, dass sie inzwischen selbst als Jugendkultur anerkannt wird. Dass die Nullnummer des Jugendmagazins *Neon* im Sommer 2003 den Sprecher von attac, Sven Giegold, zum »wichtigsten jungen Deutschen« erklärte, ist kein Zufall. Obwohl fast niemand Giegold kannte und dieser auch über keine echten Popstarqualitäten (Aussehen, Charisma) verfügt, wurde der ernsthafte junge Mann von *Neon* auserwählt. Die Erklärung dafür ist simpel und gibt einen kleinen Einblick in die Netzwerkstrukturen deutscher Popkulturproduktion. Einige Redaktionsmitglieder, von denen wiederum einige früher bei dem 2002 eingestellten, inzwischen fast legendären Jugendmagazin *Jetzt* der *Süddeutschen Zeitung* tätig waren, sind Mitglieder oder Sympathisanten von attac. Sven Giegold wurde durch die Wahl auch bei Personen bekannt, die mit Globalisierungskritik nur etwas anfangen können, wenn sie so schick daherkommt wie bei Naomi Klein oder Michael Moore.

In den neunziger Jahren bildete sich eine Gegenkultur heraus, die den Zusatz »Gegen« ausschließlich aus Marketinggründen trägt. Da sich immer mehr Produkte und Werbeaussagen um die gleichen Konsumenten streiten, ist die Unterscheidung vom Mitkonkurrenten das Wichtigste. Was hat er, was ich nicht habe? Was er hat oder was ich habe, ist letztendlich egal, das Alleinstellungsmerkmal auf dem Markt und Abgrenzungsstrategien müssen gefunden werden. Ich bin anders als der andere, er ist alt, langsam und hässlich, ich dagegen schnell, jung und schön. Obwohl auch den Werbestrategen nicht entgangen sein kann, dass dieser Zwang zur Nichtkonformität zu einer zunehmenden Konformität führt, wurde die Gegenkultur zur populären Massenkultur. Der amerikanische Managementguru Tom Peters fordert: »Seien Sie besonders (...) oder Sie werden ausgesondert!«[8] Dieser Zwang, dieses »ökonomische Tribunal« (Michel Foucault), das wir täglich zu spüren bekommen, ist ebenso gnadenlos, wie das Verlangte nicht erreicht werden kann. Die Sehnsucht, sich von der Masse abzuheben, und diese Sehnsucht wird heute von vielen durch den Lifestyle-Konsum ausgelebt, wird nie erfüllt. In der Schule haben alle die gleichen »coolen« Turnschuhe und Jacken, die Freunde hören die gleiche Musik und gehen in die gleichen Clubs. Im Zeitalter der Individualisierung werden alle immer gleicher, ohne dass daraus ein wie auch immer geartetes Gemeinschaftsgefühl hervorginge – ein echtes Dilemma des modernen Kapitalismus, der die Popkultur hervorbrachte.

Dem Autor Ulf Poschardt zufolge entstand Pop »nach dem Zweiten Weltkrieg als rebellisches Kind der westlichen kapitalistischen Zivilisation, um als Sprachrohr, Gefühlsverstärker und Identitätskonstrukteur schnell fast alle Jugendlichen dieser Zivilisation zu einen«.[9] Folgt man der Definition Poschardts, so muss heute konstatiert werden, dass die erste Funktion, die politische, verloren gegangen ist beziehungsweise diskreditiert wurde, während der Aspekt der Identitätsbildung immer mehr an Gewicht gewinnt. Zwischen der Popkultur selbst, also vor allem populärer Musik, Film und Mode, und dem Konsum von Popkultur kann nicht mehr unterschieden werden. Alles, was Pop geworden ist, kann auch konsumiert beziehungsweise gekauft werden. Die allen Menschen gegebene Möglichkeit zum Kauf, die Ubiquität der Konsumprodukte, ihre »Überallerhältlichkeit« ist zu einem Merkmal der Popkultur geworden. Da alles, jedes Zeichen, jede Mode und jeder Song, egal aus welcher Zeit und aus welchem Zusammenhang, zu Pop werden kann, kann auch alles zu einem Konsumprodukt werden.

Als Beispiele für den Popcharakter politischer Symbole und Zeichen fallen einem sofort Che oder Mao ein, Ikonen des Sozialismus.

Der Prozess der Popularisierung kennt aber keine weltanschaulichen Richtungen, auch wenn oft von einer »linken« Popkultur geredet wird. Dass in Deutschland rechte Symbole noch nicht zum Pop geworden sind, hängt einerseits mit der nationalsozialistischen deutschen Vergangenheit, andererseits mit einem (inzwischen schwindenden) Einfluss von Ex-Linken in den Medien und anderen Popproduktionsstätten zusammen. Der erste Grund erscheint wenig erklärungsbedürftig. Hätte es den Holocaust nicht gegeben und wäre Hitler nur irgendein Diktator gewesen, der einen Weltkrieg verloren hat, also eine Figur wie Mussolini in Italien, dann wären Nazis vielleicht schon jetzt Teil der Popkultur. Vielleicht sind sie es aber auch schon geworden – genau das behauptet der Autor Burkhard Schröder in seinem Buch *Nazis sind Pop*[10]. Symbole der rechten Jugendkultur, insbesondere von Skinheads, sind seiner Ansicht nach bereits im Mainstream angekommen: »Nazi-Pop kann heißen: Techno-Frisur, Skinhead-Musik, im Urlaub Ballermann, PDS wählen, mit den Juden hatten wir schon immer ein Problem.«[11] Weil der Mainstream, die vorherrschende Populärkultur, vielen eher als linksliberal erscheint, können sich die Anhänger rechter Popkultur tatsächlich als Teil einer echten Gegenkultur empfinden. Die alle paar Jahre aufbrandende Empörung der Zivilgesellschaft über rechte Gewalttäter, erstmals nach den ausländerfeindlichen Anschlägen von Rostock-Lichtenhagen, Mölln 1992 oder Solingen 1993, bestätigt diese Antihaltung der Rechtsradikalen gegenüber der bürgerlichen Gesellschaft. Naziskins sind sicher die mit Abstand am meisten gehasste Jugendkultur. Im deutschen Mainstream sind Nazisymbole wie das Hakenkreuz (noch) nicht zu Popikonen geworden, im Ausland gibt es diese Vorbehalte nicht durchgehend. Der polnische Künstler Piotr Uklanski hatte für seine Ausstellung »Die Nazis« Standfotos, Szenenbilder und Plakate von Schauspielern zusammengestellt, die in Filmen Nazis gespielt haben. So entstand eine Galerie der »Anti-Helden« mit 164 Bildern. Darunter waren fast alle bekannten Hollywoodgrößen zu finden und natürlich auch ein paar deutsche Schauspieler: Klaus Kinski, Gregory Peck, Harrison Ford, Roger Moore, Christopher Lee, Marlon Brando, Omar Sharif und viele andere.

Burkhard Schröder schreibt zu diesem Thema: »Der Nazi im Film ist nur noch Chiffre. Das Hakenkreuz, der Reichsadler, das Eiserne Kreuz und/oder der Totenkopf auf der Mütze – mehr Ikonen braucht es nicht.«[12]

Konsumprodukte sind zunächst einmal keine Kunst und dürfen nicht mit Krieg und Völkermord werben. In einigen nicht westlichen Ländern, besonders in Asien, ist der Umgang mit den Symbolen des Nationalsozialismus aber weitaus unbelasteter als in Westeuropa. So warb eine Modekette in Hongkong bis August 2003 mit Nazisymbolen in ihren Läden. Erst Proteste des israelischen Generalkonsuls zwangen den Besitzer zum Umdenken.[13] Beispiele für die Verwendung von Nazisymbolen in der Alltagskultur gibt es aber auch in den Täterländern, ob es das Eiserne Kreuz der Bundeswehr ist oder der »Führerwein«, der in einem Südtiroler Restaurant ausgewählten Gästen serviert wird, oder ob es die plumpen Provokationen der Rockband »Rammstein« sind, die Riefenstahl-Sequenzen in ihre Videos einbaut. Die Pullover und Jeans der Marke Thor Steinar, hergestellt von der Firma Mediatex, sind mit dem Logo zweier verschlungener NS-Runen versehen. So haben auch die Neonazis ihre Haute Couture.[14] Dass auch in den bürgerlichen Massenmedien ein anderer Umgang mit der Nazizeit gepflegt wird als etwa noch in den achtziger Jahren, beweist der große Erfolg der quasi-dokumentarischen Sendungen des Populärhistorikers Guido Knopp im ZDF. In Reihen wie »Hitlers Helfer« oder »Hitlers Frauen« wird alles verhandelt, was uns heute an der Nazizeit interessieren könnte, und das sind in Zeiten der »Spaßgesellschaft« vor allem die nicht politischen Aspekte dieser Epoche. Seit Knopps Erfolgen gab es in den letzten Jahren zahlreiche Dokumentationen und Filme, die sich der braunen Vergangenheit annehmen. 2004 eroberte »Der Untergang«, ein Film über die letzten Tage Adolf Hitlers, die Kinos, und 2005 versucht »Napola – Elite des Führers« die nationalsozialistische Kadererziehung filmisch zu thematisieren. Dies kann als Beleg dafür dienen, dass im Deutschland des frühen 21. Jahrhunderts anscheinend ein unbefangenerer, aber auch leichtsinnigerer Umgang mit der NS-Vergangenheit normal geworden ist.

Die Verbreitung von RAF-Symbolen zeigt, dass die Popularisierung in Deutschland nicht grundsätzlich vor gewaltbesetzten Zeiten zurückschreckt. Bei diesem Prozess der Popularisierung ist zwar schwer zu sagen, welche Gründe er hat, warum er bestimmte Epochen und Symbole erreicht und andere nicht, aber der Zeitpunkt seines Beginns ist leicht zu bestimmen. Obwohl es auch in den achtziger und neunziger Jahren viele Formen der Auseinandersetzung mit dem »deutschen Herbst« 1977 und anderen RAF-Attentaten gegeben hatte, so gab es erst Ende der neunziger Jahre mehrere Filme, die versuchten, mit dem westdeutschen Ausnahmezustand auch ein breiteres Kinopublikum zu erreichen. Nach Volker Schlöndorffs »Die Stille nach dem Schuss« (2000), Christian Petzolds »Innere Sicherheit« (2000), Andres Veiels »Blackbox BRD« (2001) und Gerd Conradts »Starbuck Holger Meins« (2002) kam mit Christoph Roths »Baader« 2002 ein Film in die Kinos, in dem die Gründungsclique der RAF, die Baader-Meinhof-Bande und besonders Andreas Baader porträtiert wurden. Der Film zeigt den Menschen Baader und inszeniert ihn als eine Art James Dean des politischen Widerstandes. Dieser Film wies einen »RAF-Style« auf, den das Magazin »Tussi Deluxe« mit einer Modestrecke schon vorweggenommen hatte, in der ein toter Andreas Baader mit Woolworth-Schlappen zu sehen war. Der Vorwurf des Zynismus prallte an der Redaktion ab. Das bekannte RAF-Zeichen, der Stern mit dem Maschinengewehr im Zentrum, ist inzwischen dutzendfach aufgegriffen worden, etwa von dem Satiremagazin *Titanic*, das in mehreren Ausgaben den Ring Deutscher Makler mit einem nur leicht verfremdeten Symbol in Verbindung brachte. Niemand regt sich heute darüber auf, wenn sich eine Gruppe von Berliner Köchen »Rote Gourmet Fraktion« nennt. Eine der letzten Diskussionen um den Umgang mit der terroristischen Vergangenheit Westdeutschlands fand 2003 statt. Die Berliner Galerie »Kunst-Werke« sollte eine für 2004 geplante Ausstellung zur RAF-Zeit überarbeiten, weil einige Politiker darin eine Relativierung des Terrorismus erkennen wollten. Nach interner Diskussion verzichteten die »Kunst-Werke« auf die bereits genehmigte staatliche Unterstützung. Die Ausstellung wurde im Januar 2005 eröffnet.

Alternativen:
»Vom Body Shop zur Mecca Cola«

Jede Konsumkritik wird irgendwann bei der Frage nach Alternativen enden. Wie kann ich etwas kaufen, ohne dass dadurch die Umwelt geschädigt, Menschen ausgebeutet oder Ressourcen verschwendet werden? Muss ich grundsätzlich über meinen Konsum nachdenken? Diese Fragen führen einerseits zu individuellen Antworten, zu Formen des »guten«, ethischen Konsums oder zu Verweigerungsstrategien und andererseits zu Fragen nach politischen und sozialen Alternativen zur westlichen Konsumgesellschaft.

Was macht der rebellische Konsument, dem ein Che-Guevera-Shirt oder der vermeintlich abweichende Appeal von Nike und Apple nicht mehr als Ausdrucksformen des Protestes reichen und der einen Schritt weiter gehen will? Ohne sich wirklich engagieren zu müssen, denn das könnte ja eine Demonstration im Regen oder Diskussionen am Abend bedeuten, kann auch der moderne Konsument beweisen, dass ihm das Schicksal der Welt nicht völlig egal ist. Seit Ende der neunziger Jahre boomt die zurzeit edelste und schickste Form des Einkaufens: der ethische Konsum. Nicht nur bei den durch Lebensmittelskandale sensibilisierten Verbrauchern oder bei kritischen Jugendlichen, die Naomi Kleins *No Logo* gelesen haben, setzt ein Umdenken ein, sondern auch auf der Seite der Anbieter und Hersteller.

Seit ein paar Jahren ist Corporate Social Responsibility (CSR), die soziale Verantwortung von Unternehmen, fast jedem Manager bekannt. Bei CSR geht es darum, bestimmte soziale und ethische Standards der Produktion – die die Bezahlung und Behandlung von Arbeitern betreffen –, der Distribution und des Verkaufs in der Unternehmensphilosophie zu verankern. Das Konzept CSR entstand Mitte der Neunziger auf europäischer Ebene und soll seit einem EU-Gipfel im März 2000 offiziell dazu beitragen, die EU bis 2010 zum »wettbewerbsfähigsten und dynamischsten wissensbasierten Wirtschaftsraum der Welt« zu machen. Natürlich kann diese Entwicklung als ein Erfolg der ökologischen und globalisierungskritischen Bewegung angesehen werden, im Endeffekt ist es aber der private Konsum, der diese Entwicklung auslöste. Firmen, die CSR-Standards umsetzen – und diese kosten erst einmal Geld –, tun dies meist nur aus einem Grund: Sie wollen damit Geld verdienen. Die Prinzipien des Kapitalismus werden durch CSR nicht in Frage gestellt, sondern nur um eine ethische und soziale Komponente ergänzt. Nicht das Umdenken oder die Skrupel der Manager ließen CSR aufkommen, sondern die Aussicht, hiermit einen Vorteil gegenüber anderen Unternehmen zu haben, die ohne CSR mittelfristig als unethische »Hartherzlinge« erscheinen werden.

Die Markenproduzenten versuchen schon länger, ethische und soziale Komponenten in ihre Kommunikationsstrategie einzubauen. Eines der bekanntesten und inzwischen ältesten Beispiele ist die britische Kosmetikkette The Body Shop, die seit Mitte der achtziger Jahre auch in Deutschland erfolgreich ist. Das 1976 von Anita Roddick im südenglischen Brighton gegründete Unternehmen war das erste, das ethischem Konsum eine sexy Aura gab, indem es den Anspruch erhob, Produkte ohne Tierversuche herzustellen und zu verkaufen. Während es schon seit den siebziger Jahren Ökoprodukte gibt und die Witze über Birkenstocksandalen inzwischen einen langen Bart haben, war es vor The Body Shop keiner großen Ökomarke gelungen, das Image von »Müslifressern«, Wollpulliträgern und *taz*-Lesern abzustreifen. Obwohl Umfragen immer wieder bestätigen, dass viele Verbraucher Sympathie und Interesse für derartige Produkte zeigen, war die Positionierung »Öko« oder »Bio« lange Zeit ökonomisch unergiebig. Für The Body Shop war die Werbung mit tierversuchsfreier Kosmetik vor allem ein Marketingwerkzeug, und mit der ethischen Korrektheit war es nicht immer so weit her,[15] aber das schreckte die Kunden nicht. Sie waren von der Kombination aus »Hipness« und ethischer Korrektheit anfangs ganz hingerissen. Body-Shop-Produkte sahen gut aus, rochen noch besser, hatten interessante Namen und die Läden waren sehr stylish. Diese Form des Ablasshandels – gutes Gewissen gegen Geld – hatte nichts von protestantischer Zurückhaltung oder gar Selbstgeißelung, im Gegenteil. Der Einkauf bei The Body Shop erfordert nicht so viel Mut wie sich bei Greenpeace-Aktionen zu engagieren, es ist eine sehr milde, inzwischen nicht mehr ganz so modische Form des ethischen Konsums. Sie ist vielleicht ein bisschen verlogen, repräsentiert damit die Einstellung des Mainstreams zum ethischen Konsum aber wesentlich besser als die anthroposophische Edelökokosmetikmarke Weleda. Diese hat seit ein paar Jahren Apotheken, Drogerien und die Herzen besorgter Mütter erobert. Weleda, eine in über 30 Ländern aktive Unternehmensgruppe aus der Schweiz, will »den Menschen zur Erhaltung und Stärkung ihrer Gesundheit dienen« und geht auf der Ebene des ethischen Konsums noch einen Schritt weiter als die Body-Shop-Kette, deren Marketingkonzept eher dem materialistischen Geist der achtziger Jahre verhaftet ist. Während The Body Shop mit den gestylten Läden und Produkten eine besondere Einkaufswelt kreieren will, die bei der Zielgruppe konsumfreudiger Jungerwachsener mit ethischen Kriterien erfolgreich ist, so will Weleda eine Lebenswelt schaffen, die gesundheitsbewusste Jungfamilien anspricht.

Solange der Lebensstil durch den Konsum bestimmter Produkte geprägt wird und dieser zunehmend emotionale und persönliche Ebenen erfasst, wird der Boom aller Formen eines ethischen, sozialen und ökologischen Konsums anhalten. Der flexible Kapitalismus unserer Zeit offenbart einerseits immer mehr Ungerechtigkeiten, andererseits wird er auch immer »ethischer« und, zumindest vorgeblich, mitfühlender. Obwohl die Entwicklung eines emotionalisierten Konsums auf dem Vormarsch ist, wird auch der scheinbar rationale Ansatz des ethischen Konsums Erfolg haben. Das angenehme Gefühl, nicht nur eingekauft, sondern auch etwas Gutes getan zu haben, wird mittel- und langfristig zum unschlagbaren Verkaufsargument werden. Wenn es dann noch gelingt, die Ansprüche an ethische Korrektheit, modische Klasse und coole Werbekommunikation miteinander zu verbinden, ist der Erfolg garantiert. Dem amerikanischen T-Shirt-Produzenten American Appaerel gelingt dieser Spagat nicht nur, er verdient auch großartig damit. Das inzwischen zum drittgrößten T-Shirt-Hersteller des Landes aufgestiegene Unternehmen wirbt für seine in der Heimat fabrizierten Hemden mit Slogans wie »Fuck the brands that are fucking the people«.[16]

Wie sieht es aber mit noch radikaleren Modellen aus? Neben ungewollt asketischen Konsumformen für ärmere Verbraucher, die weniger und Billigeres kaufen müssen, und frei gewählten Konsumstilen für Wohlhabendere, die weniger und Teureres kaufen können, gibt es die Konsumform einer ganz radikalen Gruppe: Sie praktiziert das gänzlich Unvorstellbare – sie kauft nicht! Diese ultraradikale Verhaltensweise, die für unsere Konsumgesellschaft weitaus erschreckender ist als Naziskins, Punks, Obdachlose oder Gewaltverbrecher, findet sich allerdings recht selten. Ein amüsantes Beispiel sind die so genannten Schenker. Der Ansatz der Schenkerbewegung ist in erster Linie nicht konsumkritisch, sondern ökologisch und spirituell. Die Bewegung existiert seit Anfang der neunziger Jahre, jedoch ist wohl kaum zu erwarten, dass sie größere Bevölkerungsteile erreichen wird.[17] Den Schenkern geht es darum, sich von bürgerlichen Konventionen zu lösen, beispielsweise in Bezug auf die Bedeutung von Eigentum. Sie hoffen auf Geschenke von Mitmenschen und von Mutter Natur in Form von Gemüse und Obst. Die Verachtung bürgerlicher Standards geht so weit, dass die Schenker auf ihre Namen verzichten und sich Kunstnamen wie »Öm« oder »Tü! Tü!« geben. Andere Formen des bewussten und ethischen Konsums haben sicher mehr Chancen als die asketischen Naturmenschen, die zu fremd und verwahrlost wirken, um als Rollenmodell für Konsumverweigerer zu taugen.

Daneben gibt es einige Konsumkritiker auf kulturell-intellektueller Ebene, aber nur wenige haben es bis in die Öffentlichkeit der Massenmedien geschafft. Die Aktivisten des »Buy-nothing-Day«[18] organisieren in Berlin alljährlich am letzten Novembersamstag einen »Aktionstag für ein bewusstes und nachhaltiges Konsumbewusstsein«, an dem sie sich vor große Kaufhäuser stellen und versuchen, mit den Konsumenten ins Gespräch zu kommen. Die kanadische »Adbusters«-Gruppe hat einen anderen Ansatz. Sie kritisiert die allgegenwärtige Präsenz der Werbung (englisch: »advertising«, kurz »ad«) und möchte diese am liebsten zerschlagen (englisch: »to bust«, kaputtmachen). Ebenso wie der »Nixkauftägler« sind sie regional tätig und international vernetzt. In Berlin sorgten sie im Juni 2004 für Aufsehen, als sie ein riesiges

Werbeplakat der Berliner Bank überklebten und aus »Wir sind ihre persönliche Bank« »Wir sind ihr Bankenskandal« machten.[19]

Wie sieht es nun mit einer Gegenkultur auf der Ebene politischer Systeme aus? Gibt es zu unserer (westlichen) Welt eine Alternative, die den Ressourcen verschwendenden Konsum kritisch sieht und die das gesamte kapitalistische Marktsystem in Frage stellt? Weltweit gab es in den letzten 50 Jahren nur zwei Bewegungen, die dem westlichen Marktmodell wirklich etwas entgegensetzen konnten: den Sozialismus, der sich allerdings seit dem Zusammenbruch der osteuropäischen Staaten und der Marktöffnung Chinas auf dem Rückzug befindet und es ebenso wie echte sozialistische Positionen heutzutage schwer hat. Die Existenz Kubas und Nordkoreas diskreditiert die Idee des Sozialismus eher noch weiter, die schon in der DDR oder der Sowjetunion nie zur Realität wurde.

Die einzige bedeutende antiwestliche Position ist zurzeit der radikale Islam. Dieser propagiert ganz offensiv die Ablehnung westlicher Werte und hält die USA und ihre Verbündeten für verkommen und degeneriert. Staaten mit islamistischen Führungen, wie Saudi-Arabien, Iran, Sudan oder Indonesien, verletzen jedoch ständig westliche Demokratie- und Menschenrechtsstandards. Für politische Kräfte im Westen, die das eigene System kritisieren, ist es daher ein echtes Dilemma, dass ausgerechnet der Islamismus derzeit die einzige antiwestliche Position darstellt. Dieser Umstand lässt den Kapitalismus eher in einem milden Licht erscheinen, denn neben Osama bin Laden, König Fahd und Ayatollah Chamenei wirken Ronald McDonald, Micky Maus und Bart Simpson doch irgendwie sympathisch.

Die Verlogenheit, die dem Westen bei seinen Beziehungen etwa zu asiatischen Staaten immer wieder zum Vorwurf gemacht wird, besteht im Spagat zwischen politischen und wirtschaftlichen Interessen. So traut sich heute kaum noch ein westlicher Staat, China auf seine Menschenrechtsverletzungen hinzuweisen, denn jede Regierung weiß um die immense wirtschaftliche Bedeutung Chinas. Ein seit Jahrzehnten verbreitetes neoliberales Mantra behauptet, eine wirtschaftliche Öffnung ziehe automatisch auch eine politische Liberalisierung nach sich, was sich jedoch ebenso gut belegen wie widerlegen lässt. China ist hierfür das beste Beispiel: Trotz der wirtschaftlichen Öffnung, die mit dem Beitritt zur WTO 2001 den vorläufigen Höhepunkt erreichte, und dem weiter beachtlichen ökonomischen Aufschwung hat sich bei der Demokratisierung des Landes sehr wenig getan. Bei den seit vielen Jahren vom Westen angesprochenen Themen Taiwan und Tibet reagiert China nicht. Die politische Führung betrachtet ausländische Kritik weiter als Einmischung in innere Angelegenheiten, auch wenn sie offiziell zum »Dialog« bereit ist. Ebenso wenige Fortschritte gibt es bei der chinesischen Praxis der Todesstrafe – China richtet mehr Menschen hin als alle anderen Länder der Welt zusammen, was der deutsche Außenminister Joschka Fischer bei seinem Chinabesuch im Juli 2004 verhältnismäßig scharf kritisierte. Die Diktatur der sozialistischen Partei bleibt weiterhin völlig unangetastet, und es gibt keinen Grund, warum das chinesische Modell wirtschaftlicher Freiheit (im März 2004 wurde das Recht auf Privateigentum in die Verfassung aufgenommen) in Verbindung mit politischer Unfreiheit nicht Schule machen sollte.

In vielen islamischen Staaten des Nahen und Mittleren Ostens gibt es zwar eine deutlich antiwestliche Stimmung, das heißt aber nicht, dass dort automatisch auch westliche Konsumprodukte verschmäht würden. In einigen reichen Golfstaaten wie Saudi-Arabien, Katar oder Kuwait ist dieser scheinbare Widerspruch überall zu beobachten. Ein westlicher Lifestyle braucht keine westliche Demokratie und arrangiert sich mit islamischem Recht. Die Sehnsucht nach westlichen Konsumgütern und Stars ist gewaltig und letztendlich die Ursache für das verbreitete Schamgefühl darüber, in einem rückständigen Staat zu leben. Der Siegeszug westlicher Produkte und Lebensstile in islamischen Ländern ist nicht zu übersehen, wer es sich leisten kann, lebt »westlich«.

2003 wurde die arabische Welt von Marokko bis zum Iran monatelang von einem Gesangswettbewerb in Atem gehalten. »Superstar al-Arab«, der orientalische Ableger des westlichen Franchise-Show-Formates, das bei uns mit der Sendung »Deutschland sucht den Superstar« einen Erfolg landete, wurde zur Sensation. Das Finale sahen ca. 200 Millionen Menschen in allen arabischen Staaten, am Ende gewann die etwas mollige Flugzeugingenieurin Diana Karzon aus Jordanien.[20] Die Zuschauer weinten, der amerikanische Traum von Ruhm und Erfolg war auch im Nahen und Mittleren Osten angelangt. Viele Menschen in den islamischen Staaten unterscheiden ganz bewusst zwischen westlichem Lebensstil beziehungsweise Konsum und der westlichen Demokratie mit ihren Werten. Mögen islamische Geistliche auch noch so inbrünstig westliche Werte verteufeln, die Sehnsucht saudischer, iranischer und palästinensischer Jugendlicher nach Coca-Cola, Real Madrid und Madonna ist ebenso groß wie bei ihren westlichen Altersgenossen, wenn nicht gar größer. Nicht nur westliche Staaten werden seit mehreren Jahren von der ökonomischen und kulturellen Globalisierung überrannt, Ähnliches vollzieht sich in den Ländern Asiens und Afrikas, die darauf allerdings weitaus schlechter vorbereitet sind, da sie in weniger marktorientierten Kulturen wurzeln als westliche Länder. Deren Medien erobern sämtliche Erdteile, und in manchen Ecken der Welt hängt eher ein Werbeplakat von Nike, als dass dort Strom- und Wasserleitungen verlegt werden. Weder der Nahe noch der Mittlere Osten verschmäht westliche Produkte, es sei denn, diese würden islamische Werte und Gefühle untergraben.

Nach den Terroranschlägen vom 11. September 2001 und dem Aufkommen antiislamischer Ressentiments in den USA und Europa kam dem tunesischen Unternehmer Mathlouthi die Idee, den Westen mit seinen eigenen Waffen zu schlagen. Er kreierte das islamisch-korrekte Brausegetränk Mecca Cola, das seither in Frankreich verkauft wird. 2003 brachte der syrische Händler Mahmoud Hinnaui die Islam-Cola auch nach Deutschland. Ein wichtiges Verkaufsargument: Vom Erlös jeder Flasche gehen zehn Prozent an religiöse und soziale Organisationen in Palästina, und in Frankreich werden weitere zehn Prozent an Sozialprojekte abgeführt. Auf der Flasche der Mecca Cola ist zu lesen: »Ne buvez plus idiot, buvez engagé« (»Trinkt nicht mehr dumm, trinkt engagiert«).

Medien

Fernsehwerbung: »Von der Daily Soap zur Lego-Show«

Seit es Fernsehen gibt, gibt es Werbung. Die Geschichte des Fernsehens ist von Anfang an so eng mit der Werbung verbunden, dass sich die Frage erübrigt, wann genau eine Kommerzialisierung des Programms einsetzte. Diese ist heute so ausgeprägt, dass leicht der Eindruck entstehen kann, früher wäre alles besser, »werbefreier« gewesen. Dieser Eindruck kann nur in einem Land aufkommen, das bis zur Mitte der achtziger Jahre vom Privatfernsehen verschont blieb. In Ländern, in denen alle Kanäle von vornherein privat und profitorientiert waren, ergriff die Werbung sofort Besitz vom Fernsehen. Kein anderes Medium hat solch eine Bedeutung für die Werbung wie das Fernsehen.[1] Das werbefinanzierte Fernsehen, zu dem in Deutschland auch das öffentlich-rechtliche gehört, denn bis 20 Uhr darf uneingeschränkt geworben werden, ist seit seinem Durchbruch zum Massenmedium in den fünfziger Jahren zu einem idealen Werbeumfeld geworden. Aus dem Zuschauer soll ein Kunde gemacht werden. In Anbetracht des immensen Werbeumfangs kann heute sogar der Eindruck entstehen, dass die Werbung zum »Programmumfeld« für das Fernsehprogramm geworden ist. Die Unterscheidung zwischen Dauerwerbesendung und Sendung ist anhand von Länge und Qualität des Werbeblocks heute nicht immer leicht zu machen.

Die Präsenz und Einflussnahme von werbenden Elementen im täglichen Fernsehprogramm ist so überwältigend, dass hier nur ein paar Beispiele herausgegriffen werden können. Sind die Dauerwerbesendungen, die kleinen Filmchen oder Präsentationsshows, in denen Produkte zum Kauf angepriesen werden, auch zum Beleg für die heutige Kommerzialisierung des Fernsehens geworden, so sollte nicht vergessen werden, dass das kommerzielle Fernsehen schon mit einer Art Dauerwerbesendung begann.

Obwohl das Fernsehen eine europäische Erfindung ist und schon die Nationalsozialisten die Olympischen Spiele 1936 in öffentliche Fernsehstuben und -säle übertrugen, machten erst die US-Amerikaner das Fernsehen zum Massenmedium. 1940 gab es in den USA bereits 23 TV-Stationen und mit der NBC und CBS zwei Fernsehgesellschaften. Diese waren von Beginn an kommerziell ausgerichtet, im Gegensatz zum 1938 gegründeten Staatsfunk Frankreichs oder dem öffentlich-rechtlichen Rundfunk in der BRD, der ab 1953 sendete.

In den vierziger Jahren, als die Entwicklung des Fernsehens in Europa durch den Zweiten Weltkrieg gestoppt wurde und es in den USA erst langsam Fuß fasste, gab es noch ein großes Konkurrenzmedium. Das Radio war sehr beliebt, unter anderem durch kurze Fortsetzungsgeschichten, die im täglichen oder wöchentlichen Rhythmus gesendet wurden. Die in Amerika sehr erfolgreichen und beliebten Radioserien wurden in den fünfziger Jahren zum Vorbild für die ersten Fernsehserien. Die kurzen Episoden wurden zum idealen Umfeld für die ersten werbetreibenden Unternehmen, die das neue Medium für sich entdeckten. Diese Firmen hatten erkannt, dass eine bestimmte Zielgruppe, in diesem Fall Hausfrauen, die Serien regelmäßig verfolgte und dass vor und nach jeder Folge entsprechende Produkte erfolgreich beworben werden konnten. So warben im Fernsehen anfangs vor allem Firmen, die vormittags Hausfrauen erreichen wollten. Die Fortsetzungsserien waren privat finanziert, und es gab von Beginn an die Möglichkeit, nicht nur vor und nach den Folgen zu werben, sondern auch innerhalb der Filme Produkte zu platzieren. Besonders Waschmittelkonzerne wie etwa Procter & Gamble und Colgate Palmolive nutzten diese neue Werbeform – geboren war die »Soap-Opera«, die Seifenoper.

Nicht die oft schnulzige Dramaturgie wurde also zum Namensgeber, sondern die amerikanischen Waschmittelproduzenten. In Europa konnte sich die »Daily Soap« erst mit der Einführung des Privatfernsehens durchsetzen. Seither wird fröhlich geworben, vor und nach der Sendung, in der Pause und in ihr selbst. »Product Placement« ist im deutschen Fernsehen zwar offiziell verboten, wird aber fleißig betrieben.

Die Diskussionen um die heimlichen Produktplatzierungen haben in den letzten Jahren wieder zugenommen. Im Herbst 2003 hatte das ZDF beschlossen, »Kooperationen« mit werbenden Unternehmen in Zukunft zu reduzieren. So kündigte das ZDF im Juli 2004 die Zusammenarbeit mit T-Online zum Jahr 2005. Thomas Gottschalk hält seither in »Wetten dass« keine Handys mehr in die Kamera, und es gibt keine inhaltliche Einflussnahme mehr wie bei der Serie »Sabine!« durch den Sponsor Deutsche Post.[2] Welches Auto der Kommissar in welchem Krimi fährt und welche Anzüge er trägt, wird jedoch auch weiterhin nicht dem Zufall überlassen. Thomas Gottschalk nascht in seiner Show auch nicht zufällig Haribo-Gummibärchen, ist er doch seit Jahren deren Werbeträger. Jede denkbare Form des Sponsorings wird praktiziert, auch die öffentlich-rechtlichen TV-Sender lassen inzwischen fast jede Sendung sponsern, vor allem nach 20 Uhr, weil danach keine klassische Werbung mehr erlaubt ist und Sponsoring offiziell nicht als Werbung gilt. Diese halbherzigen Einschränkungen wirken etwas verlogen, zeigt das Privatfernsehen doch, was in Sachen Werbung so alles möglich ist. Am 26. Oktober 2003 flimmerte die erste voll durchkommerzialisierte TV-Show über die Bildschirme.[3] SAT.1 präsentierte die erste »Lego-Show« (Untertitel: »Steine, die die Welt bedeuten«). In der größten freitragenden Halle der Welt in Brand bei Berlin war eine »Lego-City« aufgebaut, durch die Prominente irrten, um den »Stein der Steine« zu finden. Der Schritt zu einer solchen Form der Vermarktung war nur folgerichtig, denn schon heute sponsern Unternehmen einzelne Beiträge oder ganze Sendungen und nehmen Einfluss auf den Inhalt. Bei der »Lego-Show« war das aufgrund von »Synergieeffekten« nicht mehr erforderlich: Werbung, Product Placement, Sponsoring und PR fanden alle auf einmal in einer Show statt, in einer Dauerwerbesendung aus Legosteinen. Sicher ist nicht jedes Produkt für eine solche Showform geeignet, die Firma Lego mit ihren drolligen Legosteinen dagegen schon. Eine »Deutsche Bank-« oder »Eon-Show« wird es sicher nicht geben, aber Ikea steht bestimmt schon in den Startlöchern.

Während die öffentlich-rechtlichen und vor allem die privaten Sender jede Form von Werbung in ihr Programm integrieren, so sind manche Sender ausschließlich Werbung. Der in den achtziger Jahren gestartete Musiksender MTV wie auch sein inzwischen zum gleichen Konzern gehörendes deutsches Pendant Viva sind Unternehmen der Musikindustrie. Weil Popmusik in erster Linie jedoch nicht als Produkt, sondern als Kulturform verkauft wird, verzichten die Einkaufskanäle auf diesen Umweg. In den reinen Homeshoppingkanälen wie QVC oder Home Shopping Europe (HSE) geht es nur um das eine. Rund um die Uhr stehen gut gelaunte Verkäufer hinter Tresen oder vor Produkten, reden mit Bodybuildern und/oder Ex-Filmstars und sagen uns, warum gerade dieses oder jenes Produkt unverzichtbar ist. Diese Homeshoppingkanäle sind ein Fest für jeden Kulturkritiker oder Medienwissenschaftler, werden doch die Gesetzmäßigkeiten des Verkaufens und des Marketings in ihnen unverstellt sichtbar. Präsentieren sonst attraktive Menschen schöne Produkte und wollen uns durch glamouröse oder ironische Spots zum Konsum verleiten, so bringen uns die Homeshoppingkanäle den Charme der Versicherungsvertreter nach Hause. Der Verkauf wird nicht zelebriert oder verschleiert, hier wird aktiv umworben, gebettelt und gerackert. »Hallo Bob, toll siehst du heute aus!«, »Hallo Pam, du auch«, »Bob, was ist das für ein tolles Messerset, das du da hast« usw. Erstaunlicherweise tun Sprache und Gestik der dauergrinsenden Verkäufer ihre Wirkung, und viele Menschen, die niemals ein Messerset kaufen würden und schon gar nicht übers Fernsehen, können ihre Augen kaum abwenden, wenn die medialen Vertreter bei uns im Wohnzimmer loslegen. Verkauft wird alles, was im Fernsehen gezeigt werden kann, vom bereits erwähnten Messerset über die CD, Schmuck, Urlaubsreisen bis zu Versicherungen. Beim Homeshopping scheint die Konsumwelt das Fernsehen okkupiert zu haben. Gerade seine Eindeutigkeit macht das Homeshopping so interessant. Hier wird nicht versucht, den Zuschauer zu verführen, sondern er wird bequatscht, bis er anruft und bestellt. Was der Anruf vom Versicherungsvertreter am Abend oder das Aufdrängen von Werbezetteln in der Fußgängerzone ist, ist der schneidige Verkäufer von QVC, HSE oder vom RTL-Shop.

Ob es gefällt oder nicht, Werbung gehört zum Fernsehen wie die Tagesschau oder die Wiederholung von Sendungen. Werbung ist so sehr zum Bestandteil des Fernsehprogramms geworden, dass es fast auffällt, wenn bei den öffentlich-rechtlichen Sendern ein Film ohne Unterbrechung gezeigt wird und man keine Gelegenheit erhält, sich ein Bier zu holen. Der private Pay-TV-Sender Premiere war seit seiner Gründung Anfang der neunziger Jahre davon ausgegangen, mit dem Pfund der Werbefreiheit wuchern zu können. Der erhoffte Vorteil war jedoch keiner. Der lang anhaltende Misserfolg von Premiere ist zwar sicher nicht auf fehlende Werbung zurückzuführen – inzwischen gibt es auch hier Formen des Sponsorings –, aber der Zuschauer stört sich einfach nicht mehr so stark an Werbespots. Zu viele Werbeunterbrechungen (bei Spielfilmen bis zu dreimal und bei normalen Sendungen alle 20 Minuten) werden zwar als störend empfunden, die Zuschauer sind jedoch mittlerweile an ein gewisses Maß gewöhnt. Es bleibt abzuwarten, ob sich Erfindungen zur Eindämmung von Werbung, wie Festplattenrecorder, die Werbeclips ausblenden, wirklich durchsetzen werden. In einer pluralen Mediengesellschaft sind auch in dieser Hinsicht die Geschmäcker verschieden. Während sich manche Fernsehzuschauer von Werbeunterbrechungen belästigt fühlen, freuen sich viele Kinobesucher auf die Spots vor dem Hauptfilm.

Personalisiertes Marketing: »Willkommen in deinem Shop«

Personalisiertes Marketing ist der Traum aller Werbeexperten. Personalisiert bedeutet, dass die werbende Ansprache an jeden Konsumenten persönlich gerichtet werden kann, zugeschnitten auf seine individuellen Bedürfnisse und Wünsche. Das personalisierte Marketing ist der vorerst letzte Schritt der gezielten Kundenansprache, es ist die erste echte Individualisierung der Werbekommunikation. Der gesellschaftliche Sprung vom Industriezeitalter zur Informationsgesellschaft hat auch die Werbewelt erfasst. Niemand soll mehr als anonyme Nummer betrachtet werden, sondern der einzelne Konsument erhält ein Gesicht; er soll erreicht werden, nur er. Das war bisher nicht möglich. Die Entwicklung gezielter Angebote für bestimmte Zielgruppen, wie sie beispielsweise in »Special-Interest-Zeitschriften« platziert werden, war ein erster Zwischenschritt. Spielen wir die Methoden des personalisierten Marketings an einem Beispiel durch: Wir nehmen eine Durchschnittskonsumentin, denn Frauen bestimmen stärker als Männer, was gekauft wird, und nennen sie Sabine Sommer. Frau Sommer ist eine Durchschnittsfrau und damit genau die Konsumentin, die viele Unternehmen ansprechen wollen. Sie interessiert sich für Sport, besonders für Volleyball, kocht und reist gern, hört Jazzmusik und liebt französische Filme mit Tiefgang. Frau Sommer, 39 Jahre, ist Single, heterosexuell und kann sich grundsätzlich ein Familienleben mit Mann und Kindern vorstellen. Sie lebt in einer westdeutschen Großstadt und kann als allein stehende Frau ihren Hobbys und Leidenschaften nachgehen. Sabine Sommer hat einen festen Job und geht am Wochenende gern »shoppen«. Wenn sie sich abends nicht mit ihren Freundinnen trifft, sieht sie meist fern oder liest ein gutes Buch. Sie sieht sich hin und wieder Sportübertragungen an, Volleyball gibt es aber leider nur selten im Fernsehen, dafür aber viele Koch- und Reisesendungen. Ihrer speziellen Neigung zu Filmen von Jean-Luc Godard wird durch ihre Mitgliedschaft in einer gut sortierten Videothek Rechnung getragen. Sabine Sommers Suche nach dem richtigen Mann ist nun schon länger ein Thema in ihrem Freundeskreis. Ihre Freundinnen, alle Anfang 40, leben größtenteils in festen Beziehungen und versuchen einen Mann oder zumindest einen Liebhaber für Sabine zu finden. Frau Sommer führt nach eigener Aussage ein erfülltes Leben, sicher läuft nicht alles perfekt, aber außer einem Partner fehlt ihr nichts. Sie würde nie bewusst über den Sinn oder die Qualität ihres Konsums nachdenken, etwa darüber, ob sie die gewünschten Produkte sofort bekommt oder ob es im Fernsehen Sendungen zu Themen gibt, die sie wirklich interessieren.

Sabine Sommer stellt sich diese Fragen nicht, das personalisierte Marketing dagegen schon, es möchte sie sogar beantworten. Die Werbewelt macht Frau Sommer schon jetzt ihre Angebote: In den Pausen der Koch- oder Reisesendungen wird für Fertigessen, Flugreisen, Hautcremes oder Computer geworben, und das italienische Restaurant um die Ecke verschickt manchmal Werbezettel, die aber meist in Sabines Papierkorb landen. Den werbetreibenden und produzierenden Unternehmen ist bekannt, dass es Menschen wie Sabine Sommer gibt und was Frauen wie sie tun, was sie einkaufen und welche Dienstleistungen sie in Anspruch nehmen. Zum Leidwesen der Unternehmen war es bislang nur möglich, eine Zielgruppe anzusprechen, in der auch Frauen wie Sabine vermutet wurden. Es werden ein bestimmtes Alter, das Geschlecht, das Bildungsniveau und Einkommen festgelegt, und die Marktforschung stellt fest, was diese Zielgruppe interessiert und welche Produkte von ihr nachgefragt werden. Heerscharen von Marketingexperten und Sozialwissenschaftlern kümmern sich seit Jahrzehnten um nichts anderes. Sie wissen, was Frauen wie Sabine Sommer essen, welche Kleidung sie sich kaufen, welche Bücher sie lesen, welche Sendungen sie mögen und wie oft sie zum Friseur gehen. In der kapitalistischen Konsumgesellschaft sind das elementare Fragen.

In der sozialistischen Planwirtschaft wurden Produkte in bestimmten Mengen produziert. Unabhängig davon, ob dem sozialistischen Käufer der Schuh oder eine andere Ware gefiel oder nicht, er musste sie kaufen, die Auswahl war begrenzt. Trotzdem wurde auch hier über das Mittel der Werbung versucht, die vorhandenen Produkte an den Mann oder die Frau zu bringen. Der Käufer sollte davon überzeugt werden, es mit wirklich guten Schuhen zu tun zu haben, persönliche Vorlieben wurden als zweitrangig abgetan. Das Bedürfnis, Schuhe zu kaufen und zu tragen, musste nicht erst geweckt werden, es war ohnehin da, nur standen Geschmack der Konsumenten und das Aussehen der Produkte häufig in einem Spannungsverhältnis. Oft gab es nicht nur hässliche Schuhe, in manchen sozialistischen Ländern gab es gar keine. Diese »Mangelwirtschaft« war für den Bürger des Westens *der* Inbegriff systembedingter Rückständigkeit. Mit den Problemen der Mangelwirtschaft ist die heutige westliche Konsumwirtschaft nicht belastet, im Gegenteil. Die Überflussgesellschaft hat andere Sorgen. Der Bedarf an Schuhen ist trotz aller Werbung und Konsumanreize endlich. Auf dem Markt für Schuhe werden besonders Frauen angesprochen, nicht nur, weil sie als modisch bewusster gelten und mehr Geld für Schuhe ausgeben, sie kaufen auch häufiger neue Schuhe. Das hat dazu geführt, dass Damenschuhe nicht nur an kurzfristigen Modetrends orientiert, sondern auch qualitativ von minderer Güte sind. Herrenschuhe sind dagegen im Schnitt konservativer gestaltet, teurer und länger haltbar. Trotz aller Modenschauen und Artikel über attraktive Frauen und ihre schönen Schuhe ist der Konsum von Damenschuhen an eine Grenze gestoßen. Die Schuhindustrie bringt jedes Jahr neue Modelle heraus, bemüht sich um Innovationen, aber im Großen und Ganzen ist der Markt gesättigt. Sabine Sommer hat zwölf Paar Schuhe im Schrank und kauft sich jedes Jahr etwa vier Paar dazu, alte werden weggeworfen oder gespendet. Frau Sommer wird sich in diesem Sommer vielleicht wieder ein neues Paar kaufen, in einem Lifestyle-Magazin hat sie schöne gesehen. Der Markt für Damenschuhe befindet sich zwar ständig in Bewegung, aber keine Frau kauft sich mehr Schuhe, nur weil es neue Modelle gibt. Zurzeit kaufen viele Frauen sogar weniger und billigere Schuhe, auch Sabine muss sparen, so wichtig sind ihr Schuhe dann doch nicht. Fast alle Konsumgütermärkte befinden sich in diesem Zustand der Marktsättigung. Es gibt eine unüberschaubare Auswahl an Produkten, niemals wird sich ein Kunde über eine zu geringe Auswahl an Schuhen beschweren.

Aus diesem strukturellen Dilemma der Überproduktion, der »Überproduktionskrise«, führt aus Sicht der Produzenten nur ein Weg heraus: neue Produkte. So ist die Konsumgüterindustrie verzweifelt auf der Suche nach Innovationen und neuen Ideen. An diesem Punkt verbindet sich die traditionelle produktorientierte Werbung mit der aktuellen kundenorientierten. Die wichtigste Frage ist: Welche Wünsche könnte der Kunde noch haben beziehungsweise könnte er sich nicht auch mein Produkt XY wünschen? Neben wirklichen Innovationen, wie in den letzten Jahrzehnten etwa der Computer, das Handy oder der DVD-Rekorder, handelt es sich aber meistens um Erweiterungen und Variationen des Alten. Orientierung bieten den Produzenten die bekannten Konsumgewohnheiten, um die herum sie die Produktpalette erweitern. Das Stichwort heißt in diesem Zusammenhang »Diversifikation« (Streuung), die Ausweitung des Produktsortiments eines Unternehmens. So gibt es nicht nur Schuhe, sondern eine Welt der Schuhe, eine Welt der Unterhaltungselektronik oder eine Einrichtungswelt, wie sie Ikea präsentiert. Möbel werden hier nur noch nebenbei verkauft, die kleinen Mitnahmeartikel erzielen den eigentlichen Gewinn. Bei Ikea findet Sabine Sommer alle möglichen Einrichtungsgegenstände, Gläser, Kerzen und schwedische Süßwaren. Die Diversifikation, auf die mittelständische Unternehmen mit Slogans wie »Wurst und mehr« oder »Mehr als ein Friseur« hinweisen, ist ein Ausdruck der »Entertainisierung« von Werbung und Warenwelt, die dem Zwang unterliegen, alles in Unterhaltung zu pressen. »Mehr« steht für »mehr verkaufen (wollen)«, dafür muss man auch »mehr erzählen«. Wenn man dem Kunden nicht nur das Duschgel verkaufen möchte, sondern noch die Gesichtscreme, die Peelinglotion, das Duschbad, das Shampoo, die Spülung und den Nagellackentferner, dann braucht man eine Geschichte. Die Story muss die ganze Produktfamilie zusammenhalten, damit nicht der Eindruck entsteht, hier würden wahllos adoptierte Kinder als zusammengehörige Familie verkauft. Während die bekannten Warenfamilien sich unaufhörlich vergrößern, stehen schon völlig unbekannte Produkte vor der Tür. Es ist immer wieder erstaunlich, wie schnell viele Produkte, die es vor ein paar Jahren noch nicht gab und die auch niemand vermisste, zu unentbehrlichen Begleitern werden.

Wie bringt man aber die Geschichten um die neuen Warenwelten zum Kunden nach Hause? Sabine Sommer hat sich vor ein paar Jahren ein Handy gekauft und ist nach einer Phase der Skepsis zu einer regelmäßigen Mobilfunknutzerin geworden. Sie telefoniert nicht allzu häufig, hat einen Festvertrag und kümmert sich nicht weiter um das kleine Stück. Für ihr Handy braucht sie keine neue bunte Verkleidung, und mit Tarifen mag sie sich auch nicht befassen. Frau Sommer verhält sich hier aus Sicht der Mobilfunkbetreiber nicht mustergültig, aber zwingen kann sie schließlich keiner, die Werbeexperten wussten bisher nicht einmal, wer sie ist. Das ändert sich nun jedoch. Die Revolution des Internets, die Mitte der neunziger Jahre von den USA aus auch Europa erreichte, löste auch eine Revolution des Marketings aus. So wie jede technische Neuerung, ob Radio, Fernsehen oder Computer, auch eine wirtschaftliche Innovation nach sich zog, bedeutete das Internet auch einen Quantensprung für die Werbeindustrie. Die Wirtschaft erhoffte sich durch das neue Medium anfangs gewaltige Zuwächse und neue Möglichkeiten. Im Rausch des »E-Business« entstanden Tausende von Firmen, und bald wusste jeder Unternehmer, was »B2B« oder »B2C« bedeutet. Ersteres, der Kontakt oder Handel der Unternehmen untereinander (»Business to Business«), funktionierte nur sehr mäßig, und auch der zweite Businessbereich, der Verkauf an den Kunden (»Business to Client«), war nur in begrenztem Maße erfolgreich. Ein Beispiel für einen Erfolg von B2C ist der Internetbuchhändler Amazon, aber auch er durchlief eine lange Durststrecke. Schon zu Beginn der Internetwirtschaft, der New Economy, war klar, dass es nur ganz wenige Unternehmen schaffen würden. Das widerspenstige neue Medium und die Kunden schienen noch nicht reif zu sein für das große Geschäft. Ökonomischen Erfolg durch das Internet haben heute außer Amazon und dem »C2C«-Unternehmen eBay nur wenige, etwa das Portal Yahoo oder der Provider Freenet. Die beiden amerikanischen Unternehmen Amazon und eBay sind unter anderem deswegen so erfolgreich, weil sie die neuen Möglichkeiten des Internets und des Marketings geschickt nutzen. Während der Fernsehzuschauer unverbunden und passiv vor der Mattscheibe sitzt, ist der Internetnutzer potenziell mit jedem anderen Nutzer der Welt verbunden. Alle Formen der Kommunikation über das Internet erfreuen sich großer Beliebtheit, E-Mails zu verschicken ist zu einer Selbstverständlichkeit geworden und auch Chats und Foren werden gern genutzt. Frau Sommer erhielt vor drei Jahren einen Internetzugang und bestellt seither häufiger Bücher bei Amazon, ab und an verkauft sie über eBay ihre alte Kleidung. Seit sie bei Amazon Bücher bestellt, werden ihr Angebote gemacht, wenn sie die Internetseite ihres Buchhändlers besucht. Ihr Name ist auf der Seite zu finden, dort wird sie auf bestimmte Bücher hingewiesen und sie erhält E-Mails von Amazon. Diese stehen in einem thematischen Zusammenhang mit den vorher von ihr bestellten Büchern, z.B. sind sehr viele Kochbücher darunter. Frau Sommer ist vom personalisierten Marketing erfasst worden. In der riesigen Datenbank von Amazon finden sich nun nicht nur ihr Name, ihre Adresse und ihre Bankverbindung, sondern viel wichtiger: Ihr Konsumverhalten ist hier dokumentiert. Das Internet macht es endlich möglich, Frau Sommer wird bei Amazon, eBay und auch einigen anderen Portalen wie Yahoo oder AOL als einzelne Person, als Konsumentin »Sabine Sommer« erfasst. Diese Datenbanken sind das Geheimnis und Kapital der Internetfirmen, sie verschaffen ihnen Möglichkeiten, die ein normaler Buchhändler oder Verkäufer nicht hat. Die Offline-Welt versucht jedoch, diese Entwicklung nachzuahmen. Supermärkte und Kaufhäuser erfassen über Kundenkarten die Einkaufsgewohnheiten ihrer Kunden.[4] Frau Sommer wird in Zukunft vielleicht Rabattangebote für Rotwein und Pasta erhalten oder Post vom örtlichen Weinhändler. Man muss keine Orwell'schen Fantasien entwickeln, um in den Kundendatenbanken eine Gefahr für den Datenschutz und vor allem die persönliche Freiheit zu sehen.[5] Sicher wird niemand körperlich bedroht, aber das Bombardement mit Werbebotschaften, die einen durch die Post, am Telefon, im Internet oder über das Handy erreichen, nimmt häufig schon Formen von Nötigung an. Frau Sommer erfährt bei Amazon alles über Bücher zu den Themen Kochen, Reisen und Volleyball, natürlich auch über entsprechende CDs und DVDs, über Partnerschaftsagenturen kann sie sogar einen Freund finden. Das personalisierte Marketing steckt erst in den Kinderschuhen, aber schon jetzt ist es technisch möglich, dass der Italiener an der Ecke Sabine Sommer eine SMS schickt, wenn sie sich in einem Umkreis von 100 Metern um das Restaurant befindet. Die Zukunftsvision der Werbeexperten sind Fernsehsender mit ganz neuen Möglichkeiten: der Volleyball- oder Kochsender für Sabine Sommer oder noch besser der Sabine-Sommer-Kanal mit den Themen Kochen, Reisen, Volleyball und jeden Abend um acht einem französischen Streifen. Im Anschluss vielleicht einige Kurzfilmchen von interessanten, bindungswilligen Männern – was will Frau mehr? Dieses Szenario eines personalisierten Fernsehkanals lässt erkennen, welche bedrohlichen Dimensionen das personalisierte Marketing annehmen kann, sodass die normale Werbung dagegen fast charmant wirkt. Jedes Individuum ist nur noch Konsument und Zielindividuum, als solches wird es angesprochen und terrorisiert. Nicht aufgrund dieser Horrorvisionen schaut Frau Sommer jetzt weniger fern und surft kaum noch im Internet. Sie hat jetzt andere Interessen. Sie ist verliebt! Bernd, 37, kocht für sie.

Öffentliche Werbungen: »Sexmessen und YOU«

Das Radio, das Fernsehen und auch die Welt der Magazine und Zeitungen verbinden wir automatisch mit Werbung. Das private Radio finanziert sich über Werbejingles, im Fernsehen läuft ständig Werbung, und manche Magazine scheinen nur noch aus Anzeigen zu bestehen. Zu diesen klassischen Medien, die es nun schon seit vielen Jahrzehnten gibt, kam in den neunziger Jahren das Internet. Dieses hat seither nicht nur auf der Ebene massenkompatibler Inhalte eine ähnliche Entwicklung durchgemacht wie das private Fernsehen in Deutschland seit Mitte der achtziger Jahre, sondern auch bei der Werbung. Obwohl das Internet seit seiner Etablierung als Massenmedium eine Aura der Modernität umgab, drohte es bald zu einem »Schmuddelmedium« zu verkommen. In den neunziger Jahren fanden sich unter den zehn häufigsten Suchbegriffen bei Google neun, die mit Sex zu tun hatten.[6] Wer im Internet surft oder E-Mails versendet, wird irgendwann auf erotische Inhalte stoßen, auch wenn der Begriff Erotik in die falsche

Richtung weist. Es geht um Pornos und um kriminelle Dinge wie Kinderpornografie. Wer häufiger im Internet surft, könnte den Eindruck bekommen, dass wir in einer gewalttätigen und kranken Welt leben. Dem Privatfernsehen haftete anfangs ebenfalls ein solches Image an, auch wenn sich die blanken Brüste in einer frivolen Strip-Show wie »Tutti Frutti« in den achtziger Jahren gegen die rohen Pornobilder im Internet vergleichsweise harmlos ausnahmen. Sender wie RTL oder SAT.1, die beide 2004 ihr 20-jähriges Bestehen feierten, gelten inzwischen als nahezu seriöse Vollprogramme, der »Schmuddelkram«, die Werbung für 0190-Nummern oder billige Softsex-Filmchen, laufen im Spätprogramm oder bei anderen Sendern wie RTL 2 oder VOX.

Eine andere Form der Werbung, die eher mit dem bereits erwähnten Homeshopping verwandt ist, stellen die Verkaufsmessen dar, die inzwischen als eigenständige Medien angesehen werden können. Deutschland ist aufgrund seiner geografischen Lage, seiner hervorragenden Infrastruktur und seiner wirtschaftlichen Bedeutung schon immer ein wichtiges Messeland gewesen. Gemessen an der Häufigkeit und Größe der Veranstaltungen ist es wohl das wichtigste Ausstellungsland der Welt, mit der weltgrößten Industriemesse in Hannover und entsprechenden Weltmessen für Computer (Cebit), ebenfalls in Hannover, Automobile (IAA) und Buchhandel in Frankfurt a. M. sowie Unterhaltungselektronik (IFA) in Berlin. Diese gigantischen Messen haben eine nicht zu unterschätzende Bedeutung für die jeweiligen Industrien und die gesamte Volkswirtschaft, denn sie senden die berühmten »Wachstumssignale« aus – oder auch nicht. Neben diesen ganz großen Messen, die meist einen ersten Teil für die bencheninterne Präsentation (»Nur für Fachbesucher«) und Verkaufsgespräche haben und einen zweiten Teil für die »normale« Öffentlichkeit, gibt es auch reine Publikumsmessen. Diese Veranstaltungen sind als Verkaufsmessen konzipiert, auch wenn sie sich nicht immer so nennen. Die Publikumsmessen boomen seit vielen Jahren, und Veranstaltungen wie die »Ostpro«, auf der es seit 1991 ausschließlich Lebensmittel aus dem Osten Deutschlands zu kaufen gibt, ziehen zehntausende Besucher an.

Eine besondere Mischform aus Präsentations- und Verkaufsmesse könnte wohl die Bezeichnung »Animationsmesse« tragen. Ein Beispiel hierfür sind Sexmessen, die seit Mitte der neunziger Jahre durch Deutschland touren. Passend zur »Ostpro« gibt es die »Sexpo«, natürlich auch eine »World of Erotic«, die »Euro-Sex«, die »Venus Berlin« und für die maritimen Freunde die »Erotik-Boot«. Eine Besonderheit der »Titten-Roadshows« ist, dass sie nicht in einer bestimmten Stadt angesiedelt sind, sondern meist wie ein Zirkus umherziehen. Die örtlich ungebundene Präsentationsform der »Road-Shows« gewinnt auch in der Wirtschaftswelt immer mehr an Beliebtheit. Unter dem Motto »Wenn der Kunde nicht zu einem kommen möchte, dann muss man halt zum Kunden kommen« hat sich diese Idee des Eventmarketings inzwischen überall durchgesetzt. Ob der Aktienstart von SAP, Infostände der SPD oder die Vorstellung neuer PR-Konzepte – alles kann verladen und auf die Straße gebracht werden.

Auf den Sexmessen wird präsentiert, was das Zeug hält beziehungsweise der Bikini nicht mehr verdeckt. In jeder Halle wird gestrippt, getanzt, laufen Go-go-Girls umher, und angezogene Frauen fallen fast auf. Letztere sind im Publikum ohnehin schwach vertreten, denn die Besucher sind zu über 90 Prozent männlichen Geschlechts. Die inzwischen inflationär verbreiteten Sexmessen, zu denen es besonders Männer aus Vorstädten und ländlichen Gegenden in die Ausstellungshallen deutscher Großstädte zieht, sind in erster Linie Werbeveranstaltungen von Sexartikel- und Pornoproduzenten. Es werden zwar auch Videokassetten, DVDs und Sexspielzeuge verkauft, aber dafür kommt kaum jemand in die Messehallen und zahlt den meist deftigen Eintrittspreis. Es geht um den persönlichen Kontakt, der sich meist im hemmungslosen Anstarren der Pornostars und -sternchen manifestiert. Endlich können die männlichen Besucher einmal ihren persönlich bevorzugten Sexstar in ganzer Pracht sehen, nur anfassen ist nicht erlaubt. So wird auf den Sexmessen nicht nur für die Unternehmen der Erotikindustrie wie Beate Uhse geworben, sondern auch für das Produkt Sex.

Ganz so wenig jugendfrei kann es auf der YOU, der größten Jugendmesse Europas, natürlich nicht zugehen. Das ein wenig beliebig wirkende Motto »Outfitsportlifestyle« lässt kaum noch Wünsche offen. Auf der YOU 2003 in Berlin (die Messe gastiert außerdem noch in Essen und Stuttgart) fanden sich an vier Tagen über 160 000 Jugendliche ein, einige Jüngere auch in Begleitung ihrer Eltern. Die dreitägige Marketingmesse gab Anlass zu der Frage, ob es nicht heuchlerisch ist, sich über Sexmessen zu mokieren und gleichzeitig Veranstaltungen wie die YOU kommentarlos hinzunehmen. Denn während die Sexmessen ein bereits bestehendes (männliches) Bedürfnis nach einer bestimmten Form von Sex, nach bestimmten Bildern befriedigen, so will die YOU erst ein bestimmtes Konsumverhalten aufbauen. Wer schon einmal eine Meute von tausend Teenagern gesehen hat, die sich um Werbenippes wie Schlüsselbänder, Baseballkappen und Kugelschreiber prügelt, der macht sich spätestens dann berechtigte Sorgen um seine Rente. Bis auf ein paar kleine Ausnahmen (Essen und Getränke) gibt es auf der YOU nichts zu kaufen. Im Gegenteil – es wird verschenkt, was das Merchandisingbudget hergibt. Aus den jugendlichen Konsumenten sollen Konsumjunkies gemacht werden, und der erste Schuss ist bekanntlich umsonst. Die Auswahl der Aussteller lässt erkennen, dass es von Seiten der Veranstalter scheinbar wenige Vorgaben gibt. Teilnehmen darf an der YOU, wer den Stand zahlen kann und eine jugendliche Zielgruppe hat oder haben möchte. So sind auf der Jugendmesse höchst unterschiedliche Unternehmen vertreten, z. B. die Deutsche Post, amnesty international, T-Mobile, die AOK, Maggi und die Bundeswehr. Es fällt auf, dass dort viele Unternehmen und Organisationen vertreten sind, die nicht gerade im Ruf stehen, bei der Jugend besonders gut anzukommen. Natürlich sind auch die üblichen Verdächtigen wie poppige Radiosender, Bekleidungsunternehmen und Kosmetikkonzerne vertreten. Die YOU 2003 konnte sogar mit einigen »Stargästen« aufwarten, die aus dem Umfeld der Sendung »Deutschland sucht den Superstar« oder dem Pro7-Klon »Popstars« entstammen. So schieben sich Massen von unterhaltungs- und konsumsüchtigen Jugendlichen durch die Hallen, immer auf der Suche nach dem nächsten Gratis-Gimmick. Die Frage, wer wohl mehr Zuschauer anzieht, der »Tom-Tailor-Modelcontest« oder der Stand von amnesty international, dürfte leicht zu beantworten sein.

Sicher wissen die Jugendlichen vorher, was sie erwartet, und keiner glaubt, dort objektiv und seriös informiert zu werden – in diesem Fall würden sie wahrscheinlich gar nicht hingehen. Da sich Teenager aber in einer persönlichen, emotionalen Orientierungsphase befinden und noch besonders beeinflussbar sind, bleibt nach der YOU ein weitaus bitterer Geschmack als nach irgendeiner Sexmesse zurück.

Ausblick

Konsumkritik: »Fairer Tee und fairer Kaffee«

Eines kann man unserer Konsumgesellschaft sicher nicht vorwerfen: dass sie ihre Probleme nicht wahrnimmt. Im Gegenteil, sie ist vielleicht die einzige Gesellschaftsform, die sich den Luxus einer permanenten Kritik erlaubt, ohne jedoch grundsätzlich an sich etwas in Frage zu stellen. Die Konsumgesellschaft relativiert, lamentiert und geißelt sich gerne selbst, um sich im nächsten Moment schon wieder zur einzig sinnvollen Form menschlichen Zusammenlebens zu gratulieren. Das schlechte Gewissen ist ihr immanent, vermag aber letztlich nichts an ihrer Existenz zu ändern. Die Frage, warum das bei vielen in unserer Gesellschaft vorhandene Problembewusstsein nicht zu veränderten Handlungsmustern führt, ist die Grundfrage jeder konsumkritischen Studie. Ein Beispiel hierfür ist das von Christian Boeser, Thomas Schörner und Dirk Wolters herausgegebene Buch *Kinder des Wohlstands*[1]. Für die mangelnde Umsetzung ökologischen Handelns machen sie im Wesentlichen drei »Mythen« unserer Kultur verantwortlich. Ganz in der Tradition der Aufklärung und ihrer entmythologisierenden Intention wollen die Autoren der Studie zur »Entlarvung« der Mythen unserer Konsumgesellschaft beitragen. Diese Mythen sind konstitutiv für unser Verhältnis zur Welt. Zum einen ist da der »Mythos Technik«, der in seiner naiven und entwaffnenden Weise besagt, dass alle ökologischen Probleme technisch lösbar seien. Bei ausreichendem Investitionskapital für neue technische Erfindungen und der Bereitschaft, sie auch anzunehmen, könnten diesem Mythos zufolge alle unsere Probleme gelöst werden. Der ungebrochene Glaube an die Technik und deren Vervollkommnung betrachtet die Gegenwart als eine noch nicht genügend zivilisierte, sprich effiziente Form menschlichen Lebens. Dies mag für viele ein tröstlicher Gedanke sein, der jedoch einen Optimismus der Verschwendung beinhaltet, da sich die Ressourcenverausgabung qua technischer Revolutionen zwangsläufig auf ein Minimum reduzieren wird. Konsum ohne schlechtes Gewissen.

Der zweite Mythos, die Theorie der »Abschottung«, behauptet, dass uns (den westlichen Konsumgesellschaften) die Probleme der so genannten Dritten Welt eigentlich nichts angehen. Verantwortlich seien wir nur für unsere unmittelbare Umwelt. Das, was 5000 Kilometer entfernt irgendwo im afrikanischen Urwald geschieht, entzieht sich dieser Ansicht nach unserer Kenntnis und hat letztlich keinen Einfluss auf unsere Welt. Unser Dauerkonsum gehe nicht auf Kosten anderer, im Gegenteil: Er fördere geradezu Demokratie und Wirtschaftswachstum. Im äußersten Fall müssten drohende Einflüsse (Arbeitsimmigration, Krieg, Terror) durch entsprechende Maßnahmen vermindert werden. Der politische Traum ist eine Berliner Mauer in größerem Maßstab und unter humanitären Vorzeichen.

Schließlich konstatieren die Autoren noch einen dritten Mythos, den der »Arbeitsgesellschaft«, die immer noch so tut, als ob Vollbeschäftigung nur eine Frage der Zeit und der richtigen ökonomischen Lösungen wäre. Die »Reformen« am Arbeitsmarkt und die globalen wirtschaftlichen Verträge suggerieren schließlich die Möglichkeit von Wohlstand, Arbeit und Konsum für alle. Dass damit immer weniger wirklich alle gemeint sind, schwant uns jedoch schon länger. Dennoch traut sich kein verantwortlicher Politiker oder Wirtschaftsführer, die Tatsache der realen Überflüssigkeit von Millionen von Menschen auf dem zukünftigen Arbeitsmarkt auszusprechen. Konjunkturelle Schwankungen müssen für die Massenarbeitslosigkeit als Erklärung herhalten. Wachstum sei jedoch wieder in Sicht, es müssten nur alle mitmachen, so der fast schon flehende Appell. Und Wachstum braucht Konsum.

Diesem »technokratischen Optimismus«, der so tut, als ob es in

Zukunft mit unserer Verschwendung von Ressourcen wie bisher weitergehen könnte – mit kleinen Abweichungen zwar –, stellen nicht nur die Herausgeber der oben genannten Studie eine Diskussion um Lebensstile und Lebensqualität als unausweichlich gegenüber. Anders als durch eine radikale Veränderung unserer Lebensweise, so die Auffassung vieler Kritiker, können die ökologischen Probleme in naher Zukunft nicht mehr gelöst werden. Verantwortlich für die Auswüchse unserer Gesellschaft sind aber nicht nur Politik und Industrie, sondern letztlich wir *alle*, die den Konsum zwar manchmal mit schlechtem Gewissen, zumeist aber fröhlich genießen. In der Ablehnung der optimistischen Prognosen des Glaubens an eine Effizienzrevolution steckt bereits das hässlichste aller Wörter, das jeden Konsumenten und Bürger sofort erschreckt: *Verzicht.*

Die Negierung der Vision einer technischen Steigerung, die auf die Einschränkung des Ressourcenverbrauchs für die Güterproduktion abzielt, bedeutet in der Konsequenz eine drastische Verringerung des Pro-Kopf-Verbrauchs an Gütern. Die moralische Konsumkritik der sechziger Jahre begegnet uns neuerdings wieder in der modern gewordenen Nachhaltigkeitsdebatte, dem Lieblingskind des aufgeklärten Bürgers. Sie wirkt im Hintergrund einer ganzen Palette konsumkritischer Aktivitäten, die in den letzten Jahren geradezu inflationär geworden sind. Neben institutionalisierten Formen der Kritik, die durch Verbraucherzentralen, die Stiftung Warentest, eigene Fachzeitschriften, Einkaufsführer wie *Shopping for a better World* oder *Food Watch* ausgeübt wird, gibt es auch immer mehr Beispiele für individuelle Revolten. Moralisch (oft mit dem Diskurs über Gesundheit verbundenes) motiviertes Handeln finden wir bei Veganern oder Vegetariern, bei Konsumenten, die lediglich Freilandeier kaufen oder auf japanischen Thunfisch verzichten, oder bei Askese praktizierenden religiösen Sekten. Vermutlich jeder von uns hat schon einmal bewusst auf bestimmte Dinge verzichtet oder zielgerichtet eingekauft. Ökoangebote in normalen Supermärkten, Reformhäuser, Eine-Welt-Läden, Second-Hand-Läden. Sie alle werden von bewussten Konsumenten frequentiert. Der Verzicht auf Pelzmäntel (außer in Italien und Russland), der Boykott von Shell-

Benzin anlässlich der Brent-Spar-Affäre 1995 oder die Verweigerung genmanipulierten Getreides sind Protestbezeugungen konsumkritischer Bürger. Unterstützt wird dieser Ungehorsam auch durch staatliche Bestimmungen und Gesetze, wie sie insbesondere der BSE-Skandal hervorgebracht hat.

Bei den quasi von oben angeordneten Boykottmaßnahmen rufen Organisationen Konsumenten zum demonstrativen Verzicht auf ein Produkt oder ganze Produktpaletten von Unternehmen auf, um Verhaltensänderungen in den Konzernzentralen zu bewirken. Bei so genannten stillen Boykotts werden Konsumenten nicht zum Boykott aufgerufen, sondern durch Meldungen in den Massenmedien auf Missstände aufmerksam gemacht und entscheiden sich in großer Zahl gegen den Konsum bestimmter Waren, insbesondere angesichts drohender Gesundheitsgefährdung durch bestimmte Nahrungsmittel. Das über moderne Kommunikationsmittel gesteuerte und von tagespolitischen Ereignissen geprägte moralische Engagement via Konsum verursacht in den meisten Fällen keine hohen persönlichen Kosten. Man wechselt die Tankstelle, kauft Adidas-Schuhe statt Nike, trinkt Pepsi statt Coca-Cola, isst Nicaragua-Bananen statt Chiquita. All diese Verhaltensweisen geben uns das gute Gefühl, etwas gegen das Unrecht in der Welt zu tun. So kann man abends wieder besser einschlafen. Der moralisch korrekte Konsum ist eine milde Form des zivilen Ungehorsams, der keinerlei staatliche oder juristische Sanktionen befürchten muss. Es gibt kein Gesetz gegen den Konsumverzicht, und selbst wenn wir angesichts der Appelle an den Verbraucher misstrauisch werden können: Eine Pflicht zum Konsum wäre nur äußerst schwer durchsetzbar. Dafür ist der moralische Konsum eine Geschäftsidee unter anderen geworden und hat noch eine große Zukunft vor sich. »Nichts wird daher (...) in der Konsumgesellschaft so begeistert konsumiert wie Konsumkritik. Sie belastet den Konsumenten allerdings wieder mit Arbeit, und zwar der härtesten, die er kennt, nämlich seinen Konsum auch noch zu legitimieren. Das ist besonders perfide, weil jeder weiß, dass das nicht geht. Die Konsumgesellschaft funktioniert zwar prächtig, aber niemand kann diesen Zustand so recht verteidigen.«[2]

Alle Formen institutionellen oder individuellen Widerstandes bringen die großen Konzerne zugegebenermaßen in Schwierigkeiten. Nüchtern betrachtet hat der öffentliche Druck der Aktivisten einige der mächtigsten und profitabelsten Markenunternehmen dazu gezwungen, die Qualität ihrer Public Relations massiv zu erhöhen. Die mit viel öffentlichem Tamtam vorgetragenen moralischen Standards sind im Wesentlichen, so Mathias Greffrath in der *Zeit*, »schlüpfrige Kreuzungen von Werbetext und Kommunistischem Manifest«. Dass sich die Konsumkritik auf die großen Markennamen fokussiert, liegt einfach daran, dass sie die sichtbarsten Zeichen für die Perversionen unserer Konsumgesellschaft geworden sind. Gerade weil ihre Omnipräsenz selbstverständlich geworden ist, sind sie zu Symbolen eines verselbstständigten Wirtschaftssystems geworden, das nach Ansicht vieler pathologische Züge angenommen hat. Aber die Konsumkritik als Unternehmens- und Markenkritik droht immer auf der Ebene des »korrekten Konsums« zu bleiben.

»Der konzernkritische Aktivismus ist ein Oszillieren zwischen Verbraucherschutz und politischem Handeln. Die Kampagnen gegen führende Marken sind immer in Gefahr, zu rein ethischen Einkaufsführern zu werden, die das schlechte Gewissen westlicher Verbraucher beruhigen sollen. Tierversuchsfrei, kinderarbeitsfrei, fairer Tee, Kaffee und Kleidung – reduziert auf Verbraucherkategorien wird jegliche Kritik zu einer Frage des ›politisch korrekten Konsums‹. Es ist zwar nur allzu logisch, dass Marken als sichtbare Symbole im Vordergrund der Kritik stehen, primär bleibt aber das politische und wirtschaftliche System, das die Logiken von Ausbeutung und Profitmaximierung nicht nur erlaubt, sondern fördert.«[3]

Kritischer Verbraucher zu sein bedeutet meist ausschließlich, sich für die Verteidigung eigener Interessen einzusetzen. Ein mündiger Bürger zu sein würde im Gegensatz dazu bedeuten, dass man versuchte, seine vereinzelte Existenz zu überwinden, vom eigenen Leben zu abstrahieren und sich mit anderen zusammenzutun, um Einfluss auf die Politik zu nehmen, Macht zu teilen und gemeinsam auszuüben. Verbraucherkritik allein verbleibt im System des von ihr Kritisierten.

»Die Verbraucherzeitschriften und -vereinigungen haben mit gewöhnlichen Zeitungen und Zeitschriften gemeinsam, dass sie unsere Aufmerksamkeit für die Dinge und deren Qualitäten und Nachteile erregen, anstatt uns von ihnen zu befreien. Es hat eine Revolution gegeben, aber sie fand innerhalb der Warenwelt statt: Verbraucherschutz bedeutet nur, dass man die Spielregeln besser beherrscht, nicht, dass man aufgehört hat, mitzuspielen.«[4]

Verbraucherkritik bedeutet in den allermeisten Fällen auch nicht, den Verzicht zu postulieren. Man soll »anders« konsumieren, aber nicht den Konsum per se verweigern. Der Kampf um die Kaufkraft ist das letzte Tabu, an das niemand zu rühren wagt. Kein Politiker kann ernsthaft den Verzicht predigen, ohne Schaden zu nehmen. Und selbst von alternativer Seite vernehmen wir nur sehr leise Töne, wenn es um private Einschränkungen geht.

Gerade weil das System des Konsumismus omnipräsent geworden ist, unterliegen alle unsere Handlungen und Widerstände der Struktur bestimmter Zwänge, die man auch beim besten Willen nicht umgehen kann. »Im Sea Princess Hotel wird nach Ernährungstipps gefragt. Alexander, der Praktikant beim Weltsozialforum (in Bombay, Januar 2004; Anm. A.M./M.S.), ist schon seit Monaten in der Stadt und weiß Bescheid. Bloß kein Wasser aus dem Glas trinken, rät er, nicht mal im Sheraton oder im Hyatt. Stattdessen die versiegelten Plastikflaschen kaufen, wie Pepsi sie vertreibt. (…) Als er dann noch für das Geldabheben die Automaten der internationalen Großbanken vorschlägt, verstummt die globalisierungskritische Diskussion für den Rest des Abends.«[5]

Niemand kann verlangen, dass wir alle Asketen und Konsumverweigerer werden sollen. Angesichts der Bedeutung des Konsums für die Gesamtwirtschaft hätte das auch fatale Folgen. Deshalb wird jede Konsumkritik damit leben müssen, dass ihr Inkonsequenzen und Halbherzigkeiten unterstellt werden. Umweltschäden anzuprangern und gleichzeitig Auto zu fahren ist sicher ein Widerspruch. Der Flug nach Bangkok oder Sydney in den lang ersehnten Urlaub ist ökologisch gesehen ein Wahnsinn. Den superleichten Laufschuh von Nike zu tragen, den philippinische Frauen für 15 Cent pro Stunde zusammennähen, stimmt zumindest nachdenklich. Die Liste der Vergehen ließe sich beliebig fortsetzen. Nur muss Konsumkritik damit nicht auch schon falsch sein. Sie muss aber ihre Widersprüche nicht um der »Reinheit der Lehre« willen verleugnen. »Reine Kritik« ist heute nicht mehr möglich. Die gegenwärtige Kritik unterscheidet sich aber von früheren Formen darin, dass sie den Bezug zu den gesellschaftskritischen Theorien verloren hat. Die »großen Erzählungen« der Moderne (Jean-François Lyotard), auch die Konsumkritik, sind fragmentär geworden, zerfallen in einzelne Themen, Aktionen und Bewegungen. Dennoch sind sie in der Tradition der Aufklärung, des großen Projekts der Moderne, zu sehen. Der Konsum ist dabei der Schnittpunkt unterschiedlichster Ansätze, das Dispositiv, in dem alle Probleme unserer Welt in einem Begriff gebündelt sind. »Die Institutionen der Kritik haben sich von der Gesellschaftstheorie gelöst und sind selbständig geworden. Sie machen uns auf die aktuellen Probleme aufmerksam: auf die Umweltverschmutzung, auf die weltweit gesehen massiv ungerechte Verteilung der Ressourcen und des materiellen Wohlstandes, auf Hunger, Krankheit und Tod jenseits unseres Kontinents, auf die Kluft zwischen Armen und Reichen. Alles Probleme, die mit dem Konsum zusammenhängen. Eine Kritik, die am Konsum ansetzt, vertraut auf die Einsicht des Einzelnen. Sie ist dem aufklärerischen Ideal verpflichtet, dass jede/r Einzelne sich ihrer/seiner Verantwortung bewusst wird und sich fragt, ob sie/er damit einverstanden ist, wie es ist.«[6]

Konsumkritik ist so nichts anderes als alltägliches, praktisches und konkretes Handeln. Sie ersetzt aber *nicht* die politische Kritik eines Systems, das im Konsum seine wahre »demokratische Bestimmung« gefunden hat und gerade dadurch einen sagenhaften Siegeszug hinter sich (und voraussichtlich auch vor sich) hat. Geld macht alle gleich, unabhängig von Herkunft, Familie, Religion oder Beruf. Jede Ware steht am Horizont des Erwerbbaren, jedes Konsumgut ist zumindest potenziell disponibel. Das macht den Konsumismus zum mächtigsten und allgemeinsten Dispositiv unserer Zeit. Diesem Verhältnis zur Welt scheint nur noch der wachsende religiöse Fundamentalismus etwas Eigenes entgegensetzen zu können.

Politik und Aufmerksamkeit: »Der Überfluss der Zeichen«

Das demokratische Element der Konsumgesellschaft besteht in einer monetären Egalität. Kaufkraft ist eine allgemeine Eigenschaft von Individuen, sie basiert nicht auf gesellschaftlichen oder angeborenen Privilegien, die zwar eine Voraussetzung für sie sein können, aber sie niemals vollständig bedingen. Die Stärke einer fortgeschrittenen Konsumgesellschaft besteht darin, dass in ihr jeder zumindest die Möglichkeit zur Partizipation hat, auch wenn das häufig nicht gelingen mag. »Was die Warenwelt als Objekt der Projektion unserer Sehnsüchte so attraktiv macht, ist, dass man die Waren grundsätzlich alle kaufen kann. Ganz egal, was einer ist und was einer macht: Hat er das nötige Geld, kann er sich seinen Wunsch erfüllen. Diese Demokratisierung des materiellen Wohlstandes wurde von liberaler Seite oft hervorgehoben und der so genannte Amerikanische Traum, die theoretische Möglichkeit vertikaler Mobilität, wurde als Antrieb wirtschaftlichen Handelns postuliert. Dieses Argument unterstellt eine Gleichsetzung der Demokratisierung des Wohlstandes mit einer Demokratisierung des Glücks. Man schreibt den materiellen Gütern die mythische Fähigkeit zu, uns glücklich zu machen.«[7]

So wird der Konsum zum Beweis, es geschafft zu haben. Denn in ihm spiegelt sich nicht nur materieller Reichtum, sondern er verleiht auch das Gefühl, die vertikale Leiter innerhalb der Gesellschaft nach oben gestiegen zu sein. Demokratie bedeutet in diesem Zusammenhang, dass der Staat lediglich die Wahlmöglichkeiten des Konsumenten erhöht. Die Stärkung des Konsumenten und der privaten Kaufkraft über steuerliche Entlastungen und gesetzliche Maßnahmen ist zu einem Hauptanliegen der heutigen Politik geworden. Der Staat wird immer mehr zum Konsumentenstaat, der bestimmte Erwartungen fördert und eine Art Versicherung für den vollen Einkaufswagen darstellt. Politik selbst verwandelt sich in eine Form der Dienstleistung, die für den ungehemmten Konsum sorgt: »Dass der Staat nun daran gemessen werden will, ob er die Kaufkraft und die Wahlmöglichkeiten seiner Bürger maximiert, befördert bei diesen eine Erwartung an die Politik, die sich als die von Konsumenten begreifen lässt. Bobbitt (amerikanischer Historiker, der den Begriff des Marktstaates geprägt hat; Anm: A.M./M.S.) sagt, in einem solchen Klima werde Politik zu einer reinen ›Versicherungsfrage‹: Die Wähler suchen nach allem, was ihnen die größtmögliche Freiheit garantiert, sich aus den Unsicherheiten des Lebens freizukaufen. Dadurch wächst der Druck, Politik per Plebiszit und Marktforschung zu betreiben – mit der Folge, dass Regierungshandeln darauf verkürzt wird, möglichst rasch auf die Wünsche der Konsumenten zu reagieren.«[8]

Im Konsumentenstaat besteht die Tendenz, jegliches politische Handeln nur noch im Hinblick auf die eigene Kaufkraft zu messen. Geht sie zurück, muss die politische Führung abgewählt werden. Politik reduziert sich für die meisten Bürger inzwischen auf Fragen des privaten Konsums. Politische Kommunikation wird zu einer Form der Werbung. Genau wie diese muss Politik heutzutage Aufmerksamkeit um jeden Preis erregen. Die Omnipräsenz der Werbung ist dabei symptomatisch für einen umfassenden Erregungszustand der Gesellschaft, der die Aufmerksamkeit zum »Zahlungsmittel« macht. Es entsteht ein »mentaler Kapitalismus«[9], der mit den Massenmedien einen eigenen Dienstleistungssektor hervorbringt.

Der Übergang von einer Parteien- zu einer Mediendemokratie wird darin sichtbar, dass die Politiker nicht allein Objekt der Berichterstattung sind, sondern zu Geschäftspartnern der Medien werden. Keine Sendung drückt diese Verschiebung besser aus als die am Sonntagabend live in Berlin stattfindende Talkrunde »Sabine Christiansen«. Die Medien spielen für die Politik die Rolle, die der Finanzsektor in der Ökonomie hat. Ihre Währung ist in Aufmerksamkeitseinheiten festgelegt. Welcher Politiker hat wie viele Minuten pro

Sendeplatz? Wie oft wird sein Name in den großen Printmedien erwähnt?

Der Markt der Aufmerksamkeit ist hart umkämpft. Der Politiküberdruss, den statistische Umfragen ans Tageslicht bringen, korrespondiert mit einem Überdruss an den unzähligen Angeboten, Werbungen und Slogans, die uns täglich umgeben. Nur noch acht Prozent der Befragten erinnerten sich bei einer psychologischen Befragung am nächsten Tag noch an einen Fernsehspot. Der derzeit vielerorts konstatierte Konsumstreik ist vielleicht auch ein Zeichen für einen psychischen Überdruss und nicht allein der mangelnden Kaufkraft geschuldet, die meist als alleiniges Erklärungsmodell für die »Konsumverweigerung« der Bürgers dient.

Die gegenwärtig zu beobachtenden Schwierigkeiten beim Absatz der neuesten Produkte der Aufmerksamkeitsgesellschaft zeigen unseres Erachtens eine Übersättigung der Konsumenten durch die vorhandenen Angebote. Das Interesse für immer neue Produkte, Serviceleistungen und Dienste lässt nach, weil immer weniger Konsumenten einen *Sinn* dahinter erkennen können. Unklar bleibt bei dieser Verweigerung, ob wir es heute mit einer »normalen« Krise in einer Umstrukturierungsphase von Wirtschaft und Gesellschaft zu tun haben oder mit einer faktischen Grenze der kommerziellen Ausschlachtung von Erfahrung und Kultur. Wenn das gesamte menschliche Handeln, Denken und Erleben, also Kultur im weitesten Sinne, zur homogenen Ware wird, die bearbeitet, neu verpackt und verkauft werden kann, verliert der Kommerz auf Dauer sein wichtigstes Reservoir: die kulturelle Diversität. Das ruft unweigerlich unterschiedliche Formen des Widerstandes hervor, die bereits deutlich zu beobachten sind. Dem steht entgegen, dass die Erlebnisindustrie nicht nur eine globale Maschinerie zur Produktion konformer Realität ist, sondern zugleich in ihrer Totalität für jeden das Passende liefert – entsprechende Kaufkraft natürlich vorausgesetzt. Vielleicht ist irgendwann auch sozialer und individueller Widerstand fein säuberlich und abgepackt als unvergessliches Erlebnis zu kaufen. Spätestens dann wird Celebration von Revolution City abgelöst werden.

Der Verlust an zu befriedigenden Grundbedürfnissen produziert das Verlangen nach den einzigen Waren, die heute wirklich knapp geworden sind: »Gewiss, man hatte sich das Ende des Materialismus anders vorgestellt. Man hätte eher eine neue Bescheidenheit als eine neue Auffälligkeit assoziiert. Es wäre einem eher die Mehrung der Substanz als die Entfesselung der Schau in den Sinn gekommen. (...) Wenn eine Umorientierung zu erwarten war, dann doch eine innerhalb des Hedonismus. Nur mit stärkeren, nicht mit schwächeren Reizen lässt sich die materialistische Orientierung überwinden. Stärker als die Reize des Wohllebens sind die Verlockungen zur Eroberung der Herzen und Sinne. Angenehmer als der physische Komfort ist die wärmende Zuneigung anderer Menschen, wohltuender als deren praktische Dienstbarkeit ist ihre teilnehmende Einfühlsamkeit.«[10]

Am Ende des ökonomischen Materialismus stehen wieder menschliche Grundbedürfnisse, die befriedigt werden wollen. Aufmerksamkeit, Sinn, Zuneigung, Ruhe, Zeit. »Der Luxus der Zukunft verabschiedet sich vom Überflüssigen und strebt nach dem Notwendigen.« (Hans Magnus Enzensberger) Mit der Verlagerung von einst selbstverständlichen (familiären) Tätigkeiten zu professionellen Anbietern vollzieht sich eine entscheidende Verschiebung. Der Leihopa oder der in Japan entwickelte Roboter, der sich um alte Leute kümmern soll, sind nur zwei Beispiele für Dienstleistungen auf dem Gebiet der Zwischenmenschlichkeit. Den »Märkten der Sorge« ist allein aufgrund der veränderten Altersstruktur in unserer Gesellschaft eine große Zukunft zu prognostizieren. Aber nicht nur der wachsende Pflege- und Sozialbereich ist ein Hinweis auf eine wichtige Veränderung. Prinzipiell gehören schon heute viele Unternehmen und Organisationen wie The Body Shop, Greenpeace oder amnesty international einem Markt an, der sich professionell um unsere Sorgen bezüglich Umwelt oder Menschenrechte kümmert. Die Zukunft gehört einem »Caring Capitalism«, der sich um »einfachste« Dinge kümmert, die zum Luxus in einer fortgeschrittenen Konsumgesellschaft geworden sind.

Händler und Helden: »Dschihad vs. McWorld«

Norbert Bolz vertritt in seinem Buch *Das konsumistische Manifest* die Auffassung, dass die Konsumgesellschaft die einzig mögliche Antwort und auch den Gegenpol zum Anwachsen radikaler religiöser Kräfte darstellt. Sie allein ist ihm zufolge in der Lage, die ganze Welt mit ihren Produkten und Versprechungen zu pazifizieren und ein Zusammenleben unterschiedlichster Kulturen zu ermöglichen. Nur sie sei fähig, Menschen zu integrieren, ohne Gewalt anwenden zu müssen. »Die Friedlichkeit der Existenz, die vom Markt ausgeht, setzt universale Geldwirtschaft voraus. Unter diesen Bedingungen ist aber nur ein einziger Lebensstil massendemokratisch möglich, nämlich der Konsumismus. Der Konsumismus ist das Immunsystem der Weltgesellschaft gegen den Virus der fanatischen Religionen. (…) Der Konsumismus verspricht weder das Ziel noch das Ende der Geschichte, sondern nur das immer wieder Neue.«[11]

Damit grenzt sich Bolz, wie er selbst hervorhebt, von dem Nationalökonomen Werner Sombart ab, der Anfang des 20. Jahrhunderts für den Helden und gegen den Händler plädierte. Nur bildete damals nicht der Islam, sondern England das Gegenstück zu einem sich noch heroisch empfindenden Deutschland. England, wie Sombart 1915 in *Händler und Helden* ausführte, das Land der Krämer und des bürgerlichen Tauschprinzips, gefangen in konservativer Erstarrung, Komfort, Profit und allenfalls noch dem Sport verpflichtet, bildete das Gegenstück zum modernen und aufstrebenden Deutschland. Für ihn repräsentierte dieses Deutschland die heldischen Qualitäten, die Kulturideale eines Menschentums, das nicht auf Gewinn oder Genuss, sondern auf weite, außeralltägliche Ziele gerichtet und von großer Opferbereitschaft beseelt sei. Genau um diese Ideale ging es Sombart zufolge im Ersten Weltkrieg: »Der Krieg, der die Vollendung der heldischen Weltanschauung bildet, der aus ihr hervorwächst, ist notwendig, damit diese heldische Anschauung selber nicht den Mächten des Bösen, nicht dem kriechenden Händlergeiste zum Raube werde.«[12]

Im Gegensatz zu Sombart plädiert Bolz für den »Händlergeist«, den er als einzig mögliche Antwort auf eine vernetzte und ineinander verflochtene Welt sieht. »Der pragmatische Kosmopolitismus ist konkret Konsumismus. Wir plädieren also, Sombart vom Kopf auf die Füße stellend, für die Händler und gegen die Helden – man könnte auch sagen: für Konsumbürgerlichkeit.«[13]

Der Konsumismus als die einzige Hoffnung der Welt. Was Bolz in seiner – natürlich beabsichtigten – Provokation linker Konsumkritiker nicht thematisiert oder verschweigt, sind die Konsequenzen aus einer Realität, die einer bedingungslosen Huldigung des Konsums und des »Händlergeistes« auf globaler Ebene folgen würde. Übertragen auf eine annähernd homogene Weltgesellschaft würde das momentane Konsumniveau des Westens unmittelbar eine ökologische Katastrophe nach sich ziehen. Man muss sich nur einmal vorstellen, dass Indien und China über dieselbe Autodichte wie Deutschland verfügten oder ihren Pro-Kopf-Energieverbrauch den USA annähern würden. Auf Dauer wird der Westen nicht verhindern können, dass auch andere Weltregionen zu Recht dieselben Annehmlichkeiten für sich fordern, über die wir schon verfügen. Konflikte sind vorprogrammiert. Auf der anderen Seite zeigt die Realität, dass heute immer mehr Menschen und territoriale Räume ökonomisch »überflüssig« werden und sich daher gegen das Prinzip des westlichen Konsumismus, das im Wesentlichen die Zerstörung traditioneller Lebensstrukturen bedeutet, massiv zur Wehr setzen.

Wahrscheinlich ist die Modernisierung, global gesehen, unaufhaltbar, und manche Kommentatoren führen das Problem des religiösen Terrorismus auf Modernisierungsprobleme in den islamischen Gesellschaften zurück. Das System des Petrolismus und eine Rentierökonomie verhindern bis dato freie marktwirtschaftliche Konkurrenz, und das Fehlen von darin bestehenden Möglichkeiten setzt vielfach exzessive und gewalttätige Kräfte frei, die sich nach außen ableiten. Der religiöse Fundamentalismus erscheint im Kontext der Modernisierungsblockade als ein innerislamisches Phänomen und weniger durch den »bösen Westen« hervorgerufen.[14]

Der Konsumismus und der religiös motivierte Fundamentalismus sind die beiden großen und vielleicht letzten Glaubenssysteme des 21. Jahrhunderts, wobei dem Konsumismus nicht einmal eine Ideologie unterstellt werden kann, da er vollkommen dogmenfrei funktioniert. Das unterscheidet ihn von einer wirklichen Religion. Der Hauptvertreter der These einer großen Konfrontation zwischen diesen beiden Systemen ist der amerikanische Autor Benjamin Barber, der in seinem Buch *Coca-Cola und Heiliger Krieg* die Auffassung vertritt, dass auf lange Sicht der Siegeszug von »McWorld«, also des Konsumismus, unaufhaltsam sein wird. Zwar mögen spektakuläre Selbstmordattentate und Bombenanschläge den Dschihad (zumindest medial) wirksamer erscheinen lassen als die Gesetze des Marktes, faktisch frisst sich aber »McWorld« lautloser und tiefer in unsere Welt als alle religiös motivierten Vernichtungsaktionen.

»Wenn auf kurze Frist auch die Kräfte des Dschihad, lärmender und eindrucksvoller als die von McWorld, die nahe Zukunft beherrschen dürften, so sind es doch langfristig die Kräfte von McWorld, die dem langsamen Vordringen der westlichen Zivilisation zugrunde liegen – sie dürften unaufhaltsam sein. Die Mikrokriege des Dschihad werden die Schlagzeilen noch bis weit in das nächste Jahrhundert füllen und die Prognosen von einem Ende der Geschichte als töricht erscheinen lassen. Aber McWorlds Homogenisierung wird mit aller Wahrscheinlichkeit einen Makrofrieden zur Folge haben, der den Triumph des Handels und seiner Märkte begünstigt und die Kontrolle über die Weltkultur wie das Geschick der Menschheit letzten Endes (wenn auch unabsichtlich) denen ausliefert, die über Information, Kommunikation und Unterhaltung herrschen.«[15]

Aber vielleicht ist die Gegenüberstellung von »McWorld« und Dschihad auch nur eine künstliche Konstruktion, die uns eine absolute Gegensätzlichkeit suggeriert. Die Kräfte des Dschihad bedienen sich jedenfalls schon längst moderner Medien und Geschäftspraktiken, die auch einem westlichen Wirtschaftsführer Respekt abverlangen. Das beste Beispiel für die Symbiose beider Welten ist die heute im Libanon beheimatete Hisbollah, die Partei Gottes. Sie unterhält ein kommerzielles Netz von Firmen, Tochtergesellschaften, Fernseh- und Radioanstalten, in denen selbst der Tod noch zum lukrativen Geschäft wird. Der Dschihad ist in der Variante der Hisbollah eine Franchise-Idee, die weiterverkauft werden kann.

»Würde man das Selbstmordattentat nüchtern als ein bestimmtes Verfahren bezeichnen, so war es die Hisbollah, die diesem Verfahren Regeln verlieh, seine Ordnung lieferte, es auf ein stabiles Fundament stellte und das Marketing besorgte. Führe man fort, die Hisbollah im Rahmen dieser Metapher zu beschreiben, so ist sie ein schillernder Mischkonzern, eine Holding für verschiedenste Aktivitäten«, so der Journalist und Islamkenner Christoph Reuter. In der Zeitung, dem Rundfunk und dem hauseigenen Fernsehsender der Hisbollah wird ein profaner Kult um das Märtyrertum betrieben. Selbstmordattentäter und ihre Taten werden gepriesen und Abschiedsvideos, manchmal sogar Bilder der Tat, öffentlich gemacht. Ahmed Saad, Videofilmer und Hisbollah-Funktionär, zeigt Christoph Reuter nicht ohne Stolz seine »Produkte«: »›Links Hochzeitsfilme, rechts Märtyrervideos‹, beschreibt er sein Archiv. Märtyrervideos? Na ja, Aufbahrung, Klagen, Umzug durch die Stadt, Beerdigung, Salutschüsse, professioneller Schnitt.‹ Eine solide Grundlage in diesen Zeiten.« Der Hisbollah-Fernsehsender Manar TV ist eines der erfolgreichsten Unternehmen der Dschihad Inc. Nach US-amerikanischem Vorbild liefert er Reality-TV direkt in die arabischen Haushalte.

»Ausgehend davon, dass der Krieg nicht alles sei, sondern es auch auf die Medienwirkung ankommt, haben die meisten Kommandotrupps der Hisbollah ein Kamerateam dabei. Eine gnadenlose Kombination: Vormittags läuft bei Manar TV das Kinderprogramm, nachmittags Sport, und zur Prime Time fliegt ein feindlicher Panzer in die Luft – islamisches Reality-TV, welches so viele Zuschauer findet, dass nun intern darüber gestritten wird, ob man Coca-Cola- und Pepsi-Werbung nicht doch zulassen soll. (…) Und weil diese blutige Form des Reality-TV der Quotenhit des Senders ist, der eine eigene Abteilung beschäftigt, die nur damit zugange ist, Videokassetten zusammenzustellen und für den Verkauf zu kopieren. ›Die Israelis gucken uns auch‹, sagt Herr

Hassan (Programmdirektor von Manar TV; Anm.: A.M./M.S.), und es freut ihn. ›Der Generalstab sieht sich alles von uns an, und über die Pools wie reuters tv verkaufen wir unser Material auch an israelische Sender.‹ (…) Mittlerweile sei Manar TV mit 800000 Zuschauern die Nummer eins im Süden und in der Bekaa und im Kinderfernsehen, einer Melange aus Koranexegese und Popeye, schon die Nummer eins im ganzen Land.«[16]

Es scheint, als sei die westliche Konsumlogik bei ihren angeblichen Todfeinden auf findige Nachahmer gestoßen. Auch Helden können Händler sein. So lauschen schiitische Fanatiker zwar den Reden ihrer Mullahs vom Heiligen Krieg, das hält sie aber nicht davon ab, parallel dazu Rupert Murdochs Sky TV einzuschalten, der ihnen »Dallas«, »Drei Engel für Charlie«, »Magnum« und »Die Simpsons« direkt ins Wohnzimmer liefert. Sony-Videorecorder ermöglichen die Sichtung der neuesten Pornos der westlichen Sexindustrie. Afghanische Taliban laufen mit Adidas-Schuhen und Nike-Mützen herum, hören im Sony-Walkman westliche Popmusik und begeistern sich für Fast Food.

Beide Systeme, der Konsumismus und der Fundamentalismus, sind unter diesem Blickwinkel eher Verbündete und schwarze Zwillingsbrüder als Gegner. Einig sind sie sich im Kampf gegen die Ideen der Demokratie und der Zivilgesellschaft. Die ausschließlich im Westen vertretene These von einem Ende der Geschichte und dem Sieg des liberalen Systems hat sich nach dem Zusammenbruch des Kommunismus 1989 nicht bewahrheitet. Der zunächst lokale, sich auf dogmatische Prinzipien berufende religiöse Fundamentalismus und der durch globale Konzerne vertretene Konsumismus, der das gesamte öffentliche Leben den Gesetzen der Ökonomie und des Marktes unterwerfen will – diese beiden Systeme brauchen einander wahrscheinlich mehr, als sie zugeben. Zumindest Letzteres benötigt auch uns als »brave Konsumenten«, die durchaus einmal kritisch sein dürfen, solange sie nicht allzu stark an den Grundfesten rütteln. Dass wir gleichzeitig die Privilegien der Konsumgesellschaft in vollen Zügen genießen und sie in ihren Auswüchsen verdammen, macht unsere Position als Kritiker zwar nicht leichter, bedeutet aber auch nicht, schweigen zu müssen.

Anmerkungen

Politik

1 Der Name des Kriegsheimkehrers Otto Normalverbraucher (gespielt vom damals jungen Gert Fröbe) in der deutschen Nachkriegssatire »Berliner Ballade« von 1948 ist zum Synonym für den durchschnittlichen deutschen Konsumenten geworden.

2 Im August 2003 war Deutschland wieder Exportweltmeister, vor den USA und Japan. Deutschland führte Waren im Wert von 62 Milliarden US-Dollar aus und war so seit elf Jahren wieder exportstärkste Nation. Insgesamt belief sich der Export im Jahr 2003 auf 661,6 Milliarden Euro.

3 Die Diskussionen über die Ladenöffnungszeiten gingen sogar bis zum obersten deutschen Gericht in Karlsruhe. Am 9. Juni 2004 entschied das Bundesverfassungsgericht, dass die bestehenden Ladenöffnungszeiten verfassungsgemäß sind. Geklagt hatte der Warenhauskonzern Kaufhof, der 1999 seine Filiale am Berliner Alexanderplatz am Wochenende geöffnet hatte, was ihm daraufhin untersagt wurde. Vgl. Meldung der Nachrichtenagentur AP vom 09.06.2004.

4 Dazu der Sozialwissenschaftler Dominik Schrage: »Konsumismus kann ›in dieser Perspektive‹ als ein soziale Schichten übergreifendes Weltverhältnis verstanden werden, das die Integration in die Massenkultur attraktiv erscheinen lässt – ganz unabhängig davon, ob marktförmige Integration als ›Entpolitisierung‹ verstanden wird oder als Partizipation.« (S. 72) Schrage bezeichnet diese Form der Integration über den Konsum als unvollständig: »Denn bei der Massenkultur handelt es sich um einen Typ universaler (im Sinne nichtsegmentärer), aber unvollständiger Integration. Universal ist diese Integration insofern, als die Disponibilität der Waren und kulturellen Manifestationen eine umfassende ist – im Gegensatz zu vormodernen Gesellschaften Beschränkungen nur relativ von Res-

sourcenbesitz abhängig sind und nicht in absoluter Weise unzugänglich –; unvollständig dagegen deshalb, weil es sich gerade nicht um die Integration in eine geschlossene Sozialordnung handeln, sondern Kaufakte, Nutzungsweisen und Bedeutungszuschreibungen nicht normativ oder rituell geregelt sind.« (S. 69) Ders.: »Integration durch Attraktion – Konsumismus als massenkulturelles Weltverhältnis«, in: *Mittelweg* 36 06/2003, S. 57–86.

5 Vgl.: *Der Spiegel,* »Geiz macht arm«, 51/2004.

6 Der US-amerikanische Regisseur Morgan Spurlock machte in seinem Film »Super Size Me« den Selbstversuch. Er ernährte sich einen Monat ausschließlich von McDonald's Fast Food, trieb keinen Sport und unternahm nur noch die nötigsten Schritte. Die Ergebnisse – unter anderem verfettete seine Leber und er nahm elf Kilo zu – sind nicht nur schockierend, sondern auch sehr unterhaltsam festgehalten. Der Film, der im Juli 2004 auch in deutsche Kinos kam, sorgte in den USA für großes Aufsehen und heizte die Diskussionen um die Fettleibigkeit der US-Amerikaner weiter an.

7 Die Stiftung Warentest testete im Juni 2004 erstmals Kinderlebensmittel. Die Ergebnisse waren eindeutig: Die speziellen Fertigprodukte sind überflüssig, zu süß und zu fett. Siehe hierzu: *test* 06/2004, S. 16ff.

8 Obwohl Nordamerika und Europa weniger als 17 Prozent der Weltbevölkerung stellen, waren sie im Jahr 2000 für 59,6 Prozent des weltweiten Energieverbrauchs verantwortlich. Die USA verbrauchten so viel Energie wie Deutschland, Japan, Russland und China zusammen. Der gemeinsame Pro-Kopf-Verbrauch mit Kanada ist der höchste in der industrialisierten Welt und etwa doppelt so hoch wie der Deutschlands. Vgl. hierzu: *Fischer Weltalmanach 2005*, Frankfurt/M., 2004, S. 641ff.

9 Nach Einschätzung der Landesmedienanstalten haben die Ostalgie-Shows »durch eine betonte Unterhaltungsfixierung politische Elemente ausgegrenzt und damit einem ›heilen DDR-Bild‹ Vorschub geleistet«. Siehe: http//:www.alm.de/gem_stellen/presse_pwm/pm/121103.htm.

10 Nach einer Emnid-Umfrage vom August 2003 fanden 59 Prozent der Befragten, dass die DDR-Shows den Osten in ein falsches Licht rückten. 22 Prozent meinten, dass ein Unrechtsstaat wie die DDR nicht für eine Unterhaltungssendung tauge, aber 38 Prozent finden es in Ordnung, dass die schönen und lustigen Seiten der DDR gezeigt werden. Siehe unter: http://www.quotenmeter.de/index.php?newsid=2889.

Produktion

1 Kotlin, Joel und Friedman, David: »Why Every Business Will Be Like Show Business«, in: *Inc.* 03/1995, S. 66.

2 Rifkin, Jeremy: *Access. Das Verschwinden des Eigentums*, Frankfurt/New York 2000, S. 43.

3 Siehe unter: http://www.nadeshda.org/foren/cl.medien.contraste/p105s123a20.html.

4 In der griechischen Mythologie ist Phaeton der Sohn des Sonnengottes Helios und kommt beim Versuch, den Himmelswagen seines Vaters zu lenken, zu Tode. Seinen Namen für ein Auto zu verwenden erscheint daher seltsam, zumindest erinnert er aber an etwas Göttliches. Wahrscheinlich haben die Namensgeber aber mehr an den »phaeton« gedacht, einen eleganten, offenen Kutschenwagen im England des 18. Jahrhunderts, einer Zeit, in der alles Französische als Inbegriff des Luxuriösen galt. Im November 2003 kam die Meldung, dass der Phaeton ein Flop auf dem Verkaufsmarkt für Autos ist. Die Marke VW und Luxuskarosserien gehen offenbar nicht zusammen.

5 Dagegen stehen die in den USA, zunehmend aber auch in Deutschland verbreiteten »Mini-Jobs«: Tütenpacker oder Orangenauspresser, die winzige Dienstleistungen anbieten, von denen sie nicht leben können. Ergo brauchen sie mehrere davon. Viele Betreiber einer Ich-AG sind gezwungen, Leistungen zu erbringen, die bislang unentgeltlich waren. Die Senfverkäuferin oder der Puppenspieler auf den offiziellen Postkarten der Bundesanstalt für Arbeit sind herausragende Beispiele für die Akzeptanz dieses Zwanges. Ansonsten kann man diese Werbekarten nur als Ironie oder zynische Kommentare verstehen.

6 Eine gegenteilige Bewegung finden wir in der Auslagerung (Outsourcing) einst familiär oder privat organisierter Hilfs- und Pflegetätigkeiten. Der »Markt der Sorge« ist in der Tat einer der am schnellsten wachsenden Wirtschaftszweige in den entwickelten Konsumgesellschaften.

7 Obermeier, Birgit: »Käufer an die Macht«, in: *Business 2.0*, 1/2001, S. 12.

8 Siehe unter: http://www.giga.or.at/others/krisis/e-lohoff_politische-oekonomie-information.html.

9 Bolz, Norbert: *Das konsumistische Manifest*, München 2002, S. 98.

10 Buchholz, Simone: »Wünsch dir was.« In: *brand eins*, 5. Jahrgang, Heft 1, Februar 2003, S. 55.

11 Ebd.
12 Zit. nach Rifkin, Jeremy: a.a.O., S. 134.
13 Drucker, Peter: *The Practice of Management*, Oxford 1954, S. 35.

Religion

1 Natürlich ist es auch die »Exotik« des Mönchs, des Priesters oder der Nonne, die sie als Werbefiguren so wirksam macht. In einer hedonistischen und konformistischen Welt sind sie auffällige Identitäten und werden auch deshalb so gerne in der Werbung gezeigt.
2 Benjamin, Walter: *Gesammelte Schriften*. Hrsg. von R. Tiedemann und H. Schweppenhäuser. Frankfurt/M. 1991, Band VI, S. 100.
3 Dieselbe Inhaltslosigkeit finden wir auch zunehmend auf der Ebene der Politik, die der vorherrschenden ökonomischen Logik nichts anderes mehr entgegensetzen kann als die Idee des »Funktionierens«. Aktuelles Musterbeispiel dafür ist die SPD, die alle weltanschaulichen Positionen aufgegeben hat und nur noch funktionale »Ideen« vertritt. Politik, reduziert auf ihren bloßen Funktionsmechanismus, hat sich bestenfalls selbst aufgegeben, im schlechtesten Fall wird sie totalitär.
4 Benjamin, Walter: *Gesammelte Schriften*, a.a.O., S. 100.
5 Bolz, Norbert und Bosshart, David: *Kult-Marketing: Die Neuen Götter des Marktes*, Düsseldorf 1995. Die beiden Autoren sind provokante Apologeten der modernen Warenmärkte und ihrer religiösen Funktion. Das Evangelium des Marktes wird als Lösung der Weltprobleme vorgestellt, zumindest, in Anbetracht der fundamentalistischen Alternative, als die »harmloseste Variante«.
6 Siehe unter: http://www.architekturtexte.de/volltexte/autostadt.html.
7 Rauterberg, Hanno: »Glaube, Liebe, Auspuff. Der VW-Konzern baut sich eine eigene Stadt – und verklärt den Autokult zur Religion«, in: *Die Zeit*, Nr. 36, 1999.
8 Ebd.
9 Dass in unserer Gesellschaft tendenziell alles zu Kult werden kann, zeigt folgendes Zitat: »Doch Kult und religiöse Einkaufsmythen versagen vor dem Regal, wenn der Verbraucher den Preis sieht und ein Regal weiter die billigen ›Handelsmarken‹, die vielleicht doch die gleiche Qualität für

die halbe Kohle bieten. Die Angst vor dem ›Smart Shopper‹ ist bei manchem Markenstrategen ausgebrochen, die angesichts einer Omnipräsenz von Markenartikeln jeder Art (›Markenhypertrophie‹) noch verstärkt wird. Wie ist die ›Aldisierung der Gesellschaft im Konsumbereich‹ (Bernd Michael von der ›Markenagentur‹ Grey) noch aufzuhalten, wenn der Einkauf bei Aldi längst selbst *Kult* ist und die vier Buchstaben ebenfalls eine Marke für sich sind?« Siehe unter: http://www.viadrina.euv-frankfurt-o.de/~sk/SS99/werbung99/marken.html (Hervorhebung A. M./M. S.).

10 Bruckner, Pascal: *Ich leide also bin ich. Die Krankheit der Moderne*, Berlin 1996, S. 60.

11 Ebd., S. 61.

12 Rifkin, Jeremy: *Access. Das Verschwinden des Eigentums*, Frankfurt/M./New York 2000, S. 187.

13 Siehe: Schmidt-Bleek, Friedrich: *Wieviel Umwelt braucht der Mensch? MIPS – das Maß für ökologisches Wirtschaften*, Berlin/Basel/Boston 1993, S. 190.

14 Vgl. dazu das ausgezeichnete Buch von Emmanuel Todd: *Weltmacht USA. Ein Nachruf*, München 2003.

Identitäten

1 Siehe unter: http://www.marketing-letter.de/archiv/132.shtml, *Marketingletter* 08/2003.

2 Aus: Riedel, Klaudia: »Keine Macht den Marken«, in: *Die Zeit*, 12/2001.

3 Veblen, Thorstein: *Theorie der feinen Leute. Eine ökonomische Untersuchung der Institutionen*, Frankfurt/M. 1997 (Orig. 1899).

4 Quelle hierfür ist die Konsumstil-Studie des Institutes für sozial-ökologische Forschung (ISOE), Frankfurt/M. Die Konsumtypen der angelsächsischen neoliberalen Consumer-Sociology orientieren sich strenger an Leistungskriterien. Zudem sind sie übersichtlicher, da sie, angelsächsisch nüchtern, lediglich vier Grundtypen erfassen: den Achiever = der hart arbeitende, materialistisch orientierte, gut informierte, erfolgreiche Typus, der dezenten Luxus liebt; den Emulator = der junge, extrovertierte, statusbewusste und konkurrenzorientierte Aufsteiger; den Belonger =

der konservative, konformistische Konsument mit niedrigem bis mittlerem Einkommen und den Sustainer = der arme, marginalisierte Loser, der um seine Existenz kämpfen muss. Vgl. Hassenpflug, Dieter: Materialien zur Vorlesung »Erlebnisgesellschaft – Erlebniswelten«, Bauhaus Universität Weimar, siehe unter: http://www.uni-weimar.de/architektur/soz/Skript.pdf.

5 Lange, Elmar und Frank Muck: *Werkstatt Konsumpädagogik*, Hamm 1997, S. 56.

6 Bolz, Norbert: *Das konsumistische Manifest*, München 2002, S. 96.

7 Ebd., S. 102.

8 Siehe unter: http://www.netdoktor.de/features/schoenheit.htm.

9 Ebd.

10 Siehe unter: http://www.netdoktor.de/feature/schoenheit_operation.htm.

11 Alle Zitate unter: http://www.orea-med.de/neu/indexframes.htm.

12 In der SAT.1-Sendung »blitz« vom 21.01.2004 konnte man sehen, dass US-amerikanische Firmen und Schönheitschirurgen inzwischen »Modenschauen« mit den von ihnen operierten Frauen veranstalten. Hier darf jede frisch Operierte dem Publikum zeigen, welche Perfektion der medizinische Eingriff erreicht hat. Die OP wird zur Werbeveranstaltung.

Marken

1 Vgl. hierzu: Hüetlin, Thomas: »Zehn Männer und eine Marke«, in: *Der Spiegel* 38/2003. Mit der Selbsteinschätzung passt Beckham gut in seinen Verein Real Madrid, dessen Präsident Florentino Perez sagt: »Real ist eine stärkere Marke als Disney.« Der 2003 von Manchester United zu Real Madrid gewechselte David Beckham ist zum Inbegriff eines modernen Sport-Starkults geworden, bei dem der Sportprofi hinter dem Medienstar zurücktritt. Obwohl Beckham in einem Team mit noch besseren Fußballern spielt, wie den Weltmeistern Zinedine Zidane und Ronaldo, ist er der Star in Hochglanzmagazinen und Boulevardsendungen. Real Madrid verkaufte sein Trikot bis Ende 2003 eine Million Mal (das ergab 79 Millionen Euro Umsatz), und die Real-Führung gab zu, Beckham ganz bewusst aus Marketinggründen gekauft zu haben. Der Poptheoretiker Diedrich Diederichsen sieht den Star im klassischen Sinne im

Verschwinden begriffen: »An die Stelle des Stars ist der Promi getreten. Der Star bedeutet etwas, der Promi bedeutet sich selbst. Nein, nicht sich selbst als Person, sondern sich als Logo.« (*taz*, 16.01.2004) Dieser Prozess umfasst nicht nur das Verschwinden des Stars zugunsten des überall auftretenden, milieuungebundenen »Promis«, sondern auch das Verschwinden des Produkts, des Markenprodukts, zugunsten der Marke, des Zeichens. Dieses ist zwar überall zu finden, steht aber letztendlich nur noch für die Bekanntheit und nicht mehr für eine bestimmte Qualität.

2 AEG stand im Volksmund lange Zeit für »aus Erfahrung gut«. Sowohl diese Traditionsmarke wie auch Grundig gibt es nicht mehr als eigenständige Unternehmen. AEG gehört inzwischen zu Siemens, das fränkische Traditionsunternehmen Grundig hat im April 2003 Insolvenz angemeldet und wurde danach aufgeteilt.

3 Die Unternehmen Accenture, ECC Kohtes Klewes und Wolff Olins haben die Initiative »Marke Deutschland« gestartet. Ihr Ziel ist es, die »›Marke Deutschland‹ als Treiber und Katalysator der gesellschaftlichen und wirtschaftlichen Erneuerung« zu nutzen. Siehe hierzu: http://www.markedeutschland.com. Ein wirklich absurdes, aber wohl unvermeidliches Beispiel sind Menschen, die sich als Marken »vermarkten«. Bei Prominenten und Stars erscheint das nicht mehr ungewöhnlich (siehe Beckham), bei (ehemals) unbekannten Menschen schon. Die in den USA lebenden Zwillingsschwestern Mary-Kate und Ashley Olsen, beide 18, vermarkten ihre Jugend und ihr Normalsein. Seit frühester Kindheit werden sie von einem Manager promotet: »1998, als ihre Position innerhalb der Unterhaltungsindustrie immer einzigartiger wurde, sah ich die Gelegenheit, aus Mary-Kate und Ashley eine Marke zu machen, und begann, die entsprechende Nomenklatura gegenüber Presse, Handel und Verbraucher einzusetzen.« So ist das Markenzeichen »mary-kateandashley« inzwischen auf allem zu finden, was Jugendliche interessiert, und die Supermarktkette Wal Mart hat eigene mary-kateandashley-Stores eingerichtet (vgl. hierzu: Padberg, Jürgen: »Zwei Mädels eine Marke«, in: *brand eins* 08/2002). Seit 2004 singen die beiden und haben es in kürzester Zeit zu großem Erfolg in Hitparaden und Teeniemagazinen gebracht.

4 Die Marke Coca-Cola gilt immer noch als die wertvollste der Welt (vgl: http.//www.wiwi-treff.de), was aber vor allem ihrer langen Tradition zu verdanken ist. Dem Unternehmen Coca-Cola geht es zurzeit nicht besonders gut, so scheiterte im März 2004 die Markteinführung von

aufbereitetem Leitungswasser unter dem Markennamen »Dasani« in Großbritannien.

5 Der seit Juni 2004 amtierende Coca-Cola-Geschäftsführer Neville Isdell bezeichnete die Marke als »gesammeltes Gut«, »das es vorsichtig zu schützen gilt«. Er wird innerhalb des Konzerns vermitteln müssen, in dem ein Streit zwischen Traditionalisten und neuen Marketing- und Werbeverantwortlichen schwelt. Im Juli 2004 hatte Coca-Cola einen Werbespot zurückgezogen, in dem ein Sportler eine Cola-Dose unter seine Achselhöhle hält und dann an seine Kollegen weiterreicht. Für den ehemaligen Präsidenten und Coke-Direktor Donald Keough war der Spot »zu unappetitlich und zu weit von der Marke entfernt«. Vgl.: http://www.derStandard.at, 01.07.2004.

6 Frank, Thomas: *The Conquest of Cool*, Chicago 1997.

7 War es unter Kulturschaffenden lange Zeit verpönt, für die freie Wirtschaft zu arbeiten, zumindest Werbung zu produzieren, so befindet sich Wim Wenders inzwischen in einer illustren Runde bekannter Regisseure, die Werbespots drehten und alle im Ruf stehen, eher eigenwillige und kunstsinnige Vertreter ihrer Zunft zu sein. Kein Geringerer als Federico Fellini drehte einen Werbefilm für Campari, Jean-Luc Godard für Samaritaine, David Lynch für Armani und Luc Besson für L'Oréal, Citroën und Chanel.

8 In Neckarsulm fertigte die Firma NSU im Jahre 1889 das Chassis für das erste Automobil, den Daimler Stahlwagen. 1969 fusionierte NSU mit der Auto Union zu Audi.

9 Klein, Naomi: *No Logo*, München 2001.

10 Die Diskussion um die Produktion in so genannten Sweatshops (»Schwitzbuden«) hat seit Ende der neunziger Jahre hohe Wellen geschlagen und besonders Nike schon stark in seinem Image geschädigt. Dank Globalisierungskritikern wie Naomi Klein wurde Nike zum Hauptfeind der Marken- und Konsumkritiker. Während Nike-Boss und Dollarmilliardär Phil Knight sein Unternehmen zum Weltmarktführer mit 9,5 Milliarden Euro Umsatz machte, verdient eine Näherin im chinesischen Zuliefererbetrieb Wellco 17 Cent in der Stunde.

11 Siehe hierzu: Schweikle, Johannes: »Der gemeinsame Nenner«, *brand eins* 02/2003. Es gibt kaum noch eine Branche, in der die Handelsmarken nicht maßgeblich zum Umsatz beitragen. Während fast alle Markenproduzenten aber sehr sparsam mit Informationen sind, geht der Scho-

koladenproduzent Stollwerk offen mit dieser Problematik um. Stollwerk investiert Millionen in die Werbung für die Traditionsmarke Sarotti, verkauft aber auch an Discounter. »Eine Marke ist ein emotionales Gebilde«, sagt Thomas Tausendfreude, Leiter der Abteilung Brandmanagement. »Wer eine Marke kauft, sucht Erlebniskonsum, der sich vom bloßen Beschaffungskonsum unterscheidet.«

12 So ist schon seit einigen Jahren das soziale Phänomen der »Center-Kids« zu beobachten: Jugendliche und Kinder, die fast ihr gesamtes soziales Leben im Shopping-Center verbringen. Siehe hierzu: Schützler, Stefan u.a.: *U.S.O. – Das Buch. Jugendliche Gruppen an und in innerstädtischen Einkaufszentren Berlins*, Berlin 1999. Zum typischen Tagesablauf eines Jugendlichen mit seiner »Center-Clique«: »Na, man kommt hin, sitzt den ganzen Tag da rum, unterhält sich. Die meisten holen sich, gleich wenn sie kommen, ein Bier oder so, und dann sitzen sie von nachmittags bis abends oder so und saufen meistens, unterhalten sich und hauen dann wieder ab.«

13 Rifkin, Jeremy: *Access. Das Verschwinden des Eigentums*, Frankfurt/M. 2000.

14 Aus: *taz*, 08.09.2003.

15 Bröckling, Ulrich: »Jeder könnte, aber nicht alle können«, in: *Mittelweg*, 36, 04/2002.

Unternehmen

1 Bei Analysten wurde die Aktie spätestens am 14. Februar 2002 zum Liebling. An dem Tag gab Puma ein Umsatzplus von 42 Prozent bekannt, und das, nachdem die Aktie im Vorjahr bereits um 168 Prozent gestiegen war. Die Erfolgsgeschichte nahm auch 2003 kein Ende: Der weltweite Umsatz von Puma stieg um 22,6 Prozent (von 1,38 auf 1,69 Milliarden Euro), der Konzerngewinn sogar um 111 Prozent auf 179 Millionen Euro. Im ersten Halbjahr 2004 kletterte der weltweite Umsatz um 21,1 Prozent auf über 1 Milliarde Euro.

2 Der Modegag von Puma führte fast zu einer sportlichen Katastrophe. Die FIFA hatte Kamerun nach dem Afrika-Cup mit einem Punkteabzug für die WM-Qualifikation und einer Geldbuße bestraft. Nach Interven-

tion von Puma und der afrikanischen Fußball-Konföderation (CAF) wurde der Abzug, der das sichere Scheitern Kameruns bedeutet hätte, zurückgenommen. Die Geldstrafe von 120 000 Euro blieb bestehen.

3 Ein besonders eindrucksvolles Beispiel für den Retro-Konsum sind die Retro-Geschäfte von Adidas in Szene-Großstadtgegenden. So sind in einem Geschäft in Berlin-Mitte neu produzierte und edel präsentierte Retromodelle zu finden. Zielpublikum sind modebewusste Großstadtjugendliche, die zwar nicht wissen, wer die Sportstars der siebziger Jahre waren, dafür aber umso besser, was gerade »in« ist.

4 In der Studie von Y&R Brand Asses Valuaters zur Beliebtheit von Marken in Deutschland landete Ikea hinter eBay und Aldi auf dem dritten Platz. Siehe hierzu: http://www.finanznachrichten.de vom 26.11.2003.

5 Alle Produktbezeichnungen bei Ikea stammen aus dem skandinavischen Sprachraum. Während Sofas, Sessel oder Couchtische meist schwedische Ortsnamen (z. B. Klippan), Esstische und -stühle finnische Ortsnamen haben, so tragen Stoffe und Gardinen Frauennamen sowie Stühle und Schreibtische Männernamen. Siehe hierzu: »Waren Sie schon mal in Klippan?«, unter: http://www.stern.de/wirtschaft/unternehmen/index.html.

6 Als der dänische Ableger von Ikea im letzten Jahr verkündete, zum 1. Juni 2003 die Löhne seines Kassenpersonals um 25 Prozent zu erhöhen, glaubten alle an einen PR-Gag. Ikea stellte nach einem halben Jahr fest, dass die Lohnerhöhung nur Vorteile brachte, zufriedeneres Personal und Kunden, besseren und freundlicheren Service. Nun überlegt die Unternehmensleitung, auch in anderen Ländern mehr zu zahlen. Siehe: *taz*, 24./25.01.2004.

7 Deutschland 2001, Regie, Buch, Kamera: Michael Chauvistré.

8 2003 war er mit einem Vermögen von 50 Milliarden US-Dollar sogar der reichste Mensch der Welt. Der dauerführende Bill Gates vom Software-Unternehmen Microsoft landete aber wohl nur aufgrund des schwachen Dollar-Kurses auf dem zweiten Platz und war 2004 schon wieder an der Spitze.

9 Vgl.: Pressemitteilung Mattel vom 13.11.2003.

10 Dieser Wunsch hat bereits Züge mit frankensteinschen Dimensionen angenommen. Einige Frauen haben mit Hilfe plastischer Chirurgie versucht, aus sich ein lebendiges Abbild Barbies zu machen.

11 Siehe unter: http://www.netzeitung.de/entertainment/people/273153.html.

12 Und das im wahrsten Sinne des Wortes. 1976 kam Barbie mit in die »Amerikanische Zeitkapsel«, die für künftige Zivilisationen die Kultur des 20. Jahrhunderts dokumentieren soll.

13 Alle Zitate aus: Pressemitteilung Mattel vom 13.11.2003.

14 Hamid Ghaderi, der Leiter des iranischen »Instituts für die geistige Entwicklung von Kindern und Jugendlichen«, sagt hierzu: »Alle Puppen kamen bisher aus dem Ausland. (…) Damit kam auch die Kultur dieser Länder zu uns. Mit den Puppen wurde unseren kleinen Mädchen natürlich auch vermittelt, was im Ausland als schön und erstrebenswert gilt.« Siehe unter: http://www.br.de/weltspiegel vom 06.10.2002.

15 Die Razanne im Gebetsgewand schaffte es als »Islam-Barbie« bis auf die Rückseite der größten Berliner Boulevardzeitung *BZ*. Im Untertitel hieß es: »Damit sich muslimische Mädchen an den Schleier gewöhnen, wurde diese Puppe erfunden.« *BZ*, 26.11.2004.

Räume

1 Alle Angaben unter: http://www.deutsche-standards.de.

2 Ebd.

3 Piotrowski, Christa: »Versammlungsorte der Mittelschicht. Von der Shopping-Mall zum Lifestyle-Center«, in: *Neue Zürcher Zeitung*, 13.09.2003.

4 Rifkin, Jeremy: *Access. Das Verschwinden des Eigentums*, Frankfurt/M./New York 2000, S. 156f.

5 Reich, Robert B.: *Die neue Weltwirtschaft. Das Ende der nationalen Ökonomien*, Frankfurt/M. 1997, S. 302.

6 Zitiert nach: Rifkin, Jeremy, a.a.O., S. 157.

7 Eisner, Michael D.: *Von der Micky Maus zum Weltkonzern*, München 2000, S. 546.

8 Ebd., S. 545.

9 Alle Informationen zu Celebration City findet man unter: http://www.celebrationfl.com.

10 Die Markenkritikerin Naomi Klein weist in einem Dokumentarfilm von Sut Jhally und Loretta Alper (»No logo«, USA 2003) auf die interessante

Tatsache hin, dass ausgerechnet in Celebration City die sonst in amerikanischen Kleinstädten üblichen Marken- und Franchiseunternehmen wie Burger King oder McDonald's fehlen. Es scheint, als würde Celebration City, sprich Disney, keine anderen Marken zulassen, um die Idylle einer artifiziellen Lebenswelt nicht durch Kommerz zu stören.

11 Als der durch die Sendung »Deutschland sucht den Superstar« bekannt gewordene Daniel Küblböck im Februar 2004 mit einem PKW in einen mit Gurkengläsern beladenen Lastwagen raste und sich dabei verletzte, konnte man bereits kurze Zeit später bei eBay einzelne Gläser des Transportes ersteigern. Es erscheint manchmal unglaublich, womit so gehandelt wird und für was sich Käufer finden.

12 Siehe: Frank Patalong, »Der große, heilige Käsebrot-Boom« unter Spiegel Online vom 17.11.2004. Für eBay gibt es keine bessere Publicity als solche Auktionen. Der Konzern wartet in der Regel denn auch genügend lange, bevor so genannte verbotene Transaktionen aus dem Netz genommen werden. So zeigen diese Beispiele auch, wie ambivalent eBays Verhältnis zu den Auktionen ist: Zwar verstoßen sie gegen die Nutzungsbestimmungen, sind aber gleichzeitig die beste Werbung, die eBay – und das auch noch gratis – kriegen kann.

13 Verboten sind bei eBay Deutschland außerdem: Aktien, Obligationen, Wertpapiere und entsprechende Urkunden, behördliche Ausweise und Lizenzen, Decodier- / Entschlüsselungswerkzeuge, Entschlüsselungsmaterialien und Cracksoftware, Drogen, Betäubungsmittel und bewusstseinsverändernde Stoffe, explosionsgefährliche Gegenstände, Chemikalien und andere gesundheitsschädliche Stoffe, Fahrscheine, Flugtickets, Eintrittskarten, Grundstücke und grundstücksgleiche Rechte, herunterladbare Medien, jugendgefährdende Schriften, Kataloge, Informationen, Internetadressen (URLs), Bezugsquellen, Körperteile und sterbliche Überreste von Menschen, Medien pornografischen Inhaltes und Sexartikel, Medikamente und Arzneimittel, nationalsozialistische Artikel, Repliken und Fälschungen, Tabakwaren, Tiere und Tierprodukte, verbotene elektronische Geräte, Waffen und Waffenzubehör. Siehe unter: http://pages.ebay.de/help/community/png-items.html.

14 Alle Zitate, wenn nicht anders ausgewiesen, unter: http://ebay.de (Hervorhebungen: A.M./M.S.).

15 Die neun goldenen Regeln finden sich unter: http://pages.ebay.de/help/community/values.html.

Kulturen

1 Frank, Thomas: *The Conquest of Cool*, Chicago 1997.

2 »The sixties are more than merely the homeland of hip, they are a commercial template for our times, a historical prototype for the construction of cultural machines that transform alienation and despair into consent. Co-optation is something much more complex than the struggle back and forth between capital and youth revolution; it's also something larger than a mere question of demographics and exploitation.« Aus: Frank, Thomas: a.a.O., S. 87.

3 Frank, Thomas: »Hip versus Square – Nonkonformismus, Jugendlichkeit und Imagebildung in den Cola-Kriegen«, in: *Die Beute 3. Politikbegriffe in der Popkultur*, Berlin 1999, S. 117.

4 Ein beeindruckendes Beispiel für den ungebrochenen Willen, zur Rock-'n'-Roll-Fraktion zu gehören, obwohl man selbst in jeder Hinsicht zum Establishment gehört, ist Microsoft, das größte Softwareunternehmen der Welt und Quasimonopolist für viele Marktsegmente. Der Vizepräsident und Mitgründer, Paul Allen, einer der reichsten Menschen der Welt, gestaltet Präsentationen und Aktionärsversammlungen wie Rockkonzerte. Er springt schreiend auf der Bühne herum und möchte allen weismachen, dass Microsoft immer noch zu den Outsidern gehört, wie noch in den siebziger Jahren im Kampf gegen IBM.

5 Der australische Vodafone-Manager Grahame Maher hatte den »Flitzern« vor dem Spiel zugesagt, etwaige Geldstrafen zu begleichen. Außer ihm freute sich aber niemand über diese Marketingidee – das von Vodafone gesponserte australische Nationalteam nicht, die Zuschauer in Sydney nicht und schon gar nicht das gegnerische Team der Neuseeländer, die gerade dabei waren, einen Strafstoß zu schießen. Prompt schoss ihr Spieler daneben. Vodafone hatte zwar vielleicht seine Bekanntheit gesteigert, aber sicher mehr Sympathie verspielt. Die Idee wurde trotzdem »prämiert« und ist unter der Auswahl zum »Marketing-Flop des Jahres 2002« zu finden. Siehe unter: http://www.spiegel.de/unispiegel/wunderbar/0,1518,233592,00.html.

6 Norman Albusberger, der Firmengründer der Eventmarketingagentur aus Berlin-Weißensee, sagt hierzu: »Wir verkaufen den Körper unserer Models als Werbefläche an Firmen, lassen deren Logo auf den Modelkörper malen und dann flitzen sie bei Großveranstaltungen ab.

Der Werbe-Erfolg ist garantiert. Wir verhandeln schon mit einigen großen Firmen.« Siehe unter: http://www.profiflitzer.de.

7 Die 14. Shell-Jugendstudie: *Jugend 2002 – zwischen pragmatischem Idealismus und robustem Materialismus*, Frankfurt/M. 2002.

8 Peters, Tom: *Selbstmanagement. Machen Sie aus sich die ICH AG*, München 2001.

9 Poschardt, Ulf: »Stripped – Pop und Affirmation bei Kraftwerk, Laibach und Rammstein«, in: *Die Beute 3. Politikbegriffe in der Popkultur*, Berlin 1999, S. 56.

10 Schröder, Burkhard: *Nazis sind Pop*, Berlin 2000.

11 Ebd.

12 Ebd., S. 75.

13 Das war nicht der erste Fall politischer Unsensibilität in Asien. 2001 hatte die taiwanesische Regierungspartei ihre Fernsehwerbung mit einer Abbildung Hitlers interessanter machen wollen. Diese wurde erst aus dem Spot entfernt, nachdem sich jüdische Gruppen beschwert hatten.

14 Vgl.: *taz*, 26.10.2004.

15 The Body Shop wirbt offensiv mit »against animal testing« und behauptet, sich aktiv gegen Tierversuche einzusetzen. Nirgendwo steht jedoch, dass die Body-Shop-Produkte komplett ohne Tierversuche entwickelt wurden. Das hat seinen Grund: Body Shop verwendet kosmetische Zutaten, die an Tieren getestet wurden, nur dann, wenn die Tests länger als fünf Jahre zurückliegen. Siehe: Schütze, Sabine: »Tierschutz – Nur ein Marketing-Motiv«, unter: http://www.swr.de/swr1/rp/tipps/alltag/2003/10/04/index.html.

16 *taz*, 21./22.08.2004.

17 Mehr hierzu unter: http://www.die-schenker.de.

18 Der letzte »Buy-Nothing-Day« in Berlin fand am 27.11.2004 statt. Die Idee des kauffreien Tages wurde 1992 in den USA geboren. Ursprünglich als »No-Shop-Day« gestartet, wird der »Buy-Nothing-Day« dort bis heute am Tag nach Thanksgiving, dem umsatzstärksten Einkaufstag des Jahres, veranstaltet.

19 In der Pressemitteilung der Adbusters heißt es: »Während das Land Berlin aufgrund des Bankenskandals pleite ist, wirft die Berliner Bank immense Summen für eine Werbekampagne zum Fenster hinaus.« Hierzu mehr unter: http://www.berliner-bankenskandal.de.
Zur grundsätzlichen Absicht der Adbusters heißt es: »Vor allem

wendet sich diese Aktion gegen Werbung als solche. Werbung dient dazu, die ständig fortschreitende Durchdringung unseres Lebensraumes mit Kapitalinteressen in die Köpfe einzubrennen.« Hierzu mehr unter: http://www.adbusters.org.

20 Der Sieg der Jordanierin Karzon geriet in der arabischen Welt zu einem kleinen Politikum. Nicht, weil sie auch auf Englisch singt, sondern weil sie nach Meinung einiger Palästinenser ihre palästinensischen Wurzeln verleugnet. Palästinenser stellen die Bevölkerungsmehrheit in Jordanien, eine Situation, die seit Jahrzehnten für politische Turbulenzen sorgt. Diana Karzon nahm übrigens genau wie der deutsche »Superstar« Alexander Klaws am Weltfinale der Superstar-Sieger am 25.12.2003 teil. Beide landeten zusammen auf dem vorletzten Platz. Ihrem Erfolg tat dieses aber keinen Abbruch, 2003 erschien ihr Album »Superstar Arabia«.

Medien

1 Auf das Fernsehen entfielen im Januar 2004 etwa 38 Prozent der Werbeeinnahmen aller Medien, während das Internet nur auf 1,5 Prozent kam. Siehe unter: http://www.wuv.de/daten/medien/charts/022004/840/index.html.

2 Siehe: *taz*, 10./11.07.2004.

3 Dass es sich hier tatsächlich um eine neue Form von »Event-Show« handelt, befand sogar die Direktorenkonferenz der Landesmedienanstalten: »Bei der von SAT.1 ausgestrahlten ›Lego-Show‹ handelt es sich nach Auffassung der Gemeinsamen Stelle Programm, Werbung und Medienkompetenz (GSPWM) um einen werberechtlichen Sonderfall. Sie entziehe sich einer eindeutigen Einordnung etwa als Dauerwerbesendung. Denn der Unterhaltungscharakter stand nach Auffassung der GSPWM unverkennbar im Vordergrund und nicht das Bewerben eines speziellen Produktes.« Siehe unter: http://www.alm.de/gem_stellen/presse_pwm/pm/121103.htm.

4 Deren Möglichkeiten sind noch beschränkt. Zurzeit kann nur erfasst werden, welcher Kunde mit Kundenkarte was einkauft. Mit der Entwicklung der Radio-Frequency-Identifikation (RFID), der so genannten Smart-Chips, entstehen für den Handel bald völlig neue Möglichkeiten

zur Datensammlung. »RFID ermöglicht die Verbindung aller Produktinformationen mit einer spezifischen Konsumentenidentität, das heißt mit demografischen und psychologischen Größen«, hofft John Stermer, Vizepräsident bei der eBusiness-Marktentwicklung von ACNielsen. Siehe hierzu: Voregger, Michael: »Der Siegeszug der Schnüffel-Chips«, unter: http://www.spiegel.de/netzwelt/politik/0,1518,278959,00.html. Die Metro-Handelskette testet die neuen RFID-Chips in ihrem »Extra Future Store« in Rheinberg. Technisch ist die Verknüpfung von Personendaten und Kaufprofilen machbar, Metro führt sie nach eigener Aussage aber nicht durch. Siehe unter: http://www.heise.de/newsticker/meldung/44352.

5 Das Unternehmen Payback, das die größte Kundenkarte auf den Markt brachte, bekam 2000 den »Big Brother Award« der Organisation Privacy International verliehen. An der Payback-Karte beteiligen sich unter anderem AOL, die Warenhausketten Real und Kaufhof und der Heimwerkermarkt Obi. Siehe unter: http://www.bigbrotherawards.de.

6 Das hat sich inzwischen geändert. Die These von der Ökonomisierung und Unterhaltungsfixierung findet auch bei den zehn beliebtesten Suchbegriffen bei Google eine Bestätigung. 2003 suchten die Deutschen am häufigsten nach dem Fantasy-Spiel »Yu-Gi-Oh«. Danach folgen die Suchbegriffe »Jeanette Biedermann« und »Paris Hilton«. Auch international geht es vor allem um Unterhaltung, der weltweit am häufigsten eingegebene Suchbegriff war »Britney Spears« vor »Harry Potter«. Siehe hierzu: *Novo*, März/April 2004, S. 65.

Ausblick

1 Boeser, Christian, Thomas Schörner und Dirk Wolters (Hrsg.): *Kinder des Wohlstands. Auf der Suche nach neuer Lebensqualität*, Frankfurt/M. 2000.

2 Grasskamp, Walter: »Konsum ist Arbeit«, in: *Der Standard*, 10./11.01.2004.

3 Meschnig, Alexander: *Markenmacht*, Wissen 3000, Hamburg 2002, S. 92.

4 Bruckner, Pascal: *Ich leide also bin ich. Die Krankheit der Moderne*, Berlin 1999, S. 86.

5 Buchsteiner, Jochen: »Jahrmarkt der Gutmenschen«, in: *FAZ*, 18.01.2004.
6 Leder, Christian, »Sexy Ware«, unter: http://sozmag.soziologie.ch/02/sexyware.xml.
7 Ebd.
8 Williams, Rowen: »Konsumentenpolitik«, in: *FAZ*, 12.01.2003.
9 Franck, Georg: »Mentaler Kapitalismus«, in: Liessmann, Konrad P. (Hrsg.): *Die Kanäle der Macht*, Wien 2003.
10 Franck, Georg: »Jenseits von Geld und Information. Zur Ökonomie der Aufmerksamkeit«, unter: http://www.heise.de/tp/deutsch/special/auf/6313/1.html. Der Soziologe Dominik Schrage weist in einem Aufsatz, der den Konsumismus als massenkulturelles Weltphänomen behandelt, darauf hin, dass der moderne Hedonismus auf emotionale Erlebnisqualitäten gerichtet ist, während der traditionelle Hedonismus in den sinnlichen Stimuli der Genüsse sein Glück fand. Vgl. hierzu: Schrage, Dominik: »Integration durch Attraktion«, in: *Mittelweg* 36, 06/2003, S. 73.
11 Bolz, Norbert: *Das konsumistische Manifest*, München 2002, S. 16f.
12 Sombart, Werner: *Händler und Helden. Patriotische Besinnungen*, München/Leipzig 1915, S. 92.
13 Bolz, Norbert: a. a. O., S. 15.
14 Vgl. dazu etwa Münkler, Herfried: *Der neue Golfkrieg*, Reinbek bei Hamburg 2003, S. 59ff.
15 Siehe unter: http://www.lettre.de/020archiv/010ausgaben/040ausg97/040_li36/barber.html.
Vgl. auch: Barber, Benjamin: *Coca-Cola und Heiliger Krieg*, 2001. (Der englische Originaltitel des Buches lautet *Jihad vs. McWorld.*)
16 Reuter, Christoph: *Mein Leben ist eine Waffe. Selbstmordattentäter – Psychogramm eines Phänomens*, München 2002, S. 111, S. 119 und S. 123f.